Klimaforschung, Klimapolitik und Klimaprotest drehen sich um das Erreichen des »2-Grad-Ziels«: das Abbremsen der Erderwärmung bei zwei Grad Celsius über der vorindustriellen Durchschnittstemperatur. Aber zwei Grad global sehen lokal sehr unterschiedlich aus: Das können vor Ort vier Grad oder auch nur ein Grad mehr sein, genauso wie die Folgen in einer Region Wasserknappheit und in einer anderen extreme Hochwasser sein können. Friedrich-Wilhelm Gerstengarbe vom Potsdam-Institut für Klimafolgenforschung und der Soziologe Harald Welzer bieten zusammen mit ihren Mitarbeiterinnen und Mitarbeitern ein realistisches Bild der Auswirkungen des Klimawandels in deutschen Städten und Landschaften im Jahr 2040.

*Friedrich-Wilhelm Gerstengarbe,* außerplanmäßiger Professor für Allgemeine Klimatologie an der Humboldt-Universität zu Berlin, gehört seit der Gründung des Potsdam-Instituts für Klimafolgenforschung als Meteorologe zu dessen festem Wissenschaftlerstamm. Er leitet dort die Forschungsgruppe »Klimaanalyse und -szenarios«, die das Klima statistisch analysiert und künftige Klimaänderungen für verschiedene Regionen berechnet. Siehe auch www.KlimafolgenOnline.com

*Harald Welzer,* geboren 1958, ist Direktor von Futurzwei – Stiftung Zukunftsfähigkeit und Professor für Transformationsdesign an der Universität Flensburg. Daneben lehrt er an der Universität Sankt Gallen. In den S. Fischer Verlagen sind von ihm erschienen: »»Opa war kein Nazi«. Nationalsozialismus und Holocaust im Familiengedächtnis« (zus. mit S. Moller und K. Tschuggnall, 2002); »Täter. Wie aus ganz normalen Menschen Massenmörder werden« (2005), »Klimakriege. Wofür im 21. Jahrhundert getötet wird« (2008) und zuletzt »Soldaten. Protokolle vom Kämpfen, Töten und Sterben« (zus. mit Sönke Neitzel, 2011). Seine Bücher sind in 21 Ländern erschienen.

*Weitere Informationen, auch zu E-Book-Ausgaben, finden Sie bei www.fischerverlage.de*

Friedrich-Wilhelm Gerstengarbe / Harald Welzer (Hg.)

# Zwei Grad mehr in Deutschland

## Wie der Klimawandel unseren Alltag verändern wird

FISCHER Taschenbuch

Entwürfe für eine Welt mit Zukunft
Herausgegeben von Harald Welzer und Klaus Wiegandt

2. Auflage: Juni 2013

Originalausgabe
Erschienen bei FISCHER Taschenbuch
Frankfurt am Main, Februar 2013
© S. Fischer Verlag GmbH, Frankfurt am Main 2013

Satz: Dörlemann Satz, Lemförde
Druck und Bindung: Kösel, Altusried-Krugzell
Printed in Germany
ISBN 978-3-596-18910-6

# Inhalt

# Vorwort:
# Deutschland – zwei Grad mehr

Friedrich-Wilhelm Gerstengarbe und Harald Welzer

Der Klimawandel ist ein Thema, das spätestens seit den aufsehenerregenden Berichten des Internationalen Klimarates (IPCC) im Jahr 2007 große Besorgnis auslöst: Unvermindert steigt die globale Durchschnittstemperatur, aber ebenso unvermindert wachsen auch die Emissionen der sogenannten Treibhausgase weiter, die für die Erwärmung ursächlich sind. Die Klimaforschung gibt den Gesellschaften nur noch wenige Jahre Zeit, um ihre Emissionen radikal herunterzufahren. Falls das nicht gelingt, ist es aller Voraussicht nach unmöglich, die globale Erwärmung bei einem Anstieg um durchschnittlich zwei Grad abzubremsen. Das Klimasystem ist träge; der Temperaturanstieg um ca. 0,8 Grad, den wir heute gegenüber den 1950er Jahren verzeichnen, geht auf den enormen Industrialisierungsschub zurück, der vor allem in der Nachkriegszeit in Europa und in den USA Fahrt aufnahm. Heute haben wir es mit einem vergleichbaren Schub im weltweiten Maßstab zu tun, und seine Folgen werden das Klima um die Mitte des

21. Jahrhunderts bestimmen. Das Problem dabei: Ein weiterer
Temperaturanstieg um bis zu zwei Grad ist heute schon un-
vermeidlich, aber wenn diese Marke gerissen wird und sich
die Erde um durchschnittlich drei oder vier oder fünf Grad erwärmt, kann man nicht mehr prognostizieren, was das für die
Lebensbedingungen auf unserem Planeten bedeutet. Denn die
Folgen eines solchen Temperaturanstiegs wirken nicht linear,
sie führen zu Wechselwirkungen zwischen abschmelzenden
Eisflächen, sinkender Reflexion der Sonneneinstrahlung, Verschwinden des Permafrosts, Freisetzung des Klimagases Methan – kurz: zu gegenseitigen Aufschaukelungen der Ereignisse im Erdsystem, die zu einer Kaskade von Veränderungen
führen können, die die Überlebensbedingungen von Individuen, Gesellschaften und Kulturen regional stark einschränken oder sogar zerstören können.

Bislang schlingert die öffentliche Diskussion des Klimawandels zwischen Katastrophismus und Verharmlosung. Entweder
stellt man sich die Klimaapokalypse vor wie in »The Day After
Tomorrow« von Roland Emmerich: als abrupte, unbeherrsch-
bare Weltkatastrophe, in der buchstäblich alles zu Bruch geht,
oder man verlässt sich darauf, dass trotz aller Prophezeiungen
bislang die Welt ja noch nie untergegangen ist und geht ach-
selzuckend zur Tagesordnung über. Die Wirklichkeit wird da-
zwischenliegen, denn die Klimaerwärmung wirkt in unterschiedlichen Regionen der Welt sehr unterschiedlich: global
zwei Grad mehr, das kann für die Arktis vier Grad mehr sein
und für das subsaharische Afrika weniger als zwei Grad mehr;
die Auswirkungen können, je nach den herrschenden Bedingungen, ganz unterschiedlich sein. Im westlichen Sudan beispielsweise können die für Menschen ohnehin kargen Überlebensbedingungen durch fortschreitende Wüstenbildung, Wasser-

und Nahrungsnot drastisch verschlechtert werden. Deutschland wird bei einer globalen Erwärmung um zwei Grad voraussichtlich zwischen diesen Temperaturextremen liegen und aufgrund seiner ökonomischen, technischen und politisch-institutionellen Kapazitäten bleiben die Folgen hier vergleichsweise moderat. Es werden in den nächsten zwei, drei Jahrzehnten eine Reihe von Todesfällen durch Stürme und Überschwemmungen, auch durch extreme Hitze zu erwarten sein, aber in einer Größenordnung, die statistisch nicht ins Gewicht fällt. Und es wird nicht einmal nur negative Folgen geben: Der Tourismus an der Nordsee wird möglicherweise von der kommenden Erwärmung profitieren, genauso wie der immer weiter nach Norden voranschreitende Weinanbau. Andererseits geraten die Wälder in einigen Regionen Deutschlands mehr unter Stress: Schädlinge haben leichteres Spiel, unangenehme Insekten wie Zecken und Sandmücken finden hervorragende Bedingungen vor und übertragen in höherem Maße Krankheiten, auch solche, die bislang in unseren Breiten nicht vorkamen.

Da die Auswirkungen so vielfältig und unterschiedlich ausfallen werden, haben »Klimaskeptiker« leichtes Spiel, wenn sie triumphierend erzählen, dass sich die Klimaforschung ja dauernd selber widerspreche. Bislang konnten sie immer ziemlich freihändig argumentieren, weil wir kaum über präzise Szenarios lokaler Auswirkungen des erwartbaren Temperaturanstiegs verfügten. Das wird mit diesem Buch anders: Erstmals können wir ein sehr plausibles Szenario für die Situation in Deutschland im Jahr 2040 vorlegen, und man kann sich ein ungefähres Bild davon machen, wie es dann um die Wälder, die Gewässer, das Lebensgefühl in den Städten bestellt sein wird. Wir legen ein konkretes Wirkungsszenario der angenommenen Erwärmung vor, das Klimawissenschaftler zusammen mit Sozialwissenschaftlern entwickelt haben. Das war lange überfällig, weil es ja in der Öffentlichkeit und in der Politik nicht von vorrangigem Interesse ist, wie viel $CO_2$ im Jahr 2040 die Atmosphäre belasten wird, sondern wie die Jahresdurchschnittstemperatur zum Beispiel in Berlin und Brandenburg dann ausfallen wird und was das für die Landwirtschaft, die Kanalisation, die Versicherungen und nicht zuletzt die Lebensgewohnheiten der Menschen konkret bedeuten wird. Dieses Wissen ist bisher noch nicht in einer solchen Zusammenschau erschienen. Aber man braucht es, um realistisch einschätzen zu können, worauf man sich heute schon vorzubereiten hat, welche Ängste unbegründet sind und welche Fehlsteuerungen man vermeiden sollte.

## Zur gesellschaftlichen Bedeutung des Klimas

In verschiedenen Regionen haben sich unter bestimmten klimatischen Bedingungen historisch spezifische Bauweisen, Landwirtschaftstechniken, aber auch Mentalitäten und Lebenspraktiken herausgebildet. Bei einem Aufenthalt in einem Land des südlichen Mittelmeerraums – etwa in Griechenland, Spanien oder Tunesien – wird dies einem nordeuropäischen Besucher unmittelbar deutlich: Traditionelle Gebäude sind aus hellem Gestein gefertigt oder außen weiß gestrichen, um die Lichtabsorption zu reduzieren, und verfügen zum Schutz vor Hitze nur über kleine Fenster und Öffnungen. In den Mittagsstunden, wenn die Hitze am größten ist, kommt während der sogenannten Siesta das öffentliche Leben zur Ruhe, und körperlich anstrengende Tätigkeiten werden eingestellt. Die Mahlzeiten unterscheiden sich im Vergleich zu nordeuropäischen Ländern nicht nur in ihrer Zusammensetzung, sondern werden vor allem auch deutlich später zu sich genommen, die Hauptmahlzeit meist erst nach Einbruch der Dunkelheit. Menschliche Kulturen entwickeln sich, wie schon diese wenigen Beispiele zeigen, in bestimmten natürlichen Umwelten, und die Gesellschaften stehen seit jeher in mehr oder weniger dynamischen Austauschprozessen mit der außermenschlichen Natur. Insofern sind Gesellschaften immer an bestimmte klimatische Verhältnisse bzw. ihre natürliche Umwelt angepasst.

Nun führt die durch die Verbrennung fossiler Energieträger von Menschen verursachte Erderwärmung global – also für die Welt als Ganzes –, aber auch in einzelnen Regionen zu einer vergleichsweise rapiden Veränderung der klimatischen Bedingungen, und das nicht nur in Form eines einmaligen Anstiegs auf ein höheres Temperaturniveau, sondern in Gestalt einer anhaltenden und dynamischen Veränderung des Klimas. Lange Zeit konnten die Wissenschaften mit Recht davon ausgehen, dass der natürliche Wandel im Vergleich zur Gesellschaftsentwicklung auf einer anderen Zeitskala stattfindet und sich nur sehr langsam vollzieht. Mit dem anthropogenen Klimawandel trifft dies nicht mehr zu; die Wandlungsgeschwindigkeiten von Kultur- und Naturverhältnissen beginnen sich anzugleichen (Lever-Tracy 2008: 455 f.).

Dies stellt gebaute und technische Infrastrukturen, aber auch gesellschaftliche Institutionen und Mentalitäten, die sich unter den relativ stabilen klimatischen Bedingungen der vergangenen Jahrhunderte entwickelt haben, vor erhebliche Herausforderungen. Dass sich Gebäude, Städte oder Schienen-, Straßen- und Stromnetze nur unter großem Aufwand umbauen lassen, bedarf nicht der weiteren Erläuterung. Aber auch gesellschaftliche Institutionen wie Gesetze oder Verordnungen zeichnen sich durch ein hohes Maß an Stabilität aus und lassen sich nur in festgelegten und häufig zeitaufwendigen Verfahren modifizieren. Und nicht zuletzt sind die Gewohnheiten der Menschen durch eine gewisse Beharrungskraft gekennzeichnet und lassen sich nicht einfach auf Zuruf ändern. So ließe sich eine Siesta in deutschen Großstädten angesichts der Zunahme von Hitzetagen und Extremhitze im Sommer nicht einfach einführen, auch wenn Experten aus Gesundheitsgründen bisweilen dazu raten (BMU 2011a: 23). Darüber hinaus wird die Anpassung an den Klimawandel dadurch erschwert, dass sich eben nicht nur einfach Durchschnittstemperaturen und -niederschläge verschieben, sondern auch mit einer größeren Variabilität des Klimas von Jahr zu Jahr und wahrscheinlich auch mit häufigeren unvorhersehbaren Extremwetterereignissen zu rechnen ist. Ginge es nur um ein etwas wärmeres, aber gleichmäßiges Klima, könnte sich zum Beispiel die Landwirtschaft durch eine Umstellung auf andere Getreidesorten an das veränderte Klima anpassen und gegebenenfalls sogar davon profitieren. Ein unvorhersehbarer Wechsel von warmen und kalten, feuchten und trockenen Jahren aber wird sie immer vor Probleme stellen und Schäden verursachen. So scheuen Landwirte etwa unter anderem deshalb vor der Anschaffung von Bewässerungsanlagen zurück, weil diese ja nur unregelmäßig gebraucht werden (UBA 2005a: 72 f., 80). Der Ausbau städtischer Kanalisationssysteme für die Bewältigung von Starkregenereignissen, wie sie früher nicht vorgekommen sind, ist extrem aufwendig und angesichts der Finanzlage vieler Kommunen fast unmöglich. Aber: Erst die unzureichende Entwässerung macht aus einem solchen Extremwetterereignis eine Katastrophe. Auf welch fatale Weise Vorsorge und knappe Mittel negativ zusammenwirken können, zeigte sich im Sommer 2012 in Spanien: Die Ausbreitung der verheerenden Waldbrände konnte unter anderem deshalb nicht gestoppt werden, weil im Zuge der Eurokrise die Mittel für die Feuerwehr drastisch zusammengestrichen worden waren, in Katalonien um mehr als die Hälfte; die Zahl der Feuerwehrleute wurde in zwei Jahren um fast zwei Drittel reduziert (FAZ, 16. 8. 2012, S. 7).

Diese wenigen Beispiele machen bereits deutlich, dass Klimaanpassungsstrategien moderner Gegenwartsgesellschaften aus sozialwissenschaftlicher Perspektive keine leicht zu lösende Aufgabe darstellen, zumal sie sich auf Wirkungen der Klimaerwärmung beziehen, die wir heute antizipieren können, kaum aber auf solche unter den Bedingungen eines Erwärmungsszenarios von drei, vier oder fünf Grad.

Klimawandel und Extremwetterereignisse entfalten erst in einer bestimmten sozial-ökologischen Figuration eine Wirkung und zeitigen nicht *per se* negative oder auch positive Folgen. Während beispielsweise der Betreiber eines Strandbades und seine Badegäste den Anstieg der jährlichen »Sommertage« (25 °Celsius oder mehr) von durchschnittlich 37 im Zeitraum 1991–2010 auf 49 Tage im Zeitraum 2031–2050 und der »heißen Tage« (30 °Celsius oder mehr) von 8 auf 9 im gleichen Zeitraum (siehe Kapitel 3) begrüßen dürften, kann bereits ein minimaler Anstieg der Temperatur und die daraus folgende Wassererwärmung die Züchter von Forellen, die kaltes Wasser brauchen, vor erhebliche Probleme stellen. Und auch diese Beispiele sind noch stark vereinfacht. Sie suggerieren, dass der Klimawandel zu einer Zunahme der jährlichen Sommertage bzw. einem Temperaturanstieg führt, aber ansonsten alles bleibt, wie es ist. Davon ist weder in Ökosystemen noch in hochkomplexen Gesellschaftssystemen auszugehen. So ist die Entwicklung des Küstentourismus nicht allein von den jährlichen Sommertagen abhängig, sondern auch von wirtschaftlichen Trends; beispielsweise könnte sich ein u. a. durch Klimawandel bedingter Einbruch der Wirtschaft negativ auf die Zahl der Strandbadgäste auswirken (siehe Kapitel 5.3), so dass trotz erstklassigen Badewetters die Gäste ausbleiben. Auf Ökosystemebene können gerade bei Sommerwetter giftige Cyanobakterien im Wasser (sogenannte Blaualgen), die sich durch Düngemittel aus der Landwirtschaft und Hitze sprunghaft vermehren, das Baden unmöglich machen, wie es in den vergangenen Jahren schon häufiger vorgekommen ist.

Solche komplexen Interaktionen zwischen Wetterveränderungen und menschlichem Zusammenleben sind auch bei weniger harmlosen Phänomenen wie sogenannten Naturkatastrophen zu berücksichtigen. Auch hier ist nicht die Art und Stärke eines Ereignisses selbst relevant, sondern auf welche gesellschaftlichen Vorsorge- und Bewältigungskapazitäten es trifft – Hochwasserschutz und technisches Hilfswerk lassen selbst ein »Jahrhunderthochwasser« moderater wirken als nur eine einzige der vielen Überschwemmungen beispielsweise in Bangladesh, die die Menschen ohne staatliche Hilfe aushalten und bewältigen müssen. In der Klimafolgenforschung wird diesem Umstand Rechnung getragen, indem die »Vulnerabilität« und »Resilienz« eines ökologischen oder sozialen Systems berücksichtigt wird (siehe Kasten 2 auf Seite 49). Ein Extremwetterereignis – wie Starkniederschlag mit anschließender Überschwemmung – wird erst zur »Naturkatastrophe«, wenn es mit vulnerablen sozialen Bedingungen zusammentrifft und es zu beträchtlichen menschlichen, materiellen oder ökologischen Schäden kommt (IPCC 2011). Ein Sturm hat völlig verschiedene Bedeutungen je nachdem, ob er in menschenleerem Gebiet oder über menschlichen Siedlungen tobt, und noch einmal andere Bedeutung je nachdem, wieweit die betroffenen Gesellschaften über die Ressourcen verfügen, sich zu schützen und angefallene Schäden zu beseitigen. Der Begriff »Naturkatastrophe« ist insofern irreführend, denn eine »Katastrophe« wird eine Sturmflut, ein Hurrikan, ein Tsunami erst in gesellschaftlichem Kontext.

## Was sind eigentlich Szenarios?

Dieses Buch ist ein in mehrerer Hinsicht spannendes Experiment. In der Klimaforschung ist es sicher das erste Mal, dass sich Natur- und Kulturwissenschaftler zusammengesetzt haben, um ihre Forschungsergebnisse aufeinander abzustimmen. Dass die Skizzierung der Situation eines Landes unter den Bedingungen einer um zwei Grad erhöhten globalen Durchschnittstemperatur ein komplexes und gewagtes Unterfangen ist, war den Autorinnen und Autoren sowie den Herausgebern von Anfang an bewusst. Klima und Gesellschaft sind zwei hochkomplexe Systeme, deren Strukturen und besonders deren Wandlungen, schon einzeln betrachtet, extrem schwer zu fassen sind. Noch schwieriger gestaltet sich die Beschreibung der Wechselwirkungen beider Systeme miteinander. Eine allumfassende Betrachtung gesellschaftlicher Auswirkungen infolge des Auftretens von Klimaänderungen ist einfach unmöglich – wir wissen zu wenig über die künftigen, manchmal ja sehr rapiden Entwicklungen in Kultur und Gesellschaft. Wer hätte die tiefgreifende Veränderung der Kommunikation und damit von Politik und Öffentlichkeit infolge des Internets vor zwanzig Jahren vorausgesehen, wer vor zehn Jahren die Finanzkrise, wer vor fünf die Eurokrise? Es ist also Vorsicht geboten: Wir können die gesellschaftlichen Auswirkungen nur unter der Annahme beschreiben, dass Deutschland auch 2040 noch eine funktionierende Demokratie mit funktionierenden Institutionen und einer funktionierenden Wirtschaft ist, was voraussetzt, dass sich auch auf internationaler Ebene keine so weitreichenden Umbrüche ereignen, dass der Fortbestand Deutschlands, wie wir es kennen, dadurch in Frage gestellt wäre. Das ist, wie ein Blick auf die Veränderungen, die das 20. Jahrhundert geboten hat, sofort zeigt, keineswegs sicher, aber es wäre unfruchtbar, *alles Mögliche* anzunehmen und das mit den naturwissenschaftlichen Erkenntnissen über die Folgen des Klimawandels in Beziehung zu setzen. Es galt also sich zu beschränken. Klar war, dass eine Analyse des Istzustandes notwendig war, um von diesem aus einen Blick in die Zukunft zu wagen. Nur, in welche Zukunft? Die in zehn, zwanzig oder dreißig Jahren, oder die am Ende des Jahrhunderts? Das ist keine einfache Frage. Der Zeitraum durfte einerseits nicht zu lang sein, um die Skizze nicht völlig spekulativ werden zu lassen, andererseits musste eine deutliche klimatische Entwicklung in diesem Zeitraum möglich sein. Wir einigten uns auf einen Blick in die Zeit um 2040, denn für einen Zeitraum von drei Jahrzehnten lässt sich schon eine klimatische Entwicklungstendenz ableiten, und die technische und soziale Entwicklung sollte sich auch nicht zu weit vom heutigen Stand entfernt haben.

Nachdem die Frage des Zeitfensters geklärt war, mussten wir uns überlegen, welche Änderungen in diesem Zeitfenster angenommen werden sollten. Die einfachste Annahme wäre die einer Temperaturerhöhung. Aber um wie viel Grad? Man kann es sich einfach machen, indem man die Klimaänderungen für einen Anstieg um 1°, 2°, 3° usw. für die nächsten dreißig Jahre bestimmt. Nur: Welcher Anstieg ist plausibel? Die Antwort darauf lautet: 1,2 °C. Nimmt man den beobachteten

Anstieg der Temperatur um ca. 1 °C in Deutschland von 1951 bis heute dazu, kommt man auf einen Temperaturanstieg um rund 2 °C bis zum Jahr 2040.

Was dieser Temperaturanstieg an klimatischen Auswirkungen regional in Deutschland zur Folge hat, lässt sich gut an der Entwicklung anderer wichtiger meteorologischer Größen, wie zum Beispiel dem Niederschlag, der klimatischen Wasserbilanz oder der Sonnenscheindauer, zeigen. Diese Aussagen sind wichtig, weil sie zu den sogenannten Impaktmodellen überleiten – Modelle, die die klimatischen Auswirkungen auf bestimmte gesellschaftliche Bereiche abbilden. Was wird also von den Natur- und Sozialwissenschaftlern zur Verfügung gestellt? Ergebnisse, die sich aus den Berechnungen einer aufeinander abgestimmten Modellkette ergeben. Sie beschreiben die Entwicklung vom Klima über die Landwirtschaft, Hydrologie und Forstwirtschaft bis hin zur Stadt. Solche Modelle führen schon für nur ein Szenario, nämlich das einer Temperaturerhöhung um rund 2 °C zwischen 1951 und 2050, zu einer enormen Datenflut. Diese muss in für die Gesellschaft wichtige Informationen umgesetzt werden. An dieser Stelle ist der Hinweis wichtig, dass wir im Rahmen dieses Buches hinsichtlich der Klimaentwicklung nur *eine* mögliche Zukunft skizzieren, unter anderen Annahmen könnte es eine unendliche Reihe von Möglichkeiten für die Zukunft in Deutschland geben. Warum es sich bei unserer einen Zukunft um eine plausible Zukunft handelt, wird in Kapitel 2 ausführlich beschrieben. Am Ende des Buches (Kapitel 8) skizzieren wir der Anschaulichkeit halber zwei verschiedene narrative Szenarios, um zu verdeutlichen, dass gesellschaftliche Entwicklungen niemals determiniert sind, sondern immer unterschiedlichen Pfaden folgen können.

Die Auswirkungen des globalen Klimawandels sind heute schon in Deutschland zu spüren. Bis jetzt bewegt sich die damit verbundene Schadensentwicklung noch in einem volkswirtschaftlich vertretbaren Rahmen. Das bietet die Chance, sich der kommenden Entwicklung so gut wie möglich anzupassen. Anpassung ist aber nur die eine Seite der Medaille. Wo Anpassung nicht oder nur begrenzt möglich ist, muss man eventuellen Schäden vorbeugen. An dieser Stelle kommen die Entscheidungsträger aus Politik und Verwaltung ins Spiel. Der Konflikt, in den sie geraten werden, ist absehbar: Sie sind mit der Lösung von Aufgaben konfrontiert, die häufig im Widerspruch zu den Interessen einzelner Bevölkerungsgruppen stehen. Ein weiteres Konfliktpotential stellt die Knappheit der Mittel dar: Wie viel kostet die optimale Erhöhung eines Deiches aufgrund der gestiegenen Hochwassergefährdung, und wie kann man diesen Aufwand begründen, wenn man zugleich auch gern Kindertagesstätten ausbauen würde? Um überhaupt sinnvoll Geld für vorsorgende Maßnahmen ausgeben zu können, deren Ertrag sich erst in der Zukunft erweisen wird, muss man die optimale Lösung aus einer Reihe wechselwirkender Faktoren – den vorhandenen Mitteln, der Gefährdung von Leben, möglichen materiellen Schäden usw. – suchen. Diese Faktoren lassen sich beliebig erweitern. Das alles ist, wie leicht zu erkennen ist, schwieriges Terrain für Entscheidungsträger jeglicher Couleur. Deshalb soll dieses Buch auch dazu beitragen, das Verständnis für deren Probleme zu erhöhen, um sie bei der Entscheidungsfindung zu unterstützen und nicht im Starkregen stehen zu lassen.

*Potsdam im August 2012*

# 1

# Zum Verhältnis von Natur und Gesellschaft: Was heißt Anpassung an den Klimawandel?

Sebastian Wessels

Die Fähigkeit zur Anpassung an verschiedenste ökologische und soziale Lebensbedingungen ist ein herausragendes Merkmal der menschlichen Natur. Während Tiere und Pflanzen immer zum Überleben in einer ganz bestimmten Umwelt ausgestattet sind – ihrer sogenannten ökologischen Nische –, fehlt eine solche spezielle Ausstattung und Festgelegtheit beim Menschen. Menschen leben in tropischen Wäldern, in Eis und Schnee, in der Wüste, am Meer und auf Bergen. Überall haben sie im Lauf der Entwicklung ihrer Gesellschaften spezielle Kulturtechniken entwickelt, die es ihnen ermöglichen, den ökologischen Bedingungen, in denen sie sich befinden, ein Leben abzutrotzen. Während Tiere und Pflanzen biologisch auf das Leben in bestimmten Umweltbedingungen abgestimmt sind, bringt die menschliche Biologie eine Flexibilität und Erfahrungsoffenheit mit sich, die unter anderen Lebensformen ohne Beispiel ist. Auf bestimmte Umweltbedingungen spezialisiert und mehr oder weniger festgelegt sind

Menschen letztlich auch, doch bei ihnen erfolgt die Festlegung nicht biologisch durch genetische Vererbung, sondern sozial durch Erfahrung, Lernen und Tradition. Ihre ökologische Nische ist, wenn man so will, vor allem die Gesellschaft, weil es die besondere Sozialität der Menschen ist, die ihre herausragende Anpassungsflexibilität ermöglicht.

Vor diesem Hintergrund ist auffällig, dass im Zusammenhang mit dem Klimawandel erst in jüngster Vergangenheit das Thema Anpassung als praktisches und politisches Problem breit diskutiert wird. Wenn doch Menschen sich schon immer dadurch auszeichnen, dass sie sich höchst flexibel an verschiedenste Umweltbedingungen anpassen können, wieso wird dann heute Anpassung zum Thema und Problem? Was genau ist eigentlich unter »Anpassung« zu verstehen?

Schaut man sich die gesellschaftliche Entwicklung vom Zusammenleben in relativ einfach strukturierten, kleinen Sippen und Stämmen bis zu den komplexen, hochtechnisierten Millionengesellschaften der Gegenwart an, dann wird deutlich, dass Menschen sich nicht nur an die ökologischen Bedingungen anpassen, die sie vorfinden, sondern auch umgekehrt ihre Umgebung an sich anpassen. Wenn Menschen etwa anfangen, Ackerbau und Viehzucht zu betreiben, sind sie nicht mehr wie Jäger und Sammler davon abhängig, verwertbare Pflanzen und Tiere zu suchen und zu finden, sondern sie kontrollieren nun das Vorkommen von bestimmten Pflanzen und Tieren an bestimmten Orten für ihre eigenen Zwecke. Acker und Viehherden sind ein Stück Natur, das von Menschen so geformt wurde, dass es der Befriedigung menschlicher Bedürfnisse dient. Indem sie Häuser bauen und Tierfelle oder Kleidung tragen, machen sich Menschen unabhängiger vom Wetter. Heute ermöglichen uns Kühl- und Gefrierschränke sowie

Konservierungsstoffe, Lebensmittel länger zu lagern, was die Taktung unseres Verbrauchs unabhängiger von ökologisch bedingten Produktionszyklen macht. Wasserversorgungssysteme machen uns unabhängiger von Niederschlag und Flussverläufen; die Techniken der Energiegewinnung und -verteilung machen uns unabhängiger von den Jahreszeiten (oder der Verfügbarkeit von Brennholz); moderne Verkehrsmittel machen uns unabhängiger von den Orten, an denen wir uns befinden.

An dieser Reihe von Beispielen, die sich beliebig fortsetzen ließe, wird bereits deutlich, dass »Anpassung« im ökologischen Sinn nie eine Einbahnstraße ist. Alle Organismen, und besonders die Menschen, verändern nicht nur sich selbst, sondern auch ihre Umgebung, und müssen sich immer gleichzeitig wieder mit der veränderten Umgebung arrangieren (Lewontin 2002: 53 ff.). Die Wechselseitigkeit von ökologischen und sozialen Anpassungsvorgängen wird oft übersehen, lässt sich aber an vielen Beispielen leicht verdeutlichen. So ließe sich etwa das Tragen von Kleidung als Anpassung an ein kälteres Klima beschreiben, denn das Klima selbst wird davon nicht beeinflusst. Die Herstellung dieser Kleidung ist jedoch ein Vorgang, in dem natürliche Rohstoffe so verformt werden, dass sie bestimmte menschliche Bedürfnisse befriedigen, indem etwa Jagd-, Zucht- und Verarbeitungspraktiken entwickelt und etabliert werden, durch die sich Menschen auf vielfältige Weise zur Natur ins Verhältnis setzen und Aspekte davon für ihre Zwecke umformen und kontrollieren. Auch Werkzeuge machen die Wechselseitigkeit von Anpassung anschaulich. Indem man ein Werkzeug so formt, wie man es braucht, passt man dieses Stück Natur – sei es aus Holz, Stein oder Metall – an sich an; zum Beispiel an die Form und Motorik der Hände. Indem man aber den Umgang mit diesem Werkzeug lernt, passt man sich an das Werkzeug an. Man bildet Gehirnstrukturen und Muskeln aus, die mit der Benutzung dieses Werkzeugs korrespondieren. Das Werkzeug ist seinerseits an die ökologischen Bedingungen angepasst, in denen es funktionieren soll – etwa an die Beschaffenheit eines Baumes, wenn es sich um eine Axt handelt. Ob man nun sagt, mit unseren modernen Wohnanlagen passen wir uns an die Natur oder die Natur an uns an, hängt einfach davon ab, wo man jeweils die Grenze zwischen Natur und Gesellschaft zieht. Fasst man nur Regen und Witterung als Natur auf, passen wir uns durch den Bau von Häusern an die Natur an; zieht man jedoch in Betracht, dass dieser Bau umfangreiche Bearbeitungen von Naturressourcen einschließt und das Haus aus solchen besteht, kann man den Vorgang ebenso als Anpassung der Natur an unsere Bedürfnisse beschreiben.

Man kann diese letztlich nicht auflösbaren Definitionsprobleme vermeiden, indem man sich den Gesamtzusammenhang von Menschen und ökologischen Bedingungen als komplexes und mehr oder weniger stabiles Gesamtsystem von Kreisläufen vorstellt. »Komplexität« kann man definieren als Vielfalt an Systemelementen und Beziehungen zwischen ihnen. Der Begriff »Anpassung« bezieht sich dann auf den Grad, zu dem die Systemelemente aufeinander abgestimmt sind und eine Reproduktion des Systems ermöglichen.

Hiermit eng verbunden ist die Vorstellung eines Gleichgewichts zwischen gegensätzlichen Kräften und Funktionen, die sich gegenseitig die Waage halten. Für ein solches Gleichgewicht wird zuweilen der Begriff der »Homöostase« verwendet, der ursprünglich die Aufrechterhaltung von bestimmten Sollwerten innerhalb von Organismen bezeichnet. Eine klassische Illustration dafür ist der Thermostat, den wir von unseren Zentralheizungen kennen. Wenn der Thermostat eine Abweichung vom eingestellten Sollwert registriert, sorgt er dafür, dass die Heizung anspringt oder ausgeht, um die Raumtemperatur wieder diesem Sollwert anzunähern. Vergleichbare Mechanismen bei Lebewesen sind zum Beispiel Durst- und Hungergefühle, wenn Flüssigkeit fehlt oder der Blutzuckerspiegel sinkt, oder das Schwitzen, das bei Hitze dazu dient, die Körpertemperatur zu senken. Auf der Ebene von Ökosystemen kann die Nahrungspyramide als Beispiel für homöostatische Kreisläufe dienen. Pflanzen erzeugen mit Hilfe der Photosynthese organisches Material, von dem sich direkt oder indirekt alle tierischen Organismen des Systems ernähren. Der Kreislauf schließt sich durch die Nährstoffe, die in den Ausscheidungen und sterblichen Überresten der Organismen enthalten sind, welche in den Boden übergehen und damit weiteres Pflanzenwachstum ermöglichen.

Nun könnte das Gleichgewicht eines Ökosystems etwa dadurch gestört sein, dass ein Raubtier ausstirbt, das sich bislang von kleineren Pflanzenfressern ernährt hat. Ohne seinen Fressfeind könnte sich dieser Pflanzenfresser nun verstärkt vermehren, wodurch die Pflanzen, von denen er sich ernährt, vergleichsweise dezimiert würden. Nun kann es sein, dass in der Folge die Zahl dieser Pflanzenfresser durch den von ihnen selbst geschaffenen Nahrungsmangel wieder abnimmt, die Vegetation sich erholt und sich ein neuer Gleichgewichtszustand etabliert. Die Komplexität solcher Kreisläufe kommt aber immer wieder darin zum Ausdruck, dass sich dies nicht mit Gewissheit vorhersagen lässt. Durch das verstärkte Grasen könnte es – etwa durch starken Wind und Niederschlag im betreffenden Jahr – auch zu einer Bodenerosion kommen, so dass dann selbst im Fall eines völligen Verschwindens der Pflanzenfresser die Vegetation nicht mehr in dem Maß nachwachsen könnte, wie sie zuvor bestanden hatte. Ebenso könnte der Pflanzenfresser in seinem Blütejahr andere Tiere verdrängen, die mit ihm um Nahrung konkurrieren. Das intensive Grasen könnte außerdem dazu führen, dass schnell nachwachsende Pflanzenarten sowie diejenigen, die unser Pflanzenfresser meidet, begünstigt würden, was das Spektrum vorhandener und vorherrschender Pflanzen in diesem Ökosystem verschieben würde. Das könnte sich wiederum negativ auf die Lebenschancen des Tieres auswirken. Dieses Phänomen, dass Veränderungen von Teilsystemen (Ausbreitung der Pflanzenfresser) zu Reaktionen in anderen Teilsystemen führen (gemindertes Nahrungsangebot für diese Pflanzenfresser), die das System zu einem neuen Gleichgewicht hinstreben lassen (weniger Pflanzenfresser infolge des Nahrungsmangels), ist der Grund dafür, dass man auch von selbstorganisierenden Systemen spricht. Was Selbstorganisation auf elementarer Ebene ermöglicht, sind die Reaktionen, die auf die ursprüngliche Veränderung folgen und in der Kybernetik als »Feedback« oder »Rückkopplung« bezeichnet werden. Ein anschauliches Beispiel für eine homöostatische Reaktion in gesellschaftlichem Zusammenhang stammt von Gregory Bateson:

»Unter dem Einfluss der Prohibition reagierte das amerikanische Sozialsystem homöostatisch, um die Konstanz der Alkoholversorgung aufrechtzuerhalten. Es entstand ein neuer Beruf, nämlich der des Alkoholschmugglers. Zur Kontrolle dieses Berufs ergaben sich Veränderungen im Polizeisystem. Als die Frage der Aufhebung ins Gespräch kam, war zu erwarten, dass mit Sicherheit die Alkoholschmuggler und vielleicht auch die Polizei für die Beibehaltung der Prohibition sein würden« (Bateson 1985: 568).

Genaugenommen sind dies sogar zwei homöostatische Reaktionen: Die Herausbildung des Schmuggels, um die Alkoholversorgung aufrechtzuerhalten, und die Veränderungen im Polizeisystem, um die Kriminalität unter Kontrolle zu behalten. Dass nun beide Parteien es bei dem neuen Gleichgewichtszustand belassen wollen, liegt daran, dass sie sich damit arrangiert haben und möglicherweise gut davon leben.

Die Anwendung des Konzepts der Homöostase auf gesellschaftliche Zusammenhänge ist gelegentlich dafür kritisiert worden, dass sie Wandel und Konflikt als Ausnahmeerscheinungen darstelle und den Eindruck erwecke, eine Gesellschaft befinde sich normalerweise in einem Zustand der Harmonie und Wandellosigkeit (vgl. Elias 1997a: 22 f.). Schon auf biologischer Ebene ist ein statisches Modell irreführend, denn auch ein Organismus befindet sich im ständigen Wandel und durchläuft verschiedenste Zyklen und Phasen, in denen seine »Sollwerte« unterschiedlich sind. Der Biologe Steven Rose legte deshalb nahe, den Begriff der »Homöodynamik« vorzuziehen (Rose 2000: 174 f.). Diese Kritik ist berechtigt, und wenn man von »Homöostase« oder »Gleichgewicht« spricht, muss man im Hinterkopf behalten, dass Ökosysteme wie Gesellschaften dynamisch sind und sich nicht nur im Fall von »Störungen«, sondern permanent wandeln (vgl. auch Rappaport 1978: 50). Gleichzeitig aber lassen sich in solchen Systemen erstens zahlreiche homöostatische Reaktionen im beschriebenen Sinn beobachten, und diese Beobachtung ist durchaus relevant, da sich aus diesen Reaktionen eine gewisse Veränderungsresistenz des Systems ergibt. Radikal neue Ideen, so einleuchtend sie manchen auch erscheinen mögen, stoßen regelmäßig bei anderen auf ebenso radikale Ablehnung. Der Komplexität und Dynamik sozialer Systeme ist wiederum der Umstand geschuldet, dass auch und gerade die angestrengtesten Versuche, einen Status quo aufrechtzuerhalten, Teil einer Dynamik sind und unbeabsichtigt weitreichende gesellschaftliche Veränderungen bewirken können. Und zweitens hat der Begriff der Homöostase darin eine gewisse Berechtigung, dass man in Ökosystemen wie einer Gesellschaft durchaus zwischen graduellem Wandel und fundamentalen Umbrüchen unterscheiden kann. Auch wenn sich die Grenze zwischen einem bloß gewandelten und einem völlig neuen System, das aus einem Kollaps des alten hervorging, nicht genau ziehen lässt, ist die Unterscheidung sinnvoll.

Wenn man nun beurteilen will, ob die Veränderungen, die in einem System vor sich gehen, »gut« oder »schlecht« sind, braucht man einen äußeren Maßstab. Wenn bestimmte Tier- oder Pflanzenarten verschwinden und sich dafür andere ausbreiten, aber auch, wenn weniger Arten oder insgesamt weniger Individuen dieser Arten vorhanden sind, dann hat man es zunächst einmal mit einem veränderten bzw. einem anderen Ökosystem zu tun, das an sich weder »besser« noch »schlechter« ist. Wenn die Zahl der Arten und Individuen eines Systems abnimmt, kann man allenfalls sagen, dass es an Komplexität verloren hat, und auch das stellt sich nur dann als »schlecht« dar, wenn man voraussetzt, dass Komplexität oder Vielfalt »gut« sei. Wenn heute etwa der Verlust biologischer Vielfalt beklagt wird, dann vor allem aus dem Grund, dass die biologische Vielfalt ein reichhaltiges Reservoir an für Menschen nutzbaren Rohstoffen bereitstellt. Andere Gründe können sein, dass ein vielfältiges Ökosystem im Allgemeinen resilienter, also widerstandsfähiger ist, oder auch, dass man der

Vielfalt einen religiösen, ästhetischen oder sonstigen immateriellen Wert zuschreibt. Und obwohl man durchaus auch von einer radikalen biozentrischen Position aus argumentieren kann, die außermenschliche Natur sei als Selbstzweck vor menschlichen Eingriffen zu schützen, sind mit »Schäden« oder »Belastungen« für die Natur in der Regel eher solche Veränderungen in Ökosystemen gemeint, von denen wir über kurz oder lang ungünstige Auswirkungen auf Leben und Lebensqualität von Menschen befürchten.

So oder so ist der bloße Fortbestand von homöostatischen Systemen nicht das, worauf es uns Menschen ankommt. Auch ein minimales, aus menschlicher Sicht karges Ökosystem kann sich über lange Zeit homöostatisch reproduzieren – und ebenso eine Gesellschaft mit korrupter Führung im Bürgerkrieg. Bei inner- und zwischenstaatlichen Konflikten ist sogar die Stabilität der konflikthaften Beziehungen häufig gerade das Problem. Genau betrachtet ist also weder Wandel zwangsläufig schlecht noch Stabilität zwangsläufig gut. Spricht man von »Schäden«, die einem Ökosystem oder einer Gesellschaft drohen, steckt darin also erstens eine Tatsachenbehauptung – das System verändert sich in bestimmter Weise –, und zweitens eine Wertung: Diese Veränderung ist schlecht, womit meistens gemeint ist, schlecht für Menschen. Dies drückt sich im Begriff der »Ökosystemleistungen« (»ecosystem services«) aus, der sich ausdrücklich auf diejenigen Funktionen von Ökosystemen bezieht, die für Menschen von Nutzen sind (vgl. etwa Lucas 2011: 7).

Wenn also heute die »Anpassung« von Menschen oder Gesellschaften an den Klimawandel gefordert wird, so ist damit gemeint, es soll ein sozial-ökologischer Systemzustand herbeigeführt werden, in dem Menschen Lebensbedingungen vorfinden, die möglichst nicht schlechter sind als die gegenwärtigen. Was man dabei unter »schlechter« zu verstehen hat, ist letztlich immer politische und gesellschaftliche Verhandlungssache. In Begriffen der Homöostase geht es bei solchen Verhandlungen darum, welche »Sollwerte« es sind, die konstant gehalten oder erreicht werden sollen. Die Lebensqualität möglichst vieler Menschen wäre ein möglicher Sollwert, an dem man sich orientieren kann, aber in der Praxis werden auch viele andere immer wieder vorgeschlagen, zum Beispiel das Wirtschaftswachstum, die Exportquote, die Inflation, die Geburtenrate, die Renten und viele andere mehr. In allen diesen Fällen will man planmäßig einige Aspekte der inneren Konfiguration des Systems verändern – z. B. die Steuern senken –, um andere Aspekte konstant zu halten oder auf einen Sollwert hin zu verändern – z. B. das Wirtschaftswachstum erhöhen. Was geändert werden darf und muss, welche Aspekte konstant zu halten und welche Sollwerte zu erreichen sind, ist für Gesellschaften ein zentraler Gegenstand politischer Auseinandersetzungen. Nicht nur deshalb, weil verschiedene Akteure verschiedene Interessen und Werte vertreten, sondern auch, weil in den meisten Fällen ungewiss ist, ob vorgeschlagene Änderungen überhaupt die gewünschten Folgen zeitigen werden und welche unerwarteten Nebenfolgen dabei auftreten können.

Darum also wird trotz der großen, biologisch bedingten Anpassungsfähigkeit der Menschen »Anpassung« im Zusammenhang mit dem Klimawandel zum Problem. Wir können zwar grundsätzlich davon ausgehen, dass Menschen auch unter radikal veränderten ökologischen und sozialen Bedingungen noch leben können und leben werden, aber die Aussicht, dass es »wahrscheinlich irgendwie weitergehen« wird, genügt uns nicht, oder anders ausgedrückt: Wir *wollen* keine radikale Veränderung der ökologischen und sozialen Bedingungen. »Anpassung« könnte vieles bedeuten, aber wir wollen nicht deindustrialisieren oder Küstenregionen evakuieren, wir wollen nicht auf Mobilität, Lebensmittelvielfalt, Unterhaltungselektronik und zahlreiche andere Annehmlichkeiten unseres Alltags verzichten, und können es zum Teil auch gar nicht. Das heißt, in vielerlei Hinsicht wollen wir uns gerade *nicht* anpassen, sondern Bestehendes trotz sich unweigerlich ändernder ökologischer und sozialer Bedingungen bewahren. »Anpassung an den Klimawandel« als politisches und gesellschaftliches Programm bedeutet also, ausgewählte Systemfunktionen – seien es Infrastrukturen, Institutionen oder Verhaltensweisen – gezielt zu verändern, damit andere, denen wir einen hohen Wert zuschreiben, unverändert bleiben können.

# Szenarios: Der Blick in eine mögliche Zukunft

## 2.1  Das Klimaszenario: Modellauswahl und Datengrundlage

Friedrich-Wilhelm Gerstengarbe und Peter C. Werner

Der Physiker Niels Bohr sagte einmal: »Vorhersagen sind außerordentlich schwer, vor allem solche über die Zukunft.« Es gibt natürlich Vorhersagen, die nicht schwer und außerordentlich sicher sind. Zum Beispiel die, dass unsere Sonne auch morgen, übermorgen und in Millionen von Jahren noch scheinen wird. Etwas unsicherer ist dagegen die Vorhersage des Wetters für den nächsten Tag. Die Genauigkeit beträgt nur etwas mehr als 90 Prozent und geht mit jedem weiteren Tag mehr und mehr gegen null.

Beim Klima ist die Lage genau umgekehrt. Hier lassen sich die Wechsel zwischen Warm- und Eiszeiten relativ gut bestimmen. Sie hängen unter anderem von den Erdbahnparametern ab, die sich mathematisch genau bestimmen lassen. Für kürzere Zeitspannen der klimatischen Entwicklung, also Perioden von einigen Jahrzehnten bis Jahrhunderten, ist eine Vorhersage dagegen unmöglich. Warum? Die Antwort ist einfach: weil wir zum Beispiel nicht wissen, wann klimabeeinflussende Faktoren wie Vulkanausbrüche oder auch Einschläge größerer Meteoriten eintreten werden.

Neben diesen natürlichen Faktoren beeinflusst seit Beginn der Industrialisierung um 1850 immer stärker auch der Mensch das Klima. Das geschieht zum einen durch das rapide Bevölkerungswachstum von damals ca. 1,5 Milliarden auf aktuell sieben Milliarden Menschen. Zum anderen sind dafür aber auch Aktivitäten des Menschen verantwortlich, die die Kohlendioxidemissionen verursachen. Sie ließen den $CO_2$-Gehalt der Atmosphäre im gleichen Zeitraum von 280 ppm (parts per million) auf inzwischen 396 ppm (2012) ansteigen. Das sind 280 bzw. 396 Moleküle $CO_2$ pro 1 Million Moleküle Luft. Wie sich die Menschheit in der näheren Zukunft verhalten wird, ist schwer abzuschätzen. Da wir aber die Auswirkungen der aktuell zu beobachtenden Klimaänderungen bereits deutlich spüren, ist es angebracht, zu wissen, wie es weitergeht. Welche Gefahren kommen eventuell auf die Menschheit zu? Wie kann man sie abwenden? Wie muss man sich an bestimmte neue Gegebenheiten anpassen?

Um darauf Antworten zu finden, entwickeln Wissenschaftler Klimaszenarios.

**Unter einem Szenario versteht man einen unter bestimmten Vorgaben ausgedachten oder ausgerechneten Entwurf einer Situation oder einer zu erwartenden Entwicklung.**

Ein Szenario spiegelt immer eine »Wenn-Dann-Situation« wider: Wenn ich diese oder jene plausiblen Annahmen mache, habe ich mit einer bestimmten Sicherheit mit diesen oder jenen Folgen zu rechnen. Ein Szenario ist also die Ableitung einer *möglichen* Zukunft – niemals eine Vorhersage. Deshalb ist es sinnvoll, mehrere Szenarios mit unterschiedlichen, aber plausiblen Annahmen vorzugeben. Man bekommt dann eine ganze Bandbreite von Möglichkeiten für eine Zukunft. Genau das wird aktuell für den fünften Sachstandsbericht zur Klimaentwicklung vom IPCC (Intergovernmental Panel on Climate Change) getan. Die sogenannten RCP-Szenarios (Representative Concentration Pathway) geben an, wie viel Energie zusätzlich aufgrund der Treibhausgasemissionen bis 2100 in die Atmosphäre gelangt (Meinshausen et al. 2011).

In Abbildung 1 ist die Temperaturentwicklung für unterschiedliche Szenarios (von geringem $CO_2$-Anstieg = geringer Energieeintrag [RCP4.5], bis zu sehr starkem $CO_2$-Anstieg = hoher Energieeintrag [RCP8.5]) bis 2100 dargestellt. Da man nicht weiß, welches der Szenarios tatsächlich eintreten wird, sind alle Szenarios als gleich wahrscheinlich einzustufen. Das heißt, dass eine gesicherte Aussage darüber, ob die globale Mitteltemperatur bis 2100 auf etwa 16,3 °C (RCP4.5-Szenario) ansteigen wird oder auf 18,5 °C (RCP8.5-Szenario), nicht gemacht werden kann.

Anzumerken ist noch, dass in Abbildung 1 nur der mittlere globale Verlauf der Temperaturentwicklung für die einzelnen Szenarios dargestellt ist. Da es sich hier um sogenannte Ensemble-Rechnungen handelt (die Ergebnisse möglichst vieler Modelle und Modellläufe werden zusammengefasst), gibt es für jedes Szenario eine Schwankungsbreite, die durch die unterschiedlichen Modellergebnisse hervorgerufen wird.

Zur Berechnung eines Szenarios wird ein numerisches Modell eingesetzt. Ein Modell bildet wesentliche Eigenschaften eines realen Systems in einem anderen vereinfachten System ab. Es stellt also eine Teilmenge der Eigenschaften des Originalsystems dar. Darum ist es nicht verwunderlich, dass Klima-

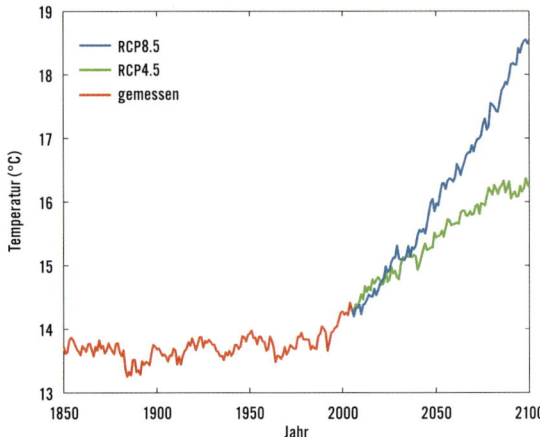

Abb. 1: Entwicklung der globalen Mitteltemperatur
(gemessen: 1850–2005; Szenariorechnungen: 2006–2100)

modelle nur bedingt in der Lage sind, ein so komplexes System wie das der Atmosphäre mit ihren Wechselwirkungen mit dem Ozean, der Erdoberfläche, der Eisbedeckung, der Vegetation, um nur einige zu nennen, zu simulieren.

Deshalb muss man wissen, wie genau so ein Modell die Realität widerspiegelt. Ein Modell, das die Gegenwart gut wiedergibt, modelliert die Zukunft nicht notwendigerweise richtig. Umgekehrt sollte man mit einem »falschen« Modell für die Gegenwart nicht in die Zukunft rechnen, da diese dann mit hoher Wahrscheinlichkeit auch »falsch« modelliert wird – selbst wenn die zur zukünftigen Entwicklung gemachten Annahmen richtig sind.

**Ein Modell ist ein beschränktes Abbild der Wirklichkeit, das nicht alle Eigenschaften des Originals erfasst.**

## Die Modellauswahl

Die Klimaforschung arbeitet mit einer ganzen Reihe von Modellen. Die Modellwahl richtet sich dabei zum einen nach dem Raum, den man betrachten will. Er reicht von der Erde als Ganzem bis hin zu kleinräumigen Untersuchungen wie zum Beispiel denen des Mikroklimas eines Baumes. Auf der anderen Seite kann ein Modell auf eine bestimmte Zeitspanne ausgelegt sein. Beide, Raum- und Zeitskala, sind allerdings eng miteinander verbunden. Es macht keinen Sinn, das globale Klima im Stundentakt untersuchen zu wollen, wenn die Zielgröße der mittlere globale Temperaturtrend über ein Jahrhundert ist. Genauso wenig sinnvoll ist es, das Mikroklima einer Pflanze in Abständen von Dekaden zu beschreiben. Es kommt also darauf an, das richtige Modell für den jeweiligen Zweck auszuwählen.

Zur Untersuchung von Klimaentwicklungen im regionalen Maßstab existieren zwei grundsätzlich verschiedene Modellansätze. Der dynamische Ansatz versucht, die physikalischen Vorgänge, die im Zusammenwirken der verschiedenen Klimakomponenten (Atmosphäre, Ozean, Vegetation etc.) auftreten, zu simulieren. Dabei sind möglichst realistische Angaben zur zukünftigen Entwicklung der klimabeeinflussenden Größen zu machen, zum Beispiel der zu erwartende $CO_2$-Anstieg bis 2100. Beim statistischen Ansatz werden Relationen oder Strukturen aus Beobachtungen der Vergangenheit in Kombination mit den oben genannten plausiblen Annahmen genutzt, um zukünftige Klimaentwicklungen zu berechnen. Dabei sind viele statistische Modelle eng mit den Ergebnissen der dynamischen Modelle verknüpft.

Es reicht nicht, ein Szenario nur einmal durchzurechnen.

Man braucht eine möglichst große Anzahl solcher Rechnungen (Realisierungen), weil jede dieser Realisierungen ein anderes Ergebnis bringt, wenn man auch nur geringfügig die Ausgangsbedingungen sowie die modellinternen Parameter verändert, was die typische Vorgehensweise bei den dynamischen Modellen ist. Ein Nachteil der dynamischen regionalen Klimamodelle ist die extrem lange Rechenzeit, die selbst ein Hochleistungscomputer für eine einzelne Realisierung benötigt. Aktuell werden je nach Rechner für ein 100-jähriges Szenario ca. drei Monate Rechenzeit gebraucht. Deshalb ist es gängige Praxis, möglichst viele verschiedene Modelle zusammen auszuwerten. Man erhält bei diesen sogenannten Ensemblesimulationen eine Information über die Modellunsicherheiten. Aber der zu betreibende Aufwand ist hoch. Es stellt sich somit die Frage, ob nicht alternativ der Einsatz eines statistischen regionalen Klimamodells für bestimmte Fragestellungen günstiger ist. In der Regel fällt die Rechenzeit deutlich geringer aus, so dass es möglich ist, sehr viele Realisierungen zu erstellen. Dabei ergibt sich, im Gegensatz zu dynamischen regionalen Klimamodellen, vergleichsweise schnell eine statistisch bewertbare Datengrundlage.

**Als klimatologischer Ereignistag wird eine Unter- oder Überschreitung eines Schwellenwertes einer meteorologischen Größe bezeichnet. So gilt ein Tag als »heißer Tag«, wenn die maximale Temperatur größer oder gleich 30 °C ist.**

Aufgrund dieser Überlegungen wurde am Potsdam-Institut für Klimafolgenforschung (PIK) neben einem dynamischen regionalen Klimamodell auch ein statistisches Regionalmodell (STARS – Statistical Analogue Resampling Scheme, siehe Orlowsky et al. 2008) entwickelt, das die Grundlage der nachfolgenden Ausführungen zur Charakterisierung des möglichen zukünftigen Klimas in Deutschland und auch der speziellen weiteren Untersuchungen in den Bereichen Land-, Wasser- und Forstwirtschaft bildet.

Im Fall des STARS-Modells geht man davon aus, dass in der Vergangenheit genügend Wettersituationen existieren, die so auch in der Zukunft auftreten können, nur in einer anderen Häufigkeit und Reihenfolge. Dies ist dann gegeben, wenn man die Hypothese zugrunde legt, dass sich die physikalischen Eigenschaften des Beobachtungszeitraums für die ausgewählte Region nicht signifikant von der des zukünftigen Szenariozeitraums unterscheiden. Gibt es genügend solcher Wettersituationen, kann daraus ein entsprechendes Zukunftsszenario zusammengesetzt werden. Dabei geht man von der Frage aus: »Welche Wirkung hat die Erhöhung der Lufttemperatur um z. B. 2 °C innerhalb der nächsten 50 Jahre?« Mit Hilfe entsprechender Verfahren aus der mathematischen Statistik lässt sich so ein Zukunftsszenario mit einem vorgegebenen Temperaturtrend berechnen. Da man mit dem Modell in kurzer Zeit viele Realisierungen berechnen kann (100 Realisierungen bei einem Tag Rechenzeit) ist es möglich, statistisch gesichert Aussagen zur Modellsensitivität bezogen auf das jeweilige Szenario zu treffen.

Neben der Modellsensitivität ist aber auch noch die Frage zu klären, inwieweit das Modell in der Lage ist, den Klimaverlauf in der Vergangenheit korrekt abzubilden. Eine häufig dafür verwendete Methode teilt den Beobachtungszeitraum in zwei Abschnitte. Aus dem ersten Abschnitt werden die Beobachtungsdaten als Eingabewerte für das Modell verwendet, um für den zweiten Abschnitt das Klima zu berechnen. Anschließend werden die berechneten Daten mit den beobachteten verglichen. In der hier beschriebenen Qualitätsprüfung (auch Validierung genannt) wurden die Beobachtungsdaten für Deutschland in die Perioden 1901–1950 und 1951–2000 unterteilt. Außerdem wurde für den Prüfzeitraum 1951–2000 der Temperaturtrend bestimmt, dessen Mittelwert bei etwa + 1 °C lag.

Diese Qualitätsprüfung wurde für Deutschland durchgeführt. Es zeigt sich, dass das Modell für alle meteorologischen Größen bis auf den Niederschlag in der Lage ist, die tatsächlichen Beobachtungswerte gut zu reproduzieren. Die Abweichungen liegen unter 10 Prozent und sind statistisch nicht signifikant. Nur beim Niederschlag gab es einen statistisch gesicherten Unterschied zwischen dem beobachteten und dem simulierten Wert. Mit einer Abweichung vom Mittelwert (– 38 mm) unterschätzt das Modell den Niederschlag um etwa vier bis fünf Prozent. Dies ist ein Fehler, der für praktische Belange noch zu vertreten ist. Die gleiche negative Tendenz weist der Trend des Modellniederschlags (– 42 mm) bezogen auf den beobachteten Trend (+ 58 mm) auf. Das heißt, dass sich (vorausgesetzt, die Entwicklung setzt sich so im Szenario fort) ein etwas zu trockener Endzustand einstellt. Dies muss dann bei der Interpretation der Ergebnisse der sich anschließenden Modellrechnungen (Landwirtschaft, Forstwirtschaft etc.) berücksichtigt werden. Außerdem berechnet das Modell die Extremwerte, also auch die Ereignistage, die Andauer und die Eintrittstage für bestimmte Ereignisse, zufriedenstellend.

Jetzt muss nur noch geklärt werden, ob, und wenn ja, inwieweit sich das Modell mit seinen Ergebnissen in die Ergebnisse der anderen Modelle einreiht. Das ist notwendig, da Modelle keine eigenständige Beweiskraft haben. Liegt ein Modell aber innerhalb der Bandbreite möglichst vieler Modelle gleicher Zielstellung, kann man davon ausgehen, dass das Modell keinen »Ausreißer« darstellt, also eingesetzt werden kann.

Dazu wurde untersucht, wie die Ergebnisse des statistischen regionalen Modells mit den Ergebnissen von Ensemblerechnungen globaler Klimamodelle (Global Circulation Model – GCM), bezogen auf Deutschland, übereinstimmen. Da Niederschlag und Temperatur wesentliche Klimagrößen sind, wurde die Niederschlagsänderung (dN) je Grad Temperaturänderung (dT) untersucht. Beobachtungszeitraum war die Periode 1951 bis 2000. Tabelle 1 illustriert das Ergebnis. Betrachtet man die mittlere Entwicklung von dN / dT, gab es eine Zunahme des Niederschlags im Beobachtungszeitraum von 55 Millimeter (mm) pro 1 °C. Der Mittelwert für alle globalen Modellläufe liegt bei + 14 mm pro 1 °C bei einer Schwankungsbreite von − 77 mm bis + 94 mm. Hier unterschätzt das statistische Modell mit − 38 mm pro Grad Temperaturänderung die Niederschlagsentwicklung, liegt aber mit diesem Wert im Schwankungsbereich der globalen Modelle. Für den Sommer nimmt der beobachtete Niederschlag ab (− 31 mm). Diese Entwicklung wird vom statistischen Modell gut (− 36 mm), von den globalen Modellen weniger gut (− 9 mm) wiedergegeben. Für den Winter mit einem beobachteten Niederschlagswert pro Grad Temperaturänderung von 23 mm unterschätzen beide Modellklassen mit jeweils nur 8 mm die Entwicklung. Grundsätzlich kann man aber feststellen, dass sich die Schwankungsbreiten beider Modellklassen in großen Teilen überschneiden und damit die Werte des statistischen Modells für den Beobachtungszeitraum keine »Ausreißer« darstellen. Die gleiche Aussage kann man für den Vergleich bezüglich des Szenarios RCP8.5 treffen. Auch hier liegt das STARS innerhalb der Bandbreite der globalen Modelle. Das heißt, dass das Modell die notwendige Bedingung erfüllt, ein beobachtetes Klima zufriedenstellend zu simulieren, und somit zur Berechnung von Zukunftsszenarios geeignet ist.

| | Jahr | | | Sommer | | | Winter | | |
|---|---|---|---|---|---|---|---|---|---|
| | 5 % | Mittel | 95 % | 5 % | Mittel | 95 % | 5 % | Mittel | 95 % |
| Beobachtung | – | 55 | – | – | –31 | – | – | 23 | – |
| GCM (1951–2000) | –77 | 14 | 94 | –47 | –9 | 27 | –16 | 8 | 36 |
| STARS (1951–2000) | –102 | –38 | 32 | –72 | –36 | 0 | –17 | 8 | 32 |
| GCM RCP8.5 (2011–2060) | –65 | 5 | 86 | –30 | –11 | 9 | –8 | 9 | 26 |
| STARS RCP8.5 (2011–2060) | –45 | –9 | 30 | –43 | –26 | –6 | 1 | 16 | 32 |

Tab. 1: Niederschlagsänderung in mm pro Grad Temperaturänderung (gerundet) für Deutschland. Die Werte für 5 Prozent und 95 Prozent geben an, in welchem Schwankungsbereich 90 Prozent aller Ensemblewerte liegen (nach Wechsung & Menz [2012], unveröffentlicht).

## Die Szenarioauswahl

Wir berechnen das Szenario für die Region Deutschland von 2011 bis 2040, weil die kommenden 30 Jahre einen für den Nutzer der Ergebnisse überschaubaren Zeitraum darstellen. Bei dem vorzugebenden mittleren Temperaturtrend haben wir uns für das Szenario mit dem stärksten Zuwachs an Treibhausgasemissionen (RCP8.5) aus den aktuellen Szenariovorgaben des IPCC entschieden (IPCC TGICA Expert Meeting Report 2007). Daraus ergibt sich ein mittlerer Temperaturanstieg für Deutschland um 1,2 °C zwischen 2011 und 2040. Regional kann der Anstieg bis zu 2 °C betragen.

Warum wurde gerade das Szenario mit den stärksten Treibhausgasemissionen ausgewählt? Wie Abbildung 2 verdeutlicht, zeigt die für den Zeitraum von 2001 bis 2005 für dieses Szena-

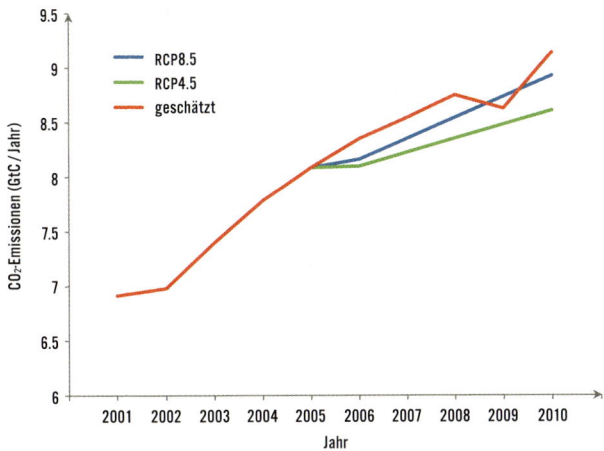

Abb. 2: Beobachtete und entsprechend dem RCP8.5 (Representative Concentration Pathway)-Szenario vorgegebene globale $CO_2$-Emissionen pro Jahr für den Zeitraum 2001 bis 2010 (im Vergleich dazu das schwächere Szenario RCP4.5)

rio angenommene $CO_2$-Entwicklung den gleichen Verlauf wie die Schätzungen der tatsächlichen $CO_2$-Emissionen. Danach liegen diese Werte sogar über den Szenariowerten. Das bedeutet, dass das vom IPCC als extrem eingestufte Szenario RCP8.5 bereits von der Realität eingeholt beziehungsweise überholt wurde. Das Szenario RCP8.5 kommt also der gegenwärtigen Emissionsentwicklung am nächsten.

An dieser Stelle sei nochmals ausdrücklich daran erinnert, dass die Ergebnisse der Szenariorechnungen für den Zeitraum 2011 bis 2040 keine Vorhersage im üblichen Sinn sind, sondern unter den gegebenen Randbedingungen eine mögliche Zukunft darstellen.

## Die Datengrundlage

Deutschland ist von einem sehr dichten Netz meteorologi-scher Stationen überzogen. Die Messungen, die für den Zeit-raum 1901–2010 in guter Qualität für 1440 Stationen vorlie-gen, stellen die Grundlage für die Untersuchungen dar. Erfasst wurden unter anderem die Lufttemperatur (Tagesmaximum, -mittel, -minimum), die Tagessumme des Niederschlags, die Sonnenscheindauer und der Bedeckungsgrad. Interessant ist, sich die Klimaentwicklung in diesen 110 Jahren kurz vor Augen zu führen. Die Lufttemperatur ist in dieser Zeit um ca. 1,1 °C im Jahresmittel angestiegen, wobei der Hauptanteil der Erwärmung innerhalb der letzten vier Jahrzehnte lag. Das heißt, dass bei der Szenariorechnung von einem bereits hohen Temperaturniveau ausgegangen werden muss. Ein ähnlicher Trend ist beim Niederschlag zu beobachten. Er nimmt über den gesamten Zeitraum um fast 100 mm zu. Im Gegensatz zur Temperatur steigt die Jahressumme seit etwa 1980 nicht mehr an, nimmt sogar im Sommer wie im Winter leicht ab, was allerdings noch nicht als statistisch gesichert belegt werden kann.

Ein Großteil der Temperaturerhöhung lässt sich durch die globale Erwärmung erklären. Ursache der Niederschlagsent-wicklung sind die sich verändernden Zirkulationsverhältnisse. So hat sich zum Beispiel die Verteilung und Intensität der Hoch- und Tiefdruckgebiete in Mitteleuropa deutlich verän-dert. Die Hochdrucklagen (HM – Hoch Mitteleuropa und BM – Hochdruckbrücke Mitteleuropa) haben im Sommer um rund 25 Prozent zugenommen. Dies geht einher mit einer Zunahme der Sonnenscheindauer um 7 bis 9 Prozent. Mit den Veränderungen der Zirkulationsverhältnisse lässt sich auch der zeitliche Verlauf der Winterniederschläge erklären. Die Großwetterlage WZ, die Tiefs vom Atlantik heranführt, tritt im Winter am häufigsten auf und bringt die meisten Niederschläge. Ihre Häufigkeit nimmt zwischen 1901 und 1980 zu, um dann zu stagnieren bzw. gegen Ende des Zeitraums abzunehmen. Dies geht einher mit der bereits diskutierten Niederschlagsentwicklung. Wichtig bei dieser ganzen Betrachtung ist, dass man sich bewusst ist, von welchem Niveau aus man die Szenariorechnungen startet und später vergleichend diskutiert.

Um den Klimazustand um das Jahr 2040 beschreiben zu können, reicht es nicht, ein einzelnes Jahr (z. B. 2040) zu betrachten. Für eine stabile Schätzung des Klimazustandes benötigt man einen Zeitraum von mindestens 20 Jahren. Daher wurde für die Beschreibung des mittleren Klimazustandes um 2040 der Zeitraum 2031 bis 2050 herangezogen und ausgewertet. Jetzt muss noch die Frage geklärt werden, was sich 2040 im Vergleich zum aktuellen Klima geändert hat. Dazu wurde der Zeitraum 1991 bis 2010 (gekennzeichnet durch ein hohes Temperatur- und Niederschlagsniveau) ausgewählt. Die Differenzwerte zwischen beiden Zeiträumen erlauben, sich ein gutes Bild der zu erwartenden Veränderungen zu machen.

## 2.2 Methode und Vorgehen narrativer Klimafolgenszenarios

**Bernd Sommer und Sebastian Wessels**

Gesellschaftliche Dynamiken lassen sich vermutlich niemals so weit in mathematischen Gleichungen abbilden, dass sie mit hoher Genauigkeit und Sicherheit vorhersagbar werden. Wie oben dargestellt, bedeutet Modellierung bereits bei einem hochkomplexen System wie dem Klimasystem enormen Aufwand und setzt umfangreiche Forschungsarbeiten und Datenbestände voraus, wobei die gewonnenen Szenarios dennoch nur mit abgestuften Wahrscheinlichkeiten abgegeben werden können. Und dies, obwohl das Klimasystem noch auf naturwissenschaftlichen Gesetzmäßigkeiten beruht, welche zu einem guten Teil bekannt und mathematisch berechenbar sind. Für die Dynamik des gesellschaftlichen Zusammenlebens stehen weit weniger exakte Modelle zur Verfügung, die eine mathematisch präzise Berechnung zukünftiger Entwicklungen ermöglichen würden, und man kann darüber streiten, ob es sie überhaupt geben kann (siehe Kasten 1).

### 1 Komplexität und Vorhersagbarkeit

In der Komplexitätsforschung (im Volksmund auch »Chaosforschung«) muss man sich manchmal damit abfinden, dass Prozesse in einem System vollständig nach festen Gesetzmäßigkeiten ablaufen, aber dennoch nur begrenzt vorhersagbar sind. Hierüber stolperte 1963 der Meteorologe Edward Lorenz, als er mit einem Computerprogramm zur Wettervorhersage experimentierte. Eines Tages wollte er eine Berechnung von einem Zwischenstand aus wiederholen und gab dazu die Zwischenergebnisse des Vortags in den Computer ein. Zu seinem Erstaunen erhielt er ein völlig anderes End-ergebnis als zuvor. Zuerst dachte er, die Rechenmaschine sei kaputt. Doch der wirkliche Grund war von größerer Bedeutung: Lorenz hatte bei der Eingabe des Zwischenergebnisses drei Kommastellen weniger berücksichtigt als der Computer, also die Ausgangswerte in der Größenordnung eines Hundertstel Prozents verändert. Das genügte, um zu einem Ergebnis zu kommen, das mit dem ursprünglichen nichts mehr gemeinsam hatte. Unbeabsichtigt hatte Lorenz gezeigt, dass auch geringste Unterschiede in den Ausgangsbedingungen in einem komplexen System zu gigantischen Unterschieden im Ergebnis führen können – der sprichwörtliche Flügelschlag eines Schmetterlings, der andernorts einen Sturm auslösen kann (Greschik 1998: 9 f.).

Wie man weiß, gelingt die Wettervorhersage heute trotzdem – in Grenzen. Man hat kein vollständiges Modell, in dem alle relevanten Faktoren abgebildet sind und keine Kommastellen verlorengehen, aber man hat Modelle, die für begrenzte Vorhersagen mit abgestuften Wahrscheinlichkeiten vollständig genug sind – so sind heute neun von zehn Wettervorhersagen für die jeweils nächsten drei Tage zutreffend (DWD 2010: 14).

In Bezug auf die menschliche Gesellschaft aber ist unser Wissen um Gesetzmäßigkeiten noch beschränkter und das Bemühen um »vollständiges« Erfassen der relevanten Ausgangsbedingungen noch aussichtsloser. Darüber hinaus wissen wir gar nicht mit Sicherheit, ob die Welt überhaupt nach lückenlosen Gesetzmäßigkeiten funktioniert, also ob sie überhaupt vollständig berechenbar *ist* (Mainzer 2007). Gleichzeitig aber brauchen Menschen immer eine Vorstellung von der Zukunft, die sie auf sich zukommen sehen, um planen und Entscheidungen treffen zu können. Auch in Wissenschaft, Politik und Wirtschaft arbeitet man deshalb mit Szenarios – mit Modellen einer möglichen Zukunft, deren Plausibilität und Wahrscheinlichkeit anhand von vergleichbaren Entwicklungen der Vergangenheit sowie Trendfortschreibungen in die Zukunft beurteilt werden können.

Gleichwohl gibt es auch in Bezug auf gesellschaftliche Entwicklungen Trends, die sich durch eine gewisse Regelmäßigkeit und Dauerhaftigkeit auszeichnen und daher im Sinne des Wortes berechenbar sind, solange nicht Kipppunkte zu Dynamiken führen, die nicht mehr in Form von Trendfortschreibungen zu erfassen sind, oder Entwicklungsbrüche wie Kriege und Konflikte auftreten. Im Vergleich zu den Naturwissenschaften stützt sich die soziologische Theorie stärker auf sprachlich artikulierte Denkmodelle als auf mathematische und Computermodelle. Auch diese vor allem auf Sprache basierenden Denkmodelle und Theorien dienen nicht zuletzt dem Zweck, das Nachdenken über gesellschaftliche Zukünfte anzuleiten. So arbeitete der Soziologe Norbert Elias heraus, dass gesellschaftliche Entwicklungen immer gerichtet und in einer gewissen Stufenabfolge verlaufen, auch wenn sie reversibel sind und gegenläufige Tendenzen sich parallel vollziehen können. Dies bedeutet, dass soziale Prozesse trotz aller Kontingenz eine gewisse »Richtungsbeständigkeit« (Elias 1995: 248) aufweisen und daher bis zu einem bestimmten Grad prognostizierbar und z. T. sogar berechenbar sind. Beispielsweise sind Entwicklungen wie die Individualisierung nicht von heute auf morgen umkehrbar, was zusammen mit anderen langfristigen Trends Rückschlüsse auf die künftige demographische Entwicklung ermöglicht (siehe Kasten 7 auf Seite 135 f.), weil die Geburtenzahl natürlich mit der sozialen und ökonomischen Situation von (potentiellen) Eltern zusammenhängt. Das Gleiche gilt für soziale Trends wie die Globalisierung, die Situation der öffentlichen Haushalte oder die ökonomische Struktur eines Landes (siehe Kasten 8 auf Seite 144).

Aber auch auf individueller Ebene scheint das (psychologische) Repertoire an Verhaltensweisen im Rahmen eines bestimmten Sets an Mustern beschreibbar und – wiederum in Grenzen – vorhersagbar. Während Psychologie und Sozialpsychologie sich schwertun, vorherzusagen, wie ein bestimmtes Individuum sich in einer bestimmten Situation verhalten wird, ist es vielfach durchaus möglich, *durchschnittliches* Verhalten mit hoher Wahrscheinlichkeit vorherzusagen. Zum Beispiel kann man nicht wissen, ob eine bestimmte Person nachts bei unbefahrener Straße an einer roten Ampel stehen bleiben wird. Aber wie viele von hundert Menschen das tun, ließe sich herausfinden, indem man systematisch eine repräsentative Auswahl von Ampeln beobachtet. Beim Nachdenken über mögliche gesellschaftliche Entwicklungen ist das günstig, weil hier weniger eine bestimmte Person als vielmehr das zu erwartende durchschnittliche Verhalten von Interesse ist.

Bereiche zukünftiger gesellschaftlicher Entwicklungen, die nicht mathematisch modellierbar sind, lassen sich also anhand theoretischer Modelle und empirischen Wissens über vergangene und gegenwärtige Entwicklungen und Verhaltensweisen durch Narrative beschreiben, in denen begründete Annahmen bezüglich der gesellschaftlich-kulturellen Reaktion auf klimatische Veränderungen und die damit einhergehenden Umweltfolgen wie Extremwetterereignisse skizziert werden. Auf Basis der Klimaszenarios soll im Kapitel 5 »ausgemalt« werden, inwiefern es bei den modellierten Klimaveränderungen, Extremwetterereignissen und Klimafolgen bei den bestehenden Infrastrukturen und Technologien (5.1), Institutionen (5.2) sowie der menschlichen Gesundheit (5.4) zu Problemen kommen kann. Zur empirischen Unterfütterung und Illustration wird dabei stark auf die Medienberichte zu wetter- und klimabedingten Ereignissen und ihren gesellschaftlichen Folgen in der Vergangenheit zurückgegriffen. In Kapitel 5.3 soll die sozialstrukturierte Betroffenheit von den beschriebenen Klimaveränderungen genauer ausgeleuchtet werden. Moderne, hochdifferenzierte Gesellschaften wie die deutsche sind niemals in toto und vor allem sind nie alle sozialen Gruppen gleichermaßen von klimatischen Veränderungen betroffen. Unterschiedliche Gruppen verfügen über unterschiedliche Ressourcen – wie ökonomisches oder soziales Kapital –, aber auch unterschiedliche individuelle Dispositionen, auf den Klimawandel oder auf Extremwetterereignisse zu reagieren. Hinzu kommt, dass nicht alle zu erwartenden Klimaveränderungen aus jeder Perspektive als negativ zu bewerten sind. Nicht nur in bestimmten Tourismuszweigen dürfte man beispielsweise einen unterm Strich längeren und wärmeren Sommer durchaus begrüßen – auch Teile der Land- und Forstwirtschaft könnten davon profitieren. Das schützt die Profitierenden aber wiederum nicht davor, in Städten unter Hitzestress oder als Allergiker unter vermehrtem Pollenflug zu leiden; Personen und Gruppen können auch in bestimmter Hinsicht »Gewinner« und gleichzeitig in anderer »Verlierer« des Klimawandels sein. Die ökonomischen und sozialen Lagen der in Deutschland lebenden Menschen sind ebenso vielfältig wie ihre Perspektiven, Weltbilder und Präferenzen. Mit anderen Worten, eine »Vulnerabilitätsanalyse« der deutschen Gesellschaft ist zur Identifikation von Gefahren und Risiken sinnvoll, bedarf aber der sozialen Differenzierung und Kontextualisierung und kann nur einen – wenn auch politisch wichtigen – Teilaspekt der sozialwissenschaftlichen Betrachtung von Gesellschaft im Klimawandel darstellen (siehe Kasten 2).

## 2 Vulnerabilität und Resilienz – Schlüsselbegriffe der Klimafolgenforschung

Die Art und das Ausmaß der Folgen von Extremwetterereignissen hängen nicht nur von der Stärke bzw. Intensität des jeweiligen Ereignisses selbst ab, sondern auch von der »Vulnerabilität« und »Resilienz« von Gesellschaften, sozialen Gruppen oder Institutionen. Die Vulnerabilität, also Verletzlichkeit, einer sozialen Einheit ergibt sich aus »Exposition« und »Sensitivität« gegenüber den klimatischen Extremen sowie der sozialen Anpassungsfähigkeit (IPCC 2011: 1 ff.). Einem Hochwasser zum Beispiel sind vor allem Küsten- und Flussregionen ausgesetzt (hohe Exposition), und hohe Schäden drohen vor allem dann, wenn sie dicht besiedelt sind (hohe Sensitivität). Das Konzept der Resilienz bezieht sich auf die Fähigkeit von Gesellschaften (in der Ökologie von Ökosystemen), auf Störungen bzw. Schocks zu reagieren und entscheidende Systemfunktionen aufrechtzuerhalten.

Die Konzepte der Vulnerabilität und Resilienz stammen ursprünglich aus der Ökologie bzw. den Naturwissenschaften. Um die »Vulnerabilität« von Gesellschaften zu verstehen, ist jedoch auch eine soziale Differenzierung nach Milieus, Lebensstilen, sozialen Klassen, Geschlecht etc. notwendig, sowie der politische und ökonomische Kontext mit einzubeziehen (Grothmann et al. 2011). So entwickelte sich in Abgrenzung zu dem naturwissenschaftlichen Verständnis der genannte »Social Vulnerability Approach« (Dietz 2006: 14). Denn insbesondere gesellschaftliche Verteilungsmuster beeinflussen »die Fähigkeit sozialer Akteure, Handlungsstrategien gegenüber Risiken zu entwickeln und anzuwenden« (Dietz 2011: 14). Neben der Exposition bzw. geographischen Lage eines Ortes (z. B. unter dem Meeresspiegel) entscheiden über seine Vulnerabilität auch die sozio-ökonomischen Bedingungen und technische Leistungsfähigkeit der betreffenden Gesellschaft sowie die Handlungsfähigkeit des politischen Regimes, aber auch soziale Faktoren wie das Ausmaß der Vernetzung und gegenseitigen Abhängigkeiten von Menschen und Institutionen (Komplexität). Nicht zuletzt reagieren Menschen je nach ihren kulturell bedingt unterschiedlichen Mustern der Wahrnehmung und Deutung sozialer und natürlicher Umweltereignisse verschieden auf Krisen.

Wie die Klimaszenarios stellen auch diese narrativen Sozial-
szenarios plausible Annahmen unter definierten Bedingungen dar, die einer Wenn-dann-Logik folgen. An Ereignissen
wie dem Elbehochwasser 2002 lässt sich zum Beispiel ablesen,
welcher Art und Reichweite die Folgen sind, die dort und an
vergleichbaren Flussgebieten bei einem Hochwasser zu erwarten sind, wenn nicht geeignete Vorsorgemaßnahmen getroffen
werden. Bei diesem Hochwasser von Donau und Elbe starben
21 Menschen. Insgesamt mussten über 100 000 Menschen eva-
kuiert werden, und mehr als 337 000 waren direkt von den
Überschwemmungen betroffen (Bundesregierung 2002). Zur
Bekämpfung des Hochwassers wurden von der Bundesregierung auch der Bundesgrenzschutz (die heutige Bundespolizei)
und die Bundeswehr eingesetzt. Die Bundeswehr ließ mit Tor-
nado-Jets Schwachstellen in den Deichen ermitteln und baute
in Pirna ein Zeltlager für 15 000 Personen. Mit Beteiligung von
über 73 000 Hilfskräften war dies der größte Einsatz von Bun-
desbehörden in der Nachkriegszeit. Die wirtschaftlichen Schäden des Hochwassers werden für Deutschland auf 9,4 Mrd.
Euro geschätzt (vgl. UBA 2005a) – allein für die Semperoper ein
Schaden von 27 Mill. Euro und für die staatliche Kunstsamm-
lung von 20 Mill. Auch an der Verkehrsinfrastruktur entstand
erheblicher Schaden: »mindestens 180 Brücken und 740 Kilometer Straßen wurden zerstört oder durch die Überflutung beschädigt; außerdem wurden 94 Eisenbahnbrücken beschädigt
(davon zehn zerstört) sowie 400 Kilometer Gleise« (ebd.).

Die hohen Kosten für die Beseitigung der Hochwasser-
folgen veranlasste die Bundesregierung, eine vorgesehene
Steuerentlastung zu verschieben, und zugunsten der Hoch-
wassergeschädigten wurde eine Sonderbriefmarke aufgelegt.
Die Fernsehsender ARD, ZDF, RTL und ProSieben / SAT 1

starteten einen gemeinsamen Spendenaufruf. Einige politische Beobachter sahen in dem als erfolgreich wahrgenommenen Krisenmanagement des damaligen Bundeskanzlers Gerhard Schröder auch einen zentralen Grund für seine Wiederwahl bei der Bundestagswahl 2002. Ähnlich wurde in den 1960er Jahren der damalige Hamburger Innensenator und spätere Bundeskanzler Helmut Schmidt bundesweit bekannt und beliebt, als er sich bei der Bewältigung der Sturmflut von 1962 engagiert und handlungsfähig zeigte. Hier reichten die Folgen noch weiter: Schmidt ließ persönliche Kontakte spielen, um Truppen, Boote und Hubschrauber von Bundeswehr und NATO für die Katastrophenbekämpfung in Hamburg zu bekommen. Natürlich war ein Hamburger Senator rechtlich nicht befugt, Bundeswehr und NATO zu mobilisieren, und davon abgesehen waren Bundeswehreinsätze im Inland von der Verfassung grundsätzlich nicht vorgesehen. Doch angesichts der Not, so Schmidt später, hätten seine Ansprechpartner bei den Streitkräften »genauso wenig [wie er selbst] gefragt, was die Verfassung sagt« (Spiegel online, 17. 02. 2008).

Der Rückgriff auf historische Fälle zur Ausgestaltung der narrativen Szenarios soll nicht suggerieren, dass die Wiederholung identischer Ereignisse zu erwarten sei. Die Folgen entsprechender Ereignisse in der Vergangenheit ermöglichen aber erst die Einschätzung, inwiefern beispielsweise ein durch Starkregen bedingtes Hochwasser sowohl in seiner Verursachung als auch bezüglich der Schäden und Folgen in vielerlei Hinsicht mehr ein gesellschaftliches Ereignis denn ein Naturereignis ist. Konkrete Beispiele der Vergangenheit wie das Elbehochwasser bieten eine Orientierung über Art und Ausmaß der gesellschaftlichen Folgen auch regionaler Naturkatastrophen und -ereignisse, also zum Beispiel ihre Wirkung auf

Abb. 3: Sonderbriefmarke (Zuschlagsmarke) »Hochwasserhilfe 2002« Quelle: obs / Wohlfahrtspflege e. V.

die öffentlichen Finanzen und die politische Situation ganz Deutschlands. Das Beispiel zeigt, dass die unvorhergesehenen Kosten, die der öffentlichen Hand durch ein solches Ereignis entstehen, den finanziellen und damit allgemein den Handlungsspielraum des Staates einschränken. Die Instandsetzung von Infrastrukturen, die durch Hochwasser oder auch Stürme beschädigt wurden, kann auf der einen Seite wie ein Konjunkturprogramm wirken, weil sie Aufträge vor allem für Bau- und Handwerksunternehmen mit sich bringt. Zugleich aber bindet sie Finanzmittel, die dann nicht für andere Investitionen zur Verfügung stehen (Infras / Ecologic 2009: 33).

Bei der Orientierung an vergangenen Schadensfällen ist natürlich zu berücksichtigen, dass in Deutschland ja Anstrengungen zur Anpassung an den Klimawandel getätigt werden und beispielsweise als Konsequenz auf das Elbehochwasser der Hochwasserschutz auch tatsächlich verbessert worden *ist* (LABEL 2012). In Kapitel 7 sollen daher die heute denkbaren Anpassungsmöglichkeiten und -bemühungen mit Blick auf ihre Realisierungschancen erörtert werden. In Kapitel 8 schließlich werden auf Basis der bisherigen Ausführungen für Deutschland im Jahr 2040 zwei Szenarios – ein pessimistisches und ein optimistisches – zu den gesellschaftlichen Folgen des Klimawandels skizziert.

## 3 Krise und Autoritarismus

In den genannten Popularitätsschüben für Gerhard Schröder und Helmut Schmidt im Zusammenhang mit ihrer politischen Führung in einer Krisensituation zeigt sich ein psychologisches Phänomen, das in Zukunft in dem Maß bedeutsam sein dürfte, in dem diese von Unsicherheit und katastrophalen Brüchen geprägt sein wird: die psychologische Aufwertung der sozialen Überlebenseinheiten, denen man sich zugehörig fühlt, und die damit verbundene Neigung zur Hinwendung zu Autoritäten in Krisensituationen. Wie Norbert Elias ausführte, gehören Menschen in komplexeren Gesellschaften mehreren Wir-Gruppen zugleich an – einer Familie, einem Ort, einem Land, einer Religionsgemeinschaft, einem Kulturkreis usw. Doch diese Wir-Gruppen unterscheiden sich in ihrem faktischen und gefühlten Überlebenswert, den sie für den Einzelnen haben. War in vormodernen Zeiten häufig die Familie oder Sippe die maßgebliche Überlebenseinheit, ist es für moderne Menschen heute in der Regel der Nationalstaat (Elias 1991: 277). Droht die soziale Ordnung zusammenzubrechen, wie es bei Katastrophen mehr oder weniger der Fall ist, wendet man sich hier vor allem dem Staat zu, in der Erwartung, dass er die Ordnung schützt oder wiederherstellt. Erweist ein Staat oder Politiker sich in den Augen der Bevölkerung als fähig, sie zu schützen und ihr Sicherheit zu bieten, wächst daher die Loyalität ihm gegenüber, und die psychologische Bedeutung der Staatszugehörigkeit nimmt zu. Eine wahrgenommene Bedrohung der überlebenswichtigen Wir-Gruppe, der man sich zugehörig fühlt, stärkt das Wir-Gefühl. Im Extremfall kann dies mit autoritären Reaktionen einhergehen – also mit der Bereitschaft und vielleicht dem Bedürfnis, die Verantwortung für das gemeinsame Überleben in die Hände einer als stark wahrgenommenen Autorität im Rahmen der entsprechenden Wir-Gruppe zu legen und sich ihr unterzuordnen. Der Autoritarismusforscher Detlef Oesterreich beschrieb die autoritäre Reaktion in diesem Sinn als »Flucht in die Sicherheit« (Oesterreich 1996; vgl. Altemeyer 1996: 89–92). Krisen und Katastrophen, kann man allgemein sagen, bringen ein Sicherheitsbedürfnis hervor und geben damit Politikern Aufwind, denen man zutraut, Sicherheit herzustellen. So machte sich Helmut Schmidt außerordentlich beliebt, indem er die Bundeswehr mobilisierte. Dass er damit die engen Grenzen sprengte, die das Grundgesetz aus guten Gründen für Armeeeinsätze vorsah, war in der Krisensituation für niemanden ein Problem, verstärkte vielmehr sogar den Eindruck entschlossenen Handelns. Dies war natürlich noch keine Abdrift in den Autoritarismus – aber das Beispiel zeigt, wie schnell sich in Ausnahmesituationen die Maßstäbe verschieben können, so dass eben wie bei diesem Beispiel von einer Führungsperson unter Zustimmung der Öffentlichkeit die Armee mobilisiert werden und ein wichtiger Verfassungsartikel außer Kraft gesetzt werden kann. Erst 1968 wurde der Bundeswehreinsatz zur Katastrophenbekämpfung als Bestandteil der Notstandsgesetze ins Grundgesetz aufgenommen (BPB 2002).

**3**

# Das Klima in Deutschland um 2040:
# Was verändert sich?

Friedrich-Wilhelm Gerstengarbe und Peter C. Werner

Wie wird sich nun das Klima in Deutschland im Zeitraum 2031 bis 2050 in Vergleich zum Zeitraum 1991 bis 2010 ändern? Für das oben beschriebene RCP8.5-Szenario wurde das Modell 100-mal mit variierenden Anfangsbedingungen berechnet. Im Folgenden werden hier aus Gründen der Übersicht nur die Ergebnisse der Realisierung, die die mittlere Entwicklung charakterisiert, diskutiert.

## 3.1 Temperatur

Zwischen 1991 und 2010 lag das Jahresmittel der Lufttemperatur in Deutschland bei 9 °C, das Maximum bei 13 °C und das Minimum bei 5 °C. Die wärmste Region findet man entlang des Rheins vom Oberrheingraben bis hin in die Kölner Bucht. Hier lagen die Werte deutlich oberhalb der Zehn-Grad-Schwelle. In allen anderen Gebieten, bis auf die Höhen der

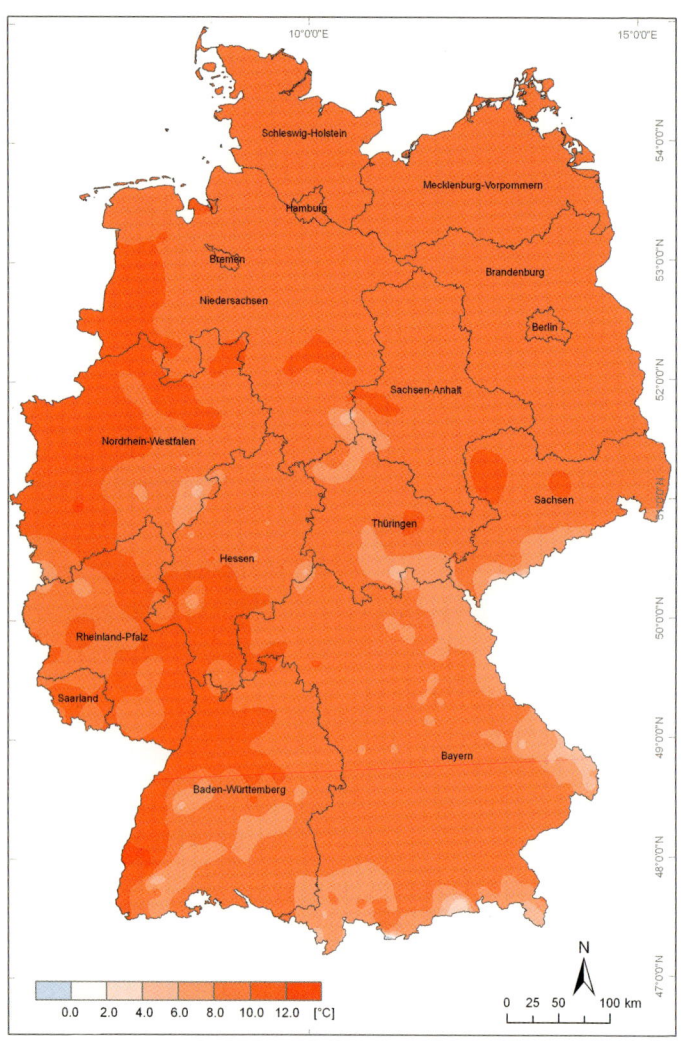

Abb. 4: Jahresmittel der Lufttemperatur 1991–2010

Mittelgebirge und die Alpen, schwanken die Werte zwischen 8 °C und 10 °C (siehe Abb. 4). Die räumliche Verteilung der Minimum- und Maximumtemperatur ähnelt der der Jahresmitteltemperatur, nur eben auf einem anderen Niveau. Einzig beim Minimum verlängert sich der »warme« Streifen über die Kölner Bucht hinaus bis hin zu den nordfriesischen Inseln.

Die Berechnung der Temperaturverteilung für den Zeitraum 2031–2050 mit dem Modell STARS (nach Szenario RCP8.5) ergibt eine ähnliche räumliche Struktur wie 1991–2010, aber eine höhere Mitteltemperatur. Wie Abbildung 5 zeigt, liegt das Jahresmittel der Lufttemperatur jetzt bei 10,2 °C. Das Maximum beträgt 14,8 °C und das Minimum 6,0 °C.

Die Erwärmung verteilt sich nicht gleichmäßig über alle Regionen Deutschlands. Je weiter man nach Süden geht, desto deutlicher nimmt die Temperatur zu. So weisen die Küstenregionen einen Anstieg um bis zu 0,9 °C auf. Für große Teile des Binnentieflandes, der Mittelgebirgsregionen sowie Süddeutschlands liegt der Anstieg zwischen 1,3 °C und 1,5 °C (siehe Abb. 6).

Ähnlich räumlich strukturiert ist der Anstieg beim Maximum und Minimum der Lufttemperatur, nur dass beim Maximum die Zunahme zwischen 0,9 °C und 1,9 °C liegt und beim Minimum zwischen 0,4 °C und 1,4 °C. Interessant ist, dass im Sommer der gesamte Westen Deutschlands mit einem deutlich höheren Anstieg der Temperatur zu rechnen hat als die Küstenregionen sowie Mittel- und Ostdeutschland.

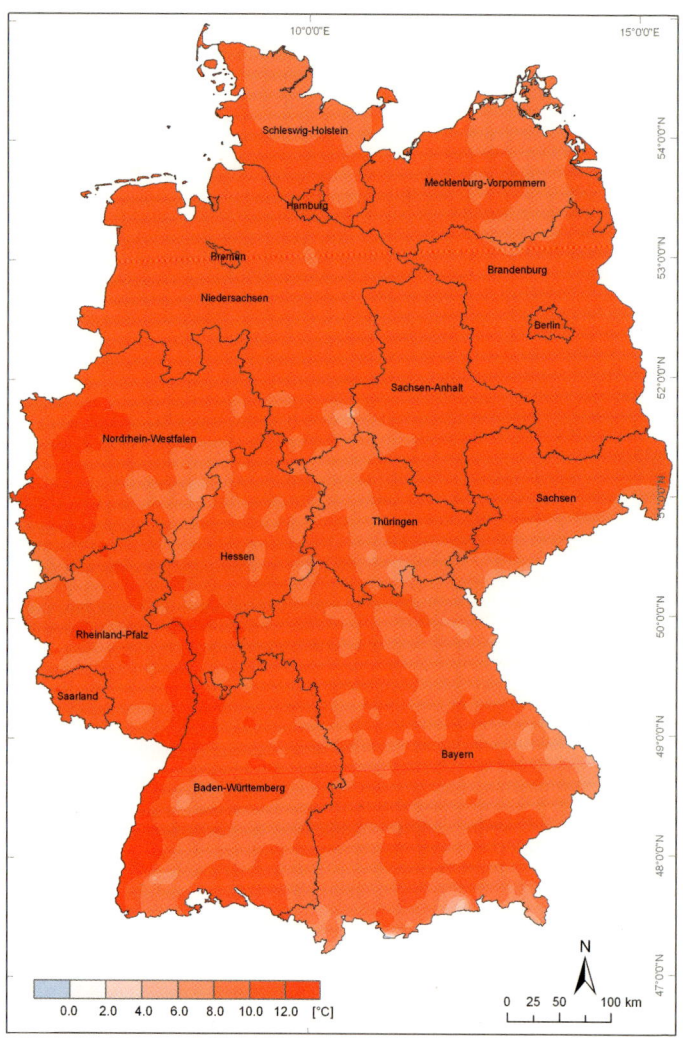

Abb. 5: Jahresmittel der Lufttemperatur 2031–2050

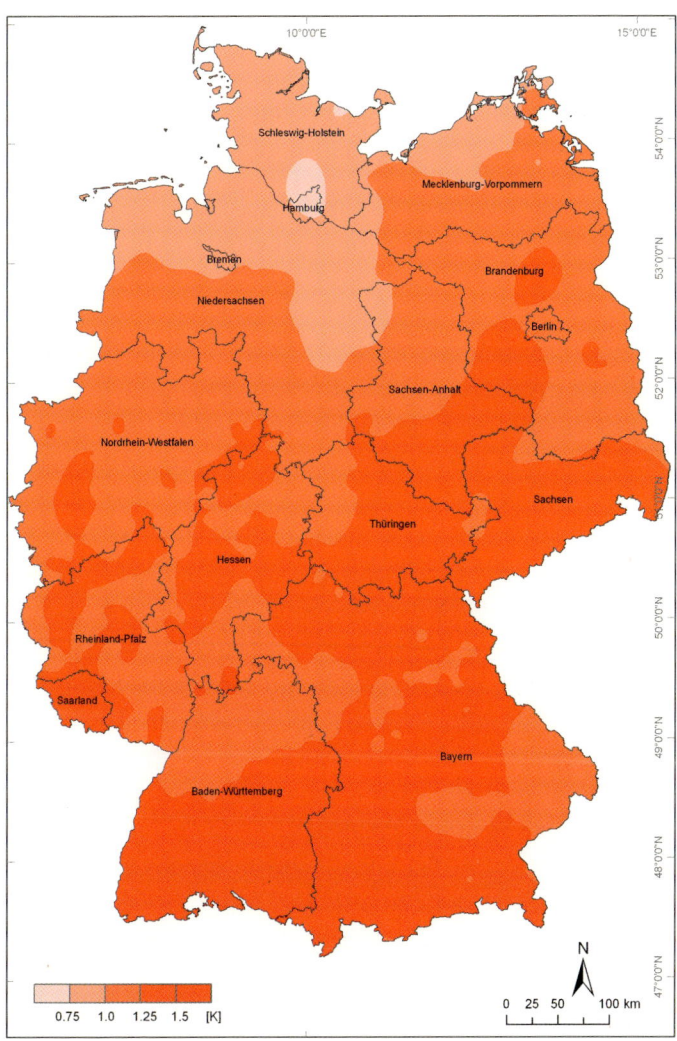

Abb. 6: Verteilung der Temperaturdifferenz 1991/2010 – 2031/2050
(Jahresmittelwerte)

## 3.2  Temperaturbezogene Ereignistage

Auch bei den temperaturbezogenen Ereignistagen (Eistage: $T_{max} < 0\,°C$; Frosttage: $T_{min} < 0\,°C$; Sommertage: $T_{max} \geq 25\,°C$, heiße Tage: $T_{max} \geq 30\,°C$; Kältesumme $\Sigma\,T_{mit} < 0\,°C$) gibt es eine charakteristische räumliche Struktur. Hier spielen neben der Höhenabhängigkeit der Temperatur die auch im Winter relativ häufig auftretenden Westwinde (WZ) eine wesentliche Rolle. Sie sind in der Regel milder als aus Nord oder Ost einströmende Luftmassen. Dies führt dazu, dass im Nordwesten Deutschlands im Zeitraum 1991–2010 nicht mehr als 25 Frosttage auftreten, im Südosten dagegen bis zu 200. Letztere Zahl bezieht sich dabei im Wesentlichen auf die Mittelgebirge in dieser Region.

Ähnlich ist es bei den Eistagen. Im Mittel gibt es in Deutschland aktuell 21 Eistage und 84 Frosttage im Jahr. Bei den Sommertagen liegt der Wert bei 37 Tagen und bei den heißen Tagen bei acht. Der erste Frosttag ist nicht vor dem 26. Oktober zu erwarten, der erste Eistag nicht vor dem 9. Dezember. Die Frostperiode endet am 17. April, die der Eistage schon am 14. Februar. Temperaturen über 25 °C kann man ab dem 16. Mai erwarten, letzter Sommertag ist dann der 5. September. Heiße Tage können zwischen dem 26. Juni und dem 4. August auftreten. Bei allen Angaben handelt es sich um über den betrachteten Zeitraum und ganz Deutschland (von der Küste bis zum Hochgebirge) gemittelte Werte, das heißt, dass natürlich in einzelnen Fällen diese Werte deutlich über- oder unterschritten werden können.

Auch um das Jahr 2040 bleibt die räumliche Verteilung der temperaturbezogenen Ereignistage ungefähr erhalten. Eine große Region im Nord- und Südwesten Deutschlands weist weniger als 25 Frosttage auf. Sieht man von den Gebirgen ab (hier gibt es bis zu 300 Frosttage), sind in den verbleibenden Regionen bis maximal 200 Frosttage zu beobachten. Auch die Mittelwerte verändern sich: Es gibt in diesem Zeitraum 16 Eistage, 67 Frosttage, 49 Sommertage und neun heiße Tage. Das heißt, dass sich die Anzahl der Frosttage im Mittel um 17 verringert, was einem Rückgang von ungefähr 20 Prozent entspricht. Der Rückgang ist räumlich von Nordwest nach Südost gestaffelt. Die geringste Abnahme verzeichnet die Nordseeküste, nämlich zwischen sechs und zehn Tage. Die stärkste Abnahme tritt im Osten Deutschlands mit bis zu 28 Tagen auf.

Die Anzahl der Eistage verringert sich um fünf (Rückgang um rund 26 Prozent). Bemerkenswert ist, dass der Rückgang der Eistage in ganz Deutschland räumlich nur wenig strukturiert ist, hier verringern sich die Werte um ein bis zehn Tage. Der stärkste Rückgang ist in den Hochlagen der Mittelgebirge und den Alpen zu beobachten, wo es bis zu 25 Eistage weniger im Jahr geben kann.

Es ist klar, dass sich mit der Änderung der Anzahl der Ereignistage auch deren Eintrittsdaten verschieben. Der erste Frosttag im Jahr ist jetzt der 3. November. Die Frostperiode endet am 14. April. Der erste Eistag tritt am 12. Dezember auf, der letzte am 1. Februar. Die Periode der Sommertage beginnt am 5. Mai und endet am 4. Oktober, die der heißen Tage beginnt am 18. Juni und endet am 18. August.

Diese Entwicklung wirkt sich natürlich auf die Länge der Perioden aus, in denen Sommertage, heiße Tage, Frost- bzw. Eistage auftreten können. Das heißt, dass sich die Eintrittsdaten deutlich verschieben. Sommertage treten im Mittel elf Tage früher auf und können im Herbst bis zu 18 Tage später auftreten. Damit verlängert sich diese Periode um etwa 29 Tage. Die heißen Tage verschieben sich um acht Tage nach vorn und um 13 nach hinten, was einer Ausdehnung der Periodenlänge von rund 21 Tagen entspricht.

Mit der Verlängerung von »warmen« Perioden bzw. der Verkürzung von »kalten« Perioden stellt sich die Frage, ob auch die Häufigkeit von Hitzewellen im Sommer und milden Perioden im Winter bis 2040 zunimmt. Dazu haben wir zum einen die Wärmesummen je Sommer (Juni, Juli, August) zwischen 1991 bis 2050 berechnet und die Mittelwerte der drei 20-jährigen Intervalle betrachtet. (Das letzte Intervall 2031−2050 repräsentiert dabei den mittleren Zustand um 2040.) Die Wärmesumme ist definiert als Summe der Tagesmaxima der Lufttemperatur mit Werten von 25 °C oder mehr für die Monate Juni bis August. Zum anderen wurde die Kältesumme aus den Tagesmittelwerten der Lufttemperatur unter 0 °C für die Monate Oktober bis April gebildet. Dass die Wärmesumme bei steigender Temperatur ansteigt, war zu erwarten. Interessant ist die Entwicklung der Extremfälle, also das Auftreten sehr hoher Wärmesummen. Dabei zeigt sich, dass ein Ereignis wie der heiße Sommer 2003, der bis dahin noch nie beobachtet worden war, einen Ausreißer mit einer Wärmesumme 222 Kelvin (K) darstellt. Ähnliche Extremfälle treten zwischen 2031 und 2050 gleich dreimal auf. Das heißt, dass sich die Gefahr von Hitzewellen gegen Ende des Simulationszeitraums deutlich erhöht.

Der umgekehrte Verlauf in der zeitlichen Entwicklung ist bei der Kältesumme zu beobachten. Bei der Kältesumme werden die Tagesmittelwerte der Lufttemperatur unter 0 °C von Oktober bis April addiert. Da es sich hier immer um negative Werte handelt, gilt: Je kleiner die Summe, desto kälter der

Winter. Die Entwicklung zeigt, dass die Anzahl der sehr kalten Winter (Kältesumme $\leq -300$ K) deutlich zurückgeht. Im Zeitraum 2031–2050 tritt nur noch ein solches Ereignis auf. Dafür steigt die Zahl der extrem milden Winter (Kältesumme $\geq -100$ K) auf 14 im Zeitraum 2031–2050 an.

## 3.3 Niederschlag

Was die Niederschlagsmengen betrifft, ist Deutschland im Zeitraum 1991–2010 zweigeteilt (siehe Abb. 7). Die Leegebiete der in der Mitte Westdeutschlands liegenden Mittelgebirge sowie der gesamte Osten Deutschlands mit Ausnahme der Mittelgebirge Harz, Thüringer Wald und Erzgebirge erhalten weniger als 700 Millimeter Niederschlag pro Jahr. Als niederschlagsreich können die verbleibenden Gebiete angesehen werden, wobei sehr hohe Niederschlagssummen in den Hochlagen der Mittelgebirge und den Alpen zu verzeichnen sind. Die mittlere Jahressumme des Niederschlags für ganz Deutschland liegt bei 862 Millimeter.

Rund die Hälfte aller Tage im Jahr (180) ist niederschlagsfrei. Dabei ist die Anzahl der niederschlagsfreien Tage in Gebieten mit geringem Niederschlag deutlich höher als in den niederschlagsreichen Regionen. Von den verbleibenden 185 Tagen mit Niederschlag gibt es an 24 Tagen Starkniederschläge, das heißt mit mehr als 10 Millimetern pro Tag.

Eng gekoppelt mit dem Niederschlag ist die klimatische Wasserbilanz. Sie ergibt sich aus der Differenz zwischen gefallener Niederschlagssumme und Verdunstung. Für ganz

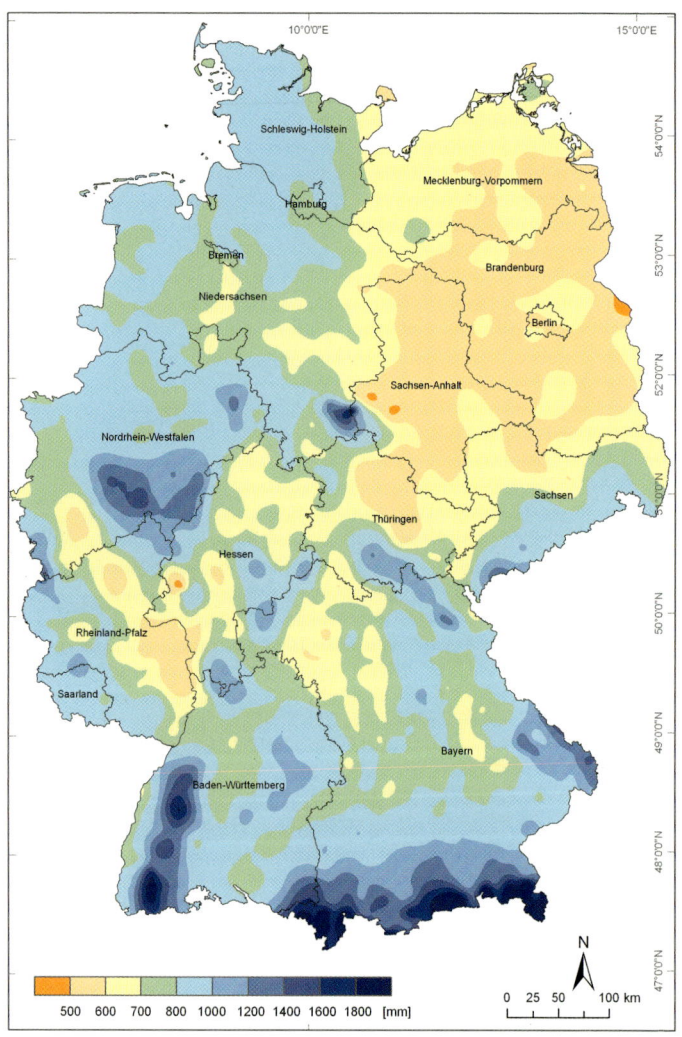

Abb. 7: Verteilung der mittleren Jahressummen des Niederschlags
für den Zeitraum 1991–2010

Deutschland ist sie mit einem Wert von 241 Millimetern positiv, das heißt, es gibt insgesamt einen Wasserüberschuss. Dieser Wert täuscht allerdings über die wahre räumliche Verteilung hinweg. Im gesamten Osten Deutschlands und in den Lee-Lagen der zentralen Mittelgebirge ist die klimatische Wasserbilanz negativ. Dort würde mehr verdunsten, als an Niederschlag fällt, was aufgrund der in diesen Regionen niedrigen Niederschlagssummen nicht verwunderlich ist.

Auch für den Zeitraum 2031–2050 bleibt die zweigeteilte Struktur der Niederschlagsverteilung in Deutschland erhalten (siehe Abb. 8). Die mittlere Jahressumme liegt jetzt bei 826 mm. Dieser Wert ist vergleichbar mit der im Zeitraum 1961–1980 gemessenen mittleren Summe von 817 mm. Geht man zurück auf den Zeitraum 1901–1920, liegt der Wert nur noch bei 764 mm. Dies ist, wie bereits erwähnt, ein deutlicher Hinweis, in einer Diskussion von Szenarioergebnissen unbedingt den Bezug zu beachten. Im Szenariozeitraum gibt es 199 Tage ohne Niederschlag und 23 Tage mit Starkniederschlag. Wie schon bei der Änderung der Niederschlagssumme liegt bei den Tagen mit Starkniederschlag eine Zweiteilung Deutschlands vor. Während nördlich einer Linie Saarland – Vorpommern eine Zunahme dieser Tage um 6 und mehr zu verzeichnen ist, nehmen diese südlich davon meist ab, und zwar um 10–12 Tage. Die räumliche Verteilung der klimatischen Wasserbilanz bleibt im Wesentlichen erhalten. Sie beträgt im Mittel für Deutschland nunmehr nur noch 126 mm.

Für die nächsten 30 Jahre erwartet Deutschland also eine geringfügige Abnahme der Jahressumme des Niederschlags, wie Abbildung 9 verdeutlicht. Die Abnahme beträgt im Mittel 36 mm, was rund vier Prozent der Gesamtsumme entspricht.

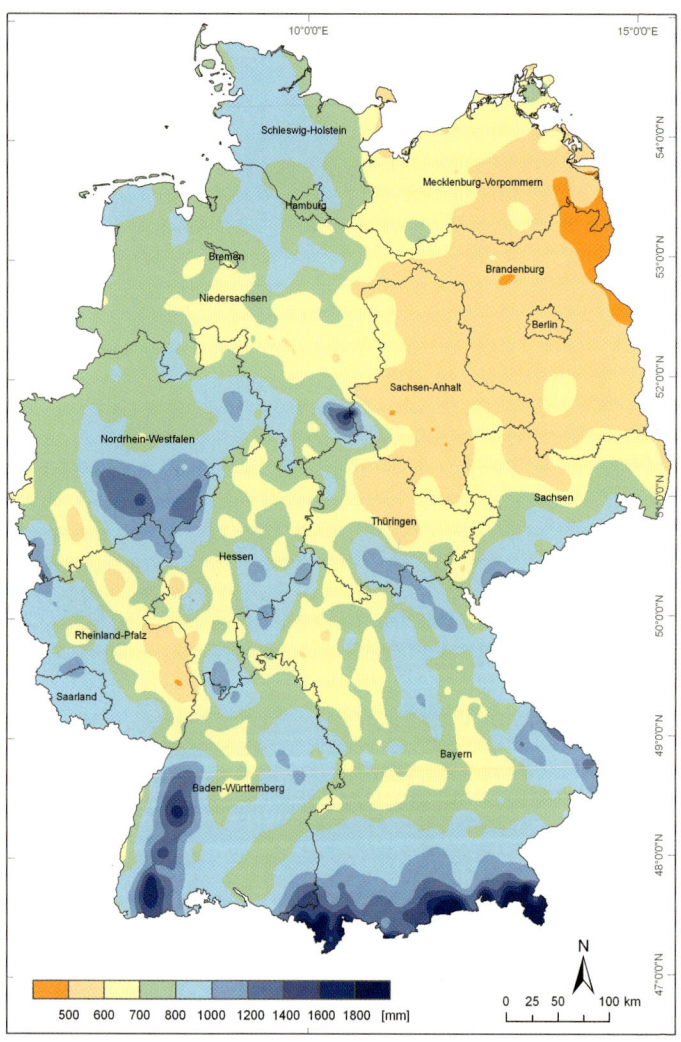

Abb. 8: Verteilung der mittleren Jahressummen des Niederschlags
für den Zeitraum 2031–2050

Dabei erfahren einige Teile der Alpen und der südliche Baye-
rische Wald den größten Rückgang (bis zu 250 mm). In großen
Teilen von Hessen und Rheinland-Pfalz nimmt die mittlere
Niederschlagsmenge leicht zu (bis zu etwa 60 mm).

Die tendenziellen Unterschiede der Niederschlagsentwicklung zwischen Sommer und Winter sind erheblich. Während
im Sommer nahezu flächendeckend eine Niederschlagsab-
nahme (zwischen einem und 164 mm) zu erwarten ist, nimmt
im Winter der Niederschlag, bis auf wenige Regionen im
Süden, zu. Die Werte liegen zwischen – 65 mm und + 95 mm.
Dass sich die Niederschlagsverteilung im Jahr deutlich verschiebt, ist Abbildung 10 zu entnehmen. Während in den
Wintermonaten Dezember und Januar der Niederschlag zunimmt, geht die Menge im Juli und August zurück.

Interessant ist außerdem, dass der März und der November
deutlich trockener werden, der Mai dagegen feuchter. Alle
Änderungen bewegen sich in einem moderaten Bereich. Extreme in der Niederschlagsentwicklung sind in den nächsten
drei bis vier Jahrzehnten nicht zu erwarten.

Das Bild ändert sich allerdings schlagartig, wenn man sich
die klimatische Wasserbilanz ansieht. Diese nimmt flächendeckend in ganz Deutschland ab. Der Rückgang beträgt je nach
Region zwischen 26 und 340 mm (siehe Abb. 11). Der stärkste
Rückgang ist im Sommer zu beobachten. Das liegt im Wesentlichen an den gestiegenen Temperaturen, die eine entsprechend höhere Verdunstung verursachen.

Für den Winter spielt die Schneedecke und hier besonders
deren Andauer eine wichtige Rolle: zum einen für die Landwirtschaft, da sie großen Einfluss auf die Aussaat hat, zum anderen für den Skitourismus, denn je länger eine Schneedecke
vorhanden ist, umso länger dauert die Skisaison. Außerdem

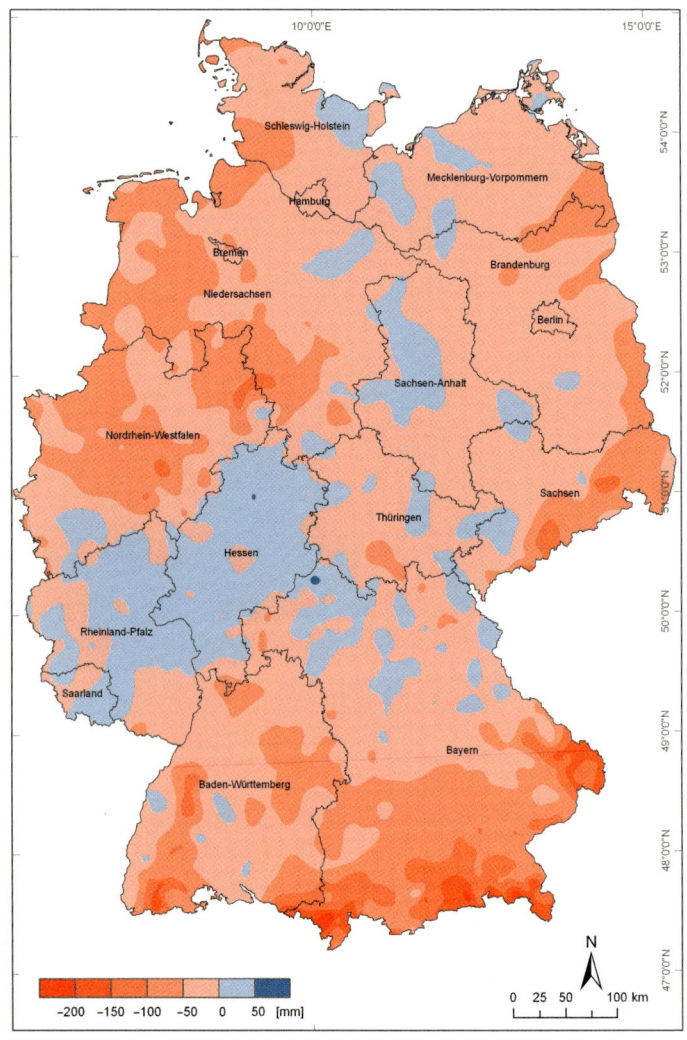

Abb. 9: Verteilung der Niederschlagsdifferenzen 1991/2010 – 2031/2050 (Jahressummen)

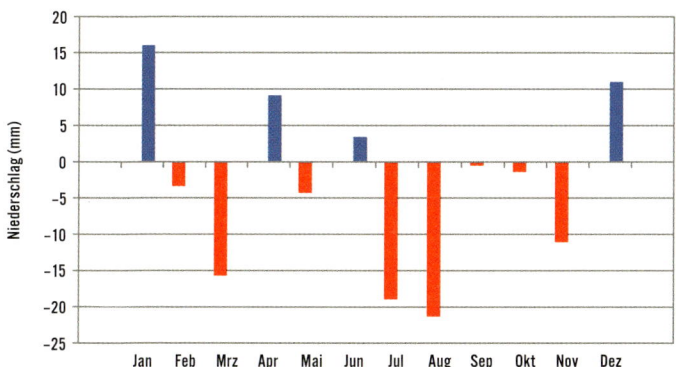

Abb. 10: Verteilung der Differenzen der Monatssummen des Niederschlags 1991/2010 – 2031/2050

sind Höhe und Andauer der Schneedecke ein wichtiger Indikator für hochwassergefährdete Gebiete sowie die klimatische Wasserbilanz.

Die mittlere Schneedeckenhöhe liegt in den Flachlandgebieten Deutschlands für 1991–2010 zwischen 2,5 und maximal 10 cm. In den Mittelgebirgen und den Alpen nimmt die Schneedecke mit der Höhe rasch zu und kann auf einigen Gipfeln (z. B. im Harz der Brocken, im Schwarzwald der Feldberg und in den Alpen die Zugspitze) bis zu 225 cm Höhe erreichen (siehe Abb. 12). Längere Perioden von Schneedecken von mehr als 30 cm Dicke findet man nur in den Mittelgebirgen und den Alpen. In den Ebenen liegt sie zwischen null und fünf Tagen, in den Hochlagen der Mittelgebirge dagegen zwischen 75 und 100 Tagen und auf einigen Alpengipfeln sogar bis zu 347 Tage.

Um das Jahr 2040 ist aufgrund des bereits erwähnten Anstiegs des Niederschlags im Winter in fast allen Gebieten

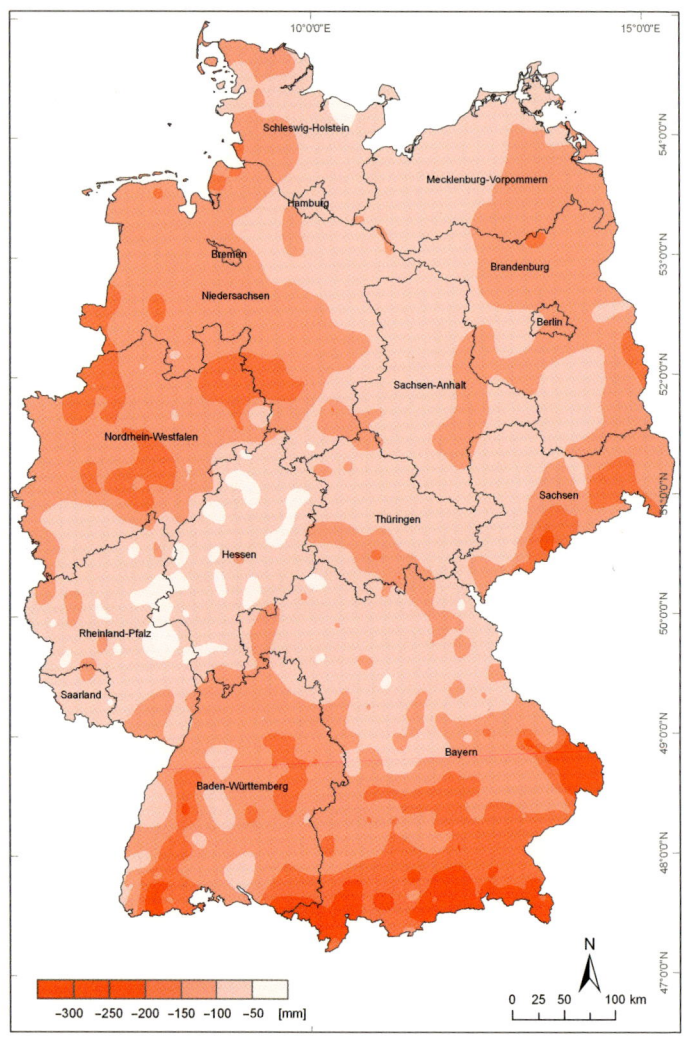

Abb. 11: Verteilung der Differenz der klimatischen Wasserbilanz
1991/2010 – 2031/2050 (Jahresmittelwerte)

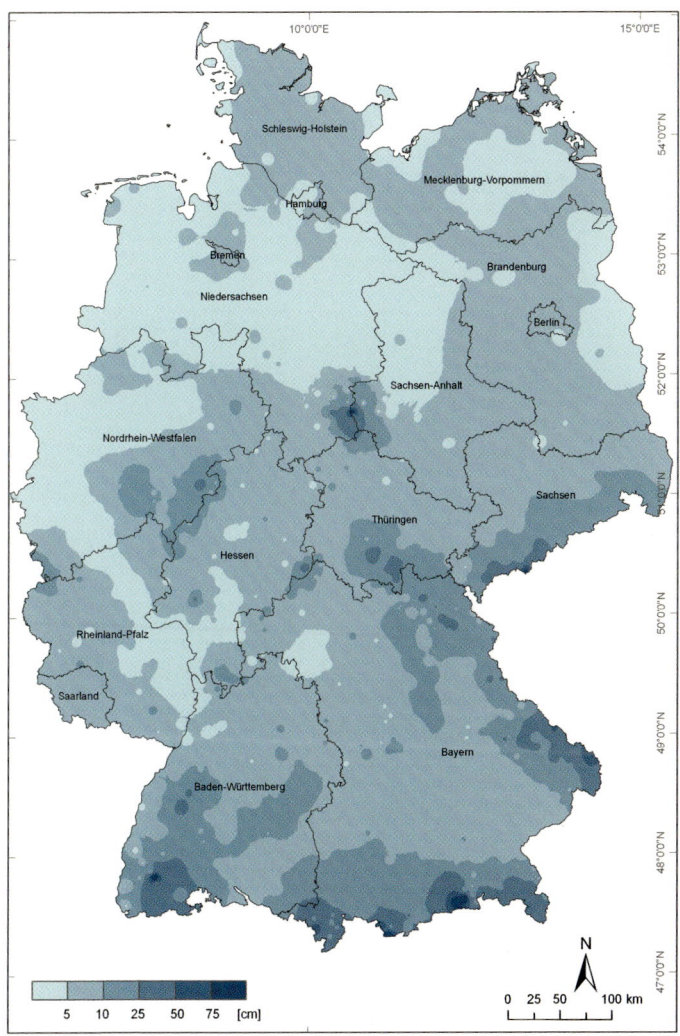

Abb. 12: Verteilung der mittleren Schneehöhe für den Zeitraum
1991–2010

Deutschlands auch ein leichter Anstieg der Schneedeckenhöhe von bis zu fünf Zentimeter zu beobachten. Im Harz, dem Thüringer Wald, dem Erzgebirge, dem Bayrischen Wald und dem östlichen Teil der Alpen ist der Anstieg um 5 bis 32 cm deutlich. Damit verbunden ist auch ein beachtlicher Anstieg der Andauer für eine Schneedeckenhöhe von mindestens 30 cm. Hier verlängert sich die Periode in den genannten Mittelgebirgen um bis zu 28 Tage (siehe Abb. 13).

Betrachtet man jetzt die Entwicklung von Temperatur, Niederschlag (Tage ohne Niederschlag) und Wasserbilanz im Sommer, so können wir schlussfolgern, dass die bereits erwähnte Zunahme von Hitzewellen gekoppelt ist mit einer hohen negativen klimatischen Wasserbilanz bei gleichzeitig mehr Tagen ohne Niederschlag. Damit steigt aber auch die Wahrscheinlichkeit, dass häufiger Dürreperioden auftreten können. Trotzdem ist es möglich, dass aufgrund erhöhter Konvektion (starke Erhitzung der Erdoberfläche → Aufsteigen warmer Luftmassen → Abkühlung → Kondensation → Wolkenbildung) die Gefahr einzelner extremer, allerdings lokal begrenzter, Starkniederschläge, die häufig mit Hagel verbunden sind, ansteigt. Parallel dazu nimmt die Gefahr von Niedrigwasserständen in den Flüssen zu. Dies kann bis zum Trockenfallen kleinerer Flüsse führen. Im Winter stellt sich die Situation anders dar. Wie gezeigt, ist im Winter mit einem Anstieg des Niederschlags zu rechnen. Der Anstieg der Anzahl und der Andauer der Schneedeckentage in den östlichen Mittelgebirgen verbessert dort die Wintersportsituation.

Für die westlichen Mittelgebirge und den Schwarzwald verschlechtert sich die Situation dagegen deutlich. Grundsätzlich besteht die Gefahr, dass bei häufiger auftretenden milden Winterperioden ein starkes Abtauen eintreten kann, was wie-

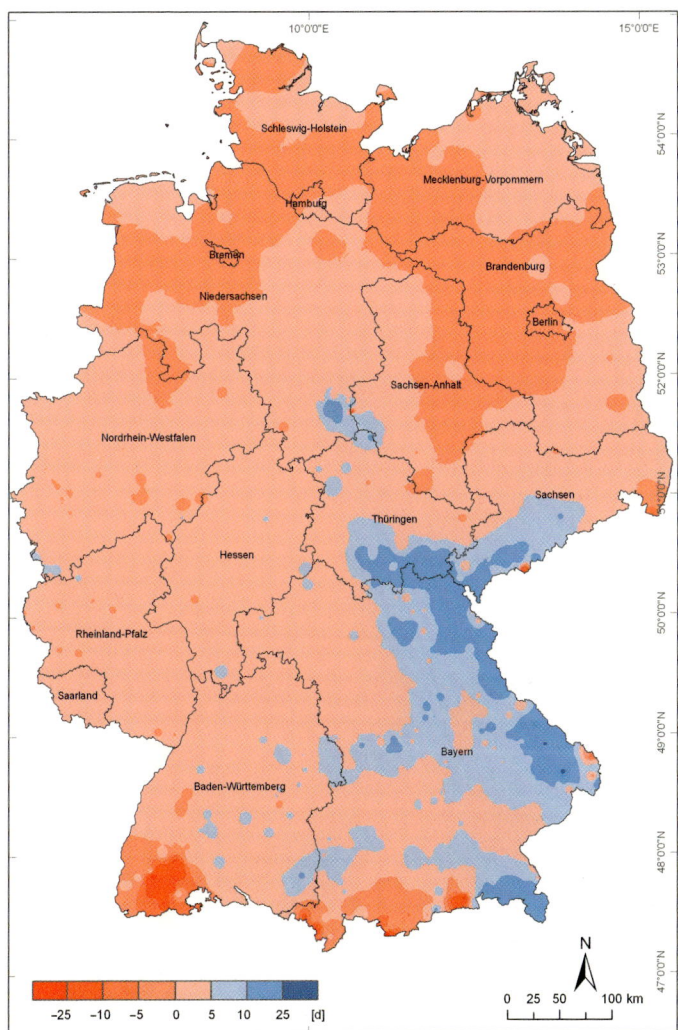

Abb. 13: Mittlere Änderung der Andauer der Tage mit einer Schneedecke ≥ 30 cm für den Zeitraum 2031–2050

derum in Kombination mit stärkerem Niederschlag als Regen zu Hochwasser führt.

## 3.4   Zirkulation

Die Ausprägung der Zirkulation stellt einen der wichtigsten Faktoren bei der Beschreibung des Klimas dar. Deshalb wurde untersucht, inwieweit sich die Häufigkeit bestimmter, das Klima prägender Zirkulationstypen zwischen 1991 und 2050 verändert hat. Die am häufigsten auftretenden Großwetterlagen sind zum einen die Westwetterlagen (Tiefdruckgebiete, die vorwiegend vom Atlantik über Mitteleuropa in Richtung Ost ziehen) und zum anderen Hochdruckwetterlagen, die über Mittel- bzw. Osteuropa liegen.

**Unter Zirkulation versteht man in der Meteorologie mehr oder weniger kreisförmige Luftströmungen wie zum Beispiel Hoch- und Tiefdruckgebiete.**
**Als Großwetterlage bezeichnet man die mittlere Luftdruckverteilung eines Großraumes mindestens von der Größe Europas während eines mehrtägigen Zeitraumes.**

Beide Großwetterlagentypen weisen zwischen 1991 und 2050 deutliche Änderungen in der Häufigkeit ihres Auftretens auf. Im Sommer ist bei der Westwetterlage WZ (West-Zyklonal) ein Rückgang der Häufigkeit um fünf Prozentpunkte zu verzeichnen. Dabei hat der Zeitraum 1991–2010 noch fünf Jahre mit Häufigkeiten über 25 Prozent, während im Zeitraum 2031–2050 nur vier Jahre die Schwelle von 20 Prozent knapp überschreiten (Abb. 14). Damit verbunden ist der Rückgang der mit dieser Großwetterlage häufig verbundenen kühleren und feuchteren Witterung.

Parallel dazu nehmen die Hochdruckwetterlagen im Sommer zu. Sie steigen von 19 Prozent im Zeitraum 1991–2010 auf 24 Prozent im Zeitraum 2031–2050 an, das heißt, dass wärmere und trockenere Witterungsabschnitte häufiger auftreten (Abb. 15). Gleichzeitig nimmt die Wahrscheinlichkeit zu, dass es infolge einer verstärkten Konvektion örtlich begrenzt zu häufigeren Starkniederschlägen kommt. Im Sommer können diese Starkniederschläge mit Hagel verbunden sein, so dass auch die Wahrscheinlichkeit des häufigeren Auftretens von Hagel ansteigt. Bestätigt wird diese Hypothese durch eine Untersuchung für den Gesamtverband der Deutschen Versicherungswirtschaft (GDV), die gezeigt hat, dass die Hagelwahrscheinlichkeit bis 2040 im Vergleich zur aktuellen Situation um bis zu 25 Prozent ansteigen kann.

Ort und Zeitpunkt eines Hagelereignisses sind bis heute nicht vorhersagbar. Deshalb muss man auch weiterhin mit zum Teil großen Schäden bei Hagel rechnen. So hat zum Beispiel das Hagelereignis vom 12. Juli 1984 in München einen Schaden von rund 1,5 Milliarden DM verursacht.

Wichtig für die Charakterisierung der sommerlichen Witterung sind die sogenannten Trogwetterlagen über Mitteleuropa. Dabei werden die Tiefdruckgebiete vom Atlantik nicht direkt von Westen kommend über Mitteleuropa geführt, sondern von Island über Spanien und den Golf von Genua (auch als Vb-Wetterlage bezeichnet). Von dort ziehen diese Tiefdruckgebiete entweder in Richtung Ost über die Adria weiter, oder aber in Richtung Norden über den östlichen Rand der Al-

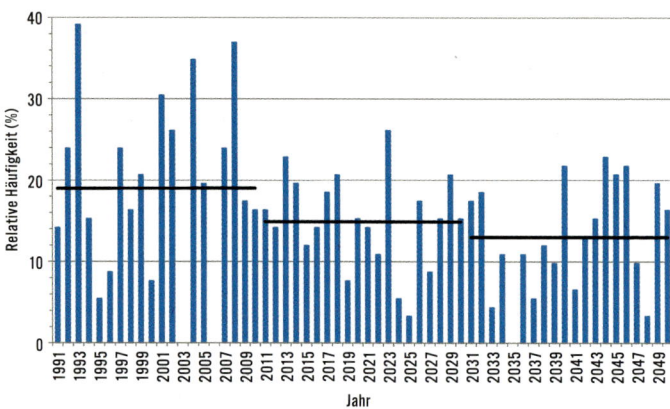

Abb. 14: Häufigkeit des Auftretens der Großwetterlage WZ (West-Zyklonal) zwischen 1991 und 2050 für den Sommer (Juni, Juli, August)

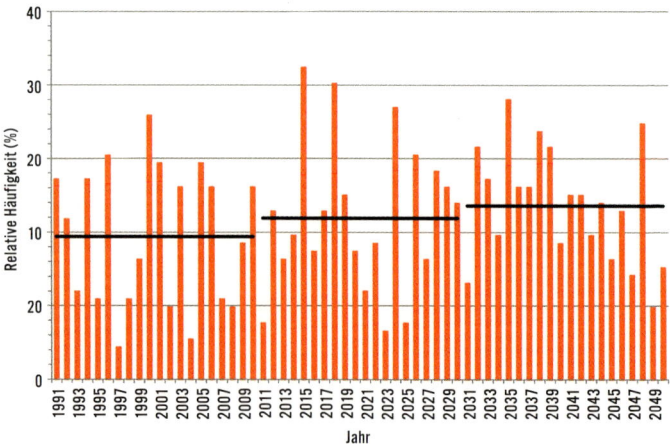

Abb. 15: Häufigkeit des Auftretens der Großwetterlage HM (Hoch Mitteleuropa) und BM (Hochdruckbrücke Mitteleuropa) zwischen 1991 und 2050 für den Sommer (Juni, Juli, August)

pen. Die Tiefdruckgebiete sind stark mit Feuchte angereichert und regnen sich an den Alpen und den östlichen Mittelgebirgen ab, was dann zu Hochwassern an Donau, Elbe und Oder führen kann. Ein typisches Beispiel dafür ist das Elbe-Hochwasser 2002. Die Häufigkeit dieser Trogwetterlagen lag im Zeitraum 1991–2010 bei 22 Prozent, geht aber im Zeitraum 2031–2050 im Mittel um zehn Prozentpunkte auf zwölf Prozent zurück.

Im Winter ist bezüglich der Tiefdruck- und Hochdruckwetterlagen eine umgekehrte Entwicklung zu beobachten. Die im Winter milden und feuchten Großwetterlagen WZ nehmen von 41 auf 51 Prozent zu. Parallel dazu reduziert sich die Häufigkeit der Hochdrucklagen, die für kalte und trockene Witterungsabschnitte charakteristisch sind, von 35 auf 25 Prozent (Abb. 16 und Abb. 17). Da die Mehrzahl der Stürme im Winter bei Westwetterlagen auftritt, steigt mit zunehmender Anzahl an Westwetterlagen auch die Wahrscheinlichkeit einer Zunahme von Stürmen in diesem Zeitraum. Diese Vermutung wird durch die bereits erwähnte Studie für den GDV bestätigt, die einen Anstieg der durch Winterstürme hervorgerufenen Schäden in den nächsten Dekaden »prognostiziert«. Dabei sind die ersten Jahrzehnte bis 2050 deutlich weniger betroffen als der Zeitraum danach (bis 2100).

Fassen wir die Veränderungen des Klimas für Deutschland im Jahr 2040 noch einmal zusammen: Um die Auswirkungen zukünftiger Klimaveränderungen in Deutschland besser abschätzen zu können, haben wir am Potsdam-Institut für Klimafolgenforschung Szenarioberechnungen für den Zeitraum 2011 bis 2040 mit einem sogenannten statistischen Regionalmodell erstellt. Das Modell simuliert die Folgen eines

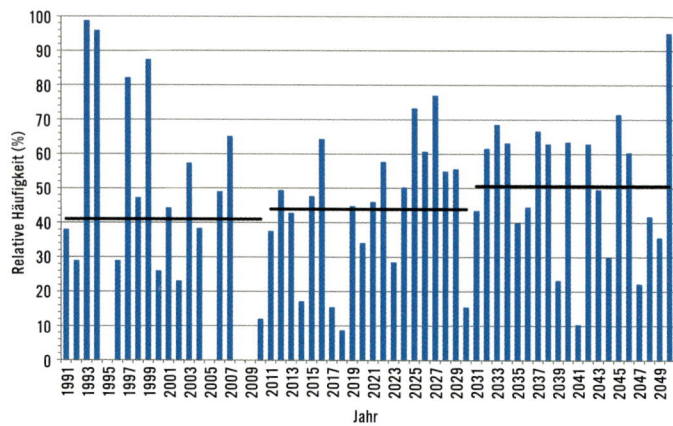

Abb. 16: Häufigkeit des Auftretens der Großwetterlage WZ zwischen 1991 und 2050 für den Winter (Dezember, Januar, Februar)

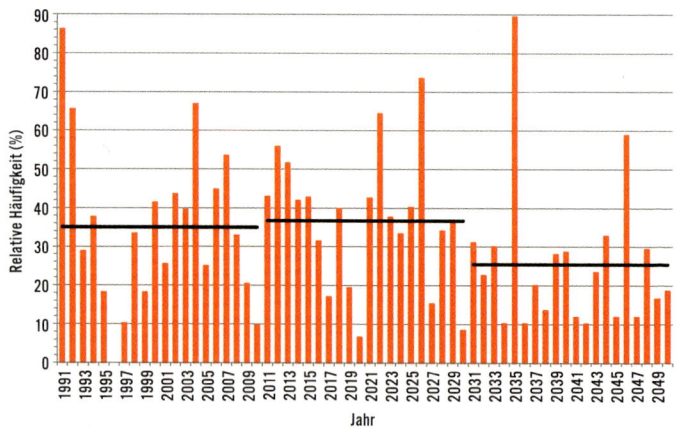

Abb. 17: Häufigkeit des Auftretens der Großwetterlage HM und BM zwischen 1991 und 2050 für den Winter (Dezember, Januar, Februar)

mittleren Temperaturanstiegs ab 2011 um 1,2 °C in Deutschland. Von 1901–2040 sind dies dann um die 2 °C. Den Berechnungen zufolge wird die mittlere Lufttemperatur um das Jahr 2040 an den Küsten um bis zu 0,9 °C ansteigen, im Binnentiefland, den Mittelgebirgsregionen sowie in Süddeutschland wird es um 1,3 bis 1,5 °C wärmer. Übers Jahr gesehen, verlängert sich die warme Periode, in denen Sommer- und heiße Tage mit Temperaturen von mindestens 25 beziehungsweise 30 °C auftreten, um fast einen Monat. Die kalte Periode verkürzt sich entsprechend. Da es sich dabei um Durchschnittswerte für ganz Deutschland handelt, kann die Entwicklung in einzelnen Regionen durch stärkere Extreme gekennzeichnet sein. Besonders gegen Ende des betrachteten Zeitraums steigt die Wahrscheinlichkeit für das Eintreten von Hitzewellen – ähnlich der im »Jahrhundertsommer« 2003 – stark an. Gleichzeitig wächst auch die Zahl extrem milder Winter.

Im Sommer erwartet Deutschland flächendeckend weniger Niederschlag. Aufgrund einer negativen klimatischen Wasserbilanz steigt die Gefahr von Dürreperioden. Im Winter nimmt der Niederschlag bis auf wenige Regionen zu. Bei einer zunehmenden Anzahl von Westwetterlagen erhöht sich auch die Wahrscheinlichkeit dafür, dass es über Deutschland häufiger stark stürmt.

Bevor mögliche gesellschaftliche Implikationen des hier modellierten Klimas diskutiert werden, wird zunächst noch einmal gesondert auf Auswirkungen der beschriebenen Klimaveränderungen für den Wasserhaushalt und den Wald in Deutschland eingegangen.

**4**

# Folgen des Klimawandels für den Wasserhaushalt und den Wald in Deutschland

## 4.1 Auswirkungen auf Deutschlands Wasserhaushalt

Fred F. Hattermann, Shaochun Huang, Hagen Koch und Valentina Krysanova

Deutschland ist grundsätzlich ein relativ wasserreiches Land. Pro Einwohner und Jahr stehen etwa 2300 m³ Wasser zur Verfügung, was deutlich über dem Grenzwert von 1700 m³ pro Jahr und Einwohner liegt, der nach Falkenmark und Lindt (1976) Gebiete mit Wasserknappheit charakterisiert. Regional gibt es jedoch deutliche Unterschiede. Das obere Einzugsgebiet der Donau liegt mit 4000 m³ pro Einwohner und Jahr weit über der WMO-Marke, das Einzugsgebiet des Rheines aufgrund der großen Bevölkerungsdichte mit 1450 m³ pro Einwohner und Jahr aber darunter. Im Einzugsgebiet der Elbe beträgt der Wert sogar nur etwa 1000 m³ Wasser pro Einwohner und Jahr. Nach Falkenmark und Lindt entsprechen Werte unterhalb 1000 m³ pro Einwohner und Jahr Wassermangelbedingungen.

Die jährlichen Niederschlagsmengen sind nicht gleichmäßig über Deutschland verteilt. Insbesondere im Osten gibt es Regionen, wo die maximal mögliche Verdunstung den Niederschlag übersteigt. Dazu kommt, dass der Wasserbedarf einer Landschaft im Sommer durch den Wasserverbrauch der Pflanzen wesentlich höher ist als im Winter. Deshalb kann es auch in Deutschland in bestimmten Regionen oder Jahreszeiten zu Wassermangel kommen. Durch die hohe Verdunstung im Sommer kann auch das scheinbare Paradoxon erklärt werden, dass zwar im Sommerhalbjahr durchschnittlich in Deutschland mehr Niederschlag fällt als im Winterhalbjahr, trotzdem aber die Pegelstände im Grundwasser und den Oberflächengewässern wie Flüssen und Seen im Sommer niedriger sind und gegen Ende des Sommers ihren Tiefstand erreichen.

Auch in der Vergangenheit war die Wasserwirtschaft mit vielen Unsicherheiten hinsichtlich des zukünftigen Wasserbedarfs beziehungsweise der verfügbaren Wassermengen konfrontiert. Der Klimawandel erhöht diese Unsicherheiten als weiteres Element. Somit ist es die Aufgabe der wasserwirtschaftlichen Planung, die Unterschiede in der regionalen und saisonalen Wasserversorgung wieder auszugleichen. Dies geschieht z. B. durch Talsperren und Fernleitungssysteme. Mehr als 300 größere Talsperren stehen in Deutschland mit ihren Wasserressourcen für die Trinkwassernutzung, aber auch für den Hochwasserschutz, die Niedrigwassererhöhung und die Energieerzeugung zur Verfügung.

Der globale Klimawandel, der seit rund 100 Jahren beobachtet werden kann, wirkt sich auf Niederschlagsmenge und -verteilung, Temperatur und Sonnenstrahlung und somit auch auf den regionalen Wasserhaushalt in Deutschland aus. Die Ausprägungen dieser Trends sind jedoch regional sehr verschieden. Die Folgen des Klimawandels für die Wasserressourcen und die Wasserwirtschaft können also je nach Region und Sektor unterschiedlich und regional schwerwiegend sein (Hattermann et al. 2011).

Die Diskussion konzentriert sich dabei zunächst auf die möglichen Änderungen der Niederschlagsmenge, -intensität und -saisonalität. In vielen Regionen, speziell in den trockenen Gebieten Ostdeutschlands, haben außerdem Änderungen in der Verdunstung einen ähnlich starken Einfluss auf den Landschaftswasserhaushalt wie Veränderungen des Niederschlags.

In der Region um Berlin liegen die Niederschlagsmengen zum Beispiel bei rund 600 mm pro Jahr, während die jährliche Verdunstung fast 500 mm beträgt. Nur der Rest, also etwas über 100 mm oder 100 ℓ pro Quadratmeter, gelangt in das Grundwasser und die Oberflächengewässer und steht für die weitere Nutzung zur Verfügung, wobei vor Entnahmen aus Oberflächengewässern noch ein ökologischer Mindestabfluss eingehalten werden muss. Dies sind aber nur die langjährigen Durchschnittswerte. In einzelnen Jahren ist es bereits zu extremen Verschiebungen dieser Verhältnisse gekommen. So fiel im Frühjahr und Sommer 2003 und 2006 so wenig Regen, dass die Spree im Raum Berlin eher als Stand- denn als Fließgewässer betrachtet werden musste und aufgrund der komplexen Situation in Berlin teilweise sogar ihre Fließrichtung umkehrte.

Änderungen in der Verdunstung können durch Änderungen im regionalen Energiehaushalt, also Änderungen in der Temperatur und der Strahlung, aber auch durch Änderungen in der Bodenbedeckung hervorgerufen werden. Während die Angaben aus den Klimamodellen über die zukünftigen Veränderungen des Niederschlags für regionale Anwendungen noch relativ unsicher sind, sind die Aussagen über den Temperaturanstieg robust.

Daraus lassen sich für den Landschaftswasserhaushalt wichtige Folgerungen ableiten. Durch die steigenden Temperaturen unter Szenariobedingungen wird die Verdunstung stimuliert, und zwar nicht nur durch den direkten Energieinput, sondern auch durch die gesteigerte Aktivität der Vegetation. Auch in Gebieten, in denen insgesamt der Niederschlag nicht abnimmt oder sogar leicht zunimmt, kann dadurch trotzdem die Wasserverfügbarkeit sinken. Wichtig sind dabei saisonale Trends, gerade im Sommer kann Wasserknappheit auftreten.

Im Folgenden werden die Auswirkungen des im dritten Kapitel beschriebenen und im Vergleich zu anderen Projektionen recht trockenen Klimaszenarios auf die Abflussbildung und die Wasserverfügbarkeit in Deutschland bis zum Jahre 2040 untersucht und diskutiert.

### Der Wasserhaushalt im Klimawandel: Ein Modellsystem für über 5000 Flüsse

Um den Landschaftswasserhaushalt und die hydrologischen Prozesse unter den Bedingungen des globalen Klimawandels abschätzen zu können, müssen verschiedene Randbedingungen berücksichtigt werden. Die wichtigste ist naturgemäß das lokale Klima. Daneben spielen aber auch Änderungen in der Landnutzung eine Rolle, besonders wenn es um großmaßstäbliche Eingriffe geht. Beispiele dafür sind etwa der Waldumbau, der großflächige Anbau von Biokraftstoffen wie Mais und Raps oder großräumige Grundwasserabsenkungsgebiete in Bergbauregionen. Das gesamte System aus Landschaft und Klima wird dann durch geeignete und an die regionalen Bedingungen angepasste Computermodelle abstrahiert und mit diesen simuliert.

Für die vorliegende Studie haben wir das Modellsystem SWIM angewendet (Krysanova et al. 1998, Hattermann et al. 2005). Die relevanten hydrologischen Prozesse, also Versickerung und Verdunstung, Grundwasserneubildung und Fließprozesse im Fluss, werden darin berücksichtigt. Das System bildet auch die Vegetationsdynamik ab, was unter Klimawandelbedingungen von Bedeutung ist.

Die Wasserressourcen und -flüsse wurden für diese Studie für über 5000 Flussteileinzugsgebiete errechnet, über den Verlauf des Stromes gesammelt und entlang seiner Fließrichtung verschoben. So liefert das Modell Daten zu den täglichen Wassermengen in den großen Flusseinzugsgebieten Deutschlands, welche zu Analysen hinsichtlich der Veränderungen im Landschaftswasserhaushalt, also der Verdunstung, des Gesamtabflusses, der Wasserverfügbarkeit oder der Grundwasserneubildung genutzt werden können.

Die größten Flussgebiete in Deutschland sind der Rhein, die Donau, die Elbe, die Oder, die Weser und die Ems. Fünf davon entwässern in die Nord- und Ostsee und fließen damit von Süd nach Nord, eines (die Donau) dagegen ins Schwarze Meer. Die Einzugsgebiete beider Systeme werden durch die europäische Hauptwasserscheide voneinander getrennt.

Die Oder tritt ausschließlich als Grenzfluss zu Polen in Erscheinung, sie wurde mangels Klimadaten aus dem polnischen Einzugsgebiet in dieser Studie nicht mit berücksichtigt.

Je nach Ort der Quelle kann man verschiedene Flusstypen in Deutschland unterscheiden: Die in den Alpen entspringenden Flüsse Rhein und Inn (wichtigster Nebenfluss des in dieser Studie betrachteten Oberlaufes der Donau) haben zunächst ein durch Schnee- und Eisschmelze dominiertes Abflussverhalten mit Spitzenabflüssen in den Sommermonaten

Abb. 18: Die für die Studie zugrunde gelegten Teileinzugsgebiete mit den sie durchströmenden Flüssen

| Fluss | Quellhöhe [m] | Länge insges. [km] | Einzugsgebiet in Dtl. [km²] | Mittlerer Abfluss an der Mündung [m³ s⁻¹] |
|-------|---------------|--------------------|-----------------------------|-------------------------------------------|
| Rhein | 2345 | 1233 | 106 000 | 2330 |
| Donau | 1078 | 2888 | 77 100 | 6700 |
| Elbe | 1386 | 1094 | 97 175 | 861 |
| Weser | 850 | 452 | 41 094 | 327 |
| Ems | 129 | 371 | 13 160 | 80 |

Tab. 2: Hydrologische Parameter der wichtigsten deutschen Flüsse

zur Zeit der größten Schneeschmelze. Dagegen besitzen die Tieflandflüsse ein von Regen und Schnee dominiertes Abflussverhalten, die höchsten monatlichen Abflüsse fallen in den späten Winter und das zeitige Frühjahr, wenn die Schneeschmelze einsetzt und die Niederschläge noch nicht durch die sich gerade entwickelnde Vegetation aufgezehrt werden.

## Wasserhaushalt 2040: Was verändert sich?

Abbildung 19 stellt die Auswirkungen des Klimaszenarios auf die durchschnittlichen täglichen Wassermengen in den großen Flusseinzugsgebieten Deutschlands dar. Die kleine Karte Deutschlands zeigt die Orte der Flusspegel, an denen die Vergleiche stattfinden. Auch ohne Klimawandel sind insgesamt die Abflussmengen und damit die verfügbaren Wasserressourcen im Winter am höchsten, obwohl die Niederschlagsmengen im Sommer höher sind. Der Grund dafür ist das im Frühjahr beginnende Pflanzenwachstum und der damit verbundene Anstieg der Verdunstung. Deshalb gelangt im Sommer insgesamt deutlich weniger Wasser in die Flüsse (vergleiche auch Huang et al. 2010).

Unter Klimawandelbedingungen, wie sie in Kapitel 3 beschrieben werden, verstärkt sich dieser Effekt noch durch die insgesamt ansteigende Verdunstung und die Niederschlagsumverteilung vom Sommer in den Winter. Man sieht, dass fast durchgängig die negativen Abweichungen überwiegen. Nur im Winter kann es durch eine früher und eventuell intensiver einsetzende Schneeschmelze und durch die im Winter in einigen Regionen steigenden Niederschläge zu einem meist aber nur kurzfristigen Anstieg der Abflüsse kommen. Unter diesen recht trockenen Klimaszenariobedingungen kann er den Abfall der Abflüsse im Sommer aber nicht ausgleichen. Dabei kann man die hier dargestellten Wassermengen in den Flüssen allgemein als Indikator für den Rückgang der zur Verfügung stehenden Wasserressourcen im gesamten Einzugsgebiet ansehen. Weniger Wasser im Flusssystem bedeutet also zum Beispiel auch, dass weniger Grundwasser gebildet wurde und dass der Bodenwasserspeicher besonders gegen Ende des Sommers erschöpft ist.

Die Veränderung ist im kontinentalen Osten Deutschlands (im Einzugsgebiet der Elbe) und im späten Sommer am stärksten, weniger stark sind die Folgen in Ems, Weser und Rhein. Es fällt nicht schwer, sich vorzustellen, dass die Folgen für die Flusslandschaften, die Flussökologie und die Feuchtgebiete in den Flussauen im Sommer und besonders im Osten Deutschlands unter diesen Szenariobedingungen dramatisch sein können.

Abbildung 20 zeigt die flächenhafte Änderung der Verdunstung, der insgesamt gebildeten Abflussmenge (Summe von Oberflächen- und Zwischenabfluss sowie Grundwasserzufluss) und der Grundwasserneubildung (Wasser, welches bis zum Grundwasserkörper sickert). Die Verdunstung nimmt überall dort zu, wo unter Szenariobedingungen insgesamt

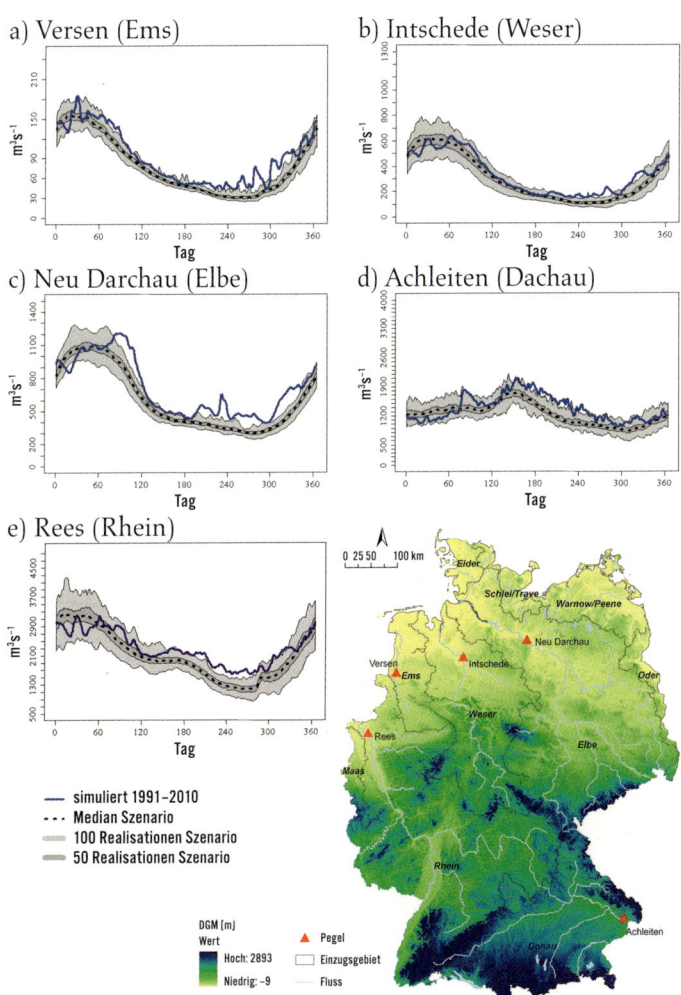

Abb. 19: Änderung der langjährigen täglichen Wassermengen in den großen Flusseinzugsgebieten Deutschlands (als Vergleich der Jahre 1991–2010 und 2031–2050). Unten rechts sind die Orte der Flusspegel dargestellt, an denen die Vergleiche durchgeführt werden.

genug Wasser dafür vorhanden ist. Auch beginnt das Wachstum der Pflanzen früher im Jahr und dauert länger bis in den späten Herbst hinein, wodurch der Wasserverbrauch der Vegetation deutlich ansteigen kann. Der Einfluss auf die lokale Abflussbildung ist besonders stark dort, wo sich Änderungen in der Verdunstung und im Niederschlag addieren. Auch die Grundwasserneubildung nimmt erheblich ab, da in das Grundwasser nur das Wasser gelangt, welches nicht schon oberflächlich abgeflossen ist oder von den Pflanzen aufgenommen wurde. Unter diesen trockenen Szenariobedingungen kann auch je nach Region und Entfernung zum nächsten Oberflächengewässer der Grundwasserspiegel deutlich fallen.

Die hier diskutierten Klimaänderungen haben einen besonders starken Effekt auf die saisonalen Schwankungen in den Wasserressourcen. Abbildung 21 zeigt die saisonalenÄnde-

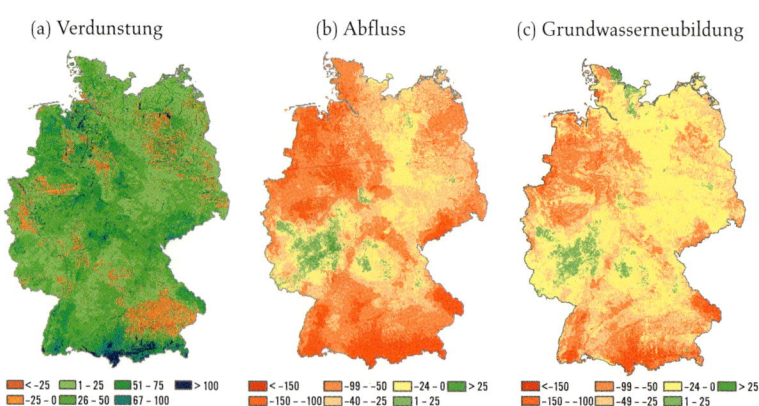

Abb. 20: Flächenhafte Darstellung der Änderung der jährlichen Summen (in mm oder l pro m²) der Verdunstung, des Gesamtabflusses und der Grundwasserneubildung, im Vergleich der Durchschnitte der Jahre 1991−2000 und 2031−2050

rungen. Dabei fällt auf, dass die tatsächliche Verdunstung im Winter eher steigt und im Sommer regional oft fällt. Der Grund ist, dass im Winter unter Szenariobedingungen mehr Niederschlag fällt und damit mehr Wasser vorhanden ist. Auch reicht die Vegetationsperiode stärker bis in den Winter hinein. Der Sommer dagegen wird laut Klimaszenario trockener. Damit sinkt regional auch die Verdunstung. Die Wassermenge, welche pro Fläche zum Abfluss gelangt, und die Grundwasserneubildung nehmen im Winter aufgrund der dann steigenden Niederschläge regional teilweise zu, in den meisten Gebieten fällt sie aber aufgrund der steigenden Verdunstung.

Auch die Phasen, in denen die Flüsse nur sehr wenig Wasser führen, fallen extremer aus, sowohl was die Wassermenge als auch was die Dauer dieser Phasen angeht. Beispielhaft zeigt Abbildung 22a das jährliche Niedrigwasserextrem von mindestens einer Woche Dauer, also die Woche im Jahr mit der geringsten Wassermenge im Fluss: Es würde in Zukunft deutlich extremer ausfallen, und zwar in allen betrachteten Flussregionen in Deutschland. Auch die durchschnittliche Dauer eines Niedrigwasserereignisses und damit einer Trockenperiode würde, wie in Abbildung 22b zu sehen ist, überall in Deutschland stark ansteigen.

## Trends in den Hochwasserereignissen

Hochwasserereignisse sind oft das Ergebnis einer komplexen Überlagerung von verschiedenen hydro-klimatischen Prozessen, zu denen extreme Niederschläge, ausgedehnte Niederschlagsperioden, starke Schneeschmelzen, Dammbrüche, Eisstau und Kombination von Hochwasserwellen gehören. Außerdem spielen die Landbedeckung und der Versiegelungs-

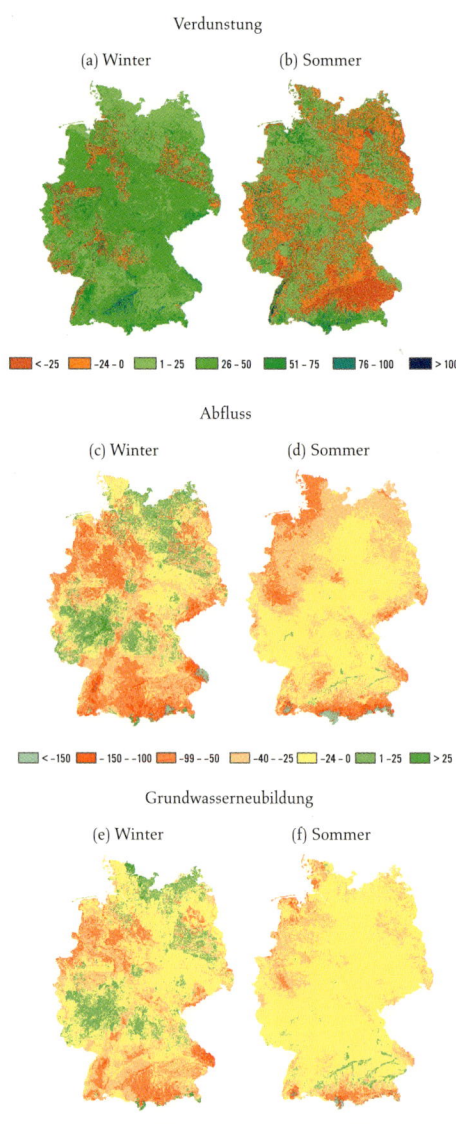

Verdunstung

(a) Winter     (b) Sommer

< -25   -24 - 0   1 - 25   26 - 50   51 - 75   76 - 100   > 100

Abfluss

(c) Winter     (d) Sommer

< -150   - 150 - -100   -99 - -50   -40 - -25   -24 - 0   1 - 25   > 25

Grundwasserneubildung

(e) Winter     (f) Sommer

< -150   -150 - -100   -99 - -50   -49 - -25   -24 - 0   1 - 25   > 25

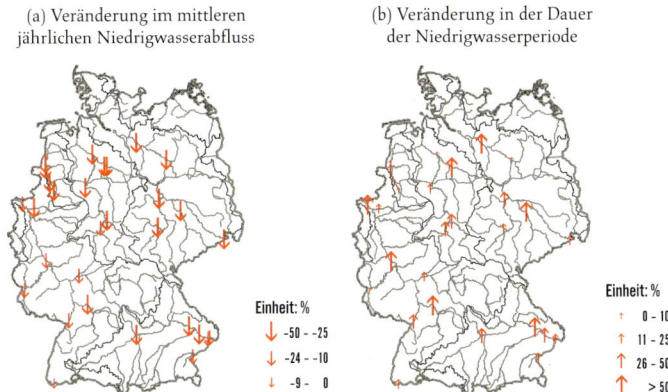

(a) Veränderung im mittleren
jährlichen Niedrigwasserabfluss

(b) Veränderung in der Dauer
der Niedrigwasserperiode

Einheit: %

Einheit: %

Abb. 22: Änderung der Extreme des Niedrigwasserabflusses für die
Größen (a) niedrigste Wassermenge im Fluss pro Jahr (als Durchschnitt über sieben Tage) und (b) Andauer der Niedrigwasserperiode

grad der Oberfläche gerade für kleine und mittlere Hochwasser eine wichtige Rolle (Merz 2006, Hattermann et al. 2012a).

Besonders interessant ist der mögliche Anstieg der durch
Hochwasser verursachten Schäden an Gebäuden und Infrastruktur für die Versicherungswirtschaft in Deutschland (GDV
2012). Die finanziellen Schäden, welche durch das Hochwasser
im Sommer 2002 in der Elbe und der Donau in Deutschland
entstanden sind, werden zum Beispiel mit 11,6 Milliarden Euro
beziffert, davon waren 1,8 Milliarden Euro durch Versicherungen abgedeckt (Thieken et al. 2005). Im Folgenden werden die
Ergebnisse einer vom Gesamtverband der Deutschen Versiche-

◄ Abb. 21: Flächenhafte Darstellung der Änderung der saisonalen
Summen der Verdunstung, des Gesamtabflusses und der Grundwasserneubildung, im Vergleich der Durchschnitte der Jahre
1991–2010 und 2031–2050

rungswirtschaft (GDV) in Auftrag gegebenen Studie zu den Trends in der Hochwasserentstehung unter Klimawandel und dadurch bedingten Überflutungsschäden zusammengefasst (GDV 2011). Dabei wurden berechnete Trends in den Überschwemmungsereignissen in finanzielle Schäden übersetzt, um darauf aufbauend Trends in der Schadensentwicklung ableiten zu können. Die hydrologische Modellierung erfolgte wieder durch das Modell SWIM, wobei die fünf großen Flussgebiete Deutschlands, welche ca. 88 Prozent der Fläche Deutschlands abdecken, berücksichtigt wurden. Jedem dieser Flussabschnitte ist jeweils ein wasserstandsspezifisches Schadenspotential bei Überflutung zugeordnet. Die Klimarealisierungen ähneln in ihrem Temperaturverlauf den in Kapitel 3 beschriebenen, sind aber durch zwei andere (dynamische) Klimamodelle erstellt worden, welche insbesondere die für die Bildung von Hochwasserereignissen wichtige Entstehung von Starkniederschlägen besser abbilden (REMO, Jacob & Tomassini 2009 und CCLM, Böhm et al. 2006). Insgesamt wurden drei Klimaszenarios des Modells REMO und zwei Szenarios des Modells CCLM mit jeweils zwei Realisierungen berücksichtigt.

Abbildung 23 fasst die Ergebnisse als Verlauf der mittleren jährlichen Schadenssumme pro Periode für ganz Deutschland zusammen. Die mittlere jährliche Schadenssumme von 500 Millionen Euro für den Zeitraum 1961 bis 2000 entspricht dabei dem langjährig »beobachteten« mittleren Schadensniveau. Im Vergleich dazu sind die mittleren jährlichen Schäden für die drei Szenarioperioden bis zum Jahre 2100 dargestellt.

Es fällt auf, dass trotz der teilweise sehr unterschiedlichen Verläufe alle Szenariorealisierungen für die mittlere Zukunft eine Zunahme der Hochwasserschäden unter Klimawandelbedingungen projizieren. Im Mittel über die Realisierungen

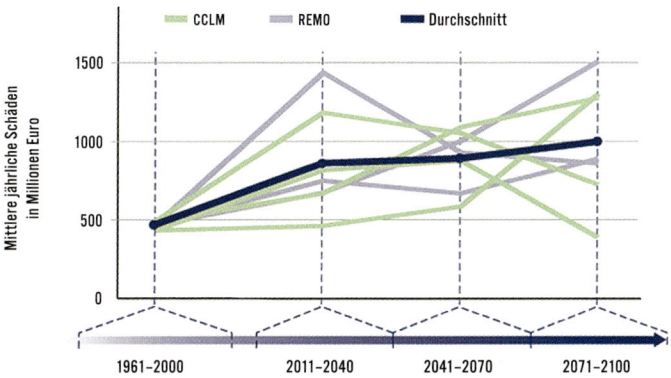

Abb. 23: Mittleres langjähriges Schadensniveau, wie es aus der hydrologischen Modellierung errechnet wird, für den Referenzzeitraum und drei Szenarioperioden bis 2100 (aus GDV 2011)

würde das einer Schadensverdopplung entsprechen, wenn man eine Zunahme der Werte der betroffenen Güter außer Acht lässt, wobei es je nach Szenario, Realisierung und Szenarioperiode auch zu einer Verdreifachung der Schäden kommen kann. Mögliche Gründe dafür sind eine schon beobachtete Zunahme bestimmter Großwetterlagen, wie sie z. B. für die Winterhochwasser im Rhein in den Jahren 1993 und 1995 und die Sommerhochwasser in Oder (1997) und Elbe (2002) verantwortlich waren (Petrow et al. 2009), verbunden mit einer möglichen Zunahme der Luftfeuchtigkeit in wärmerem Klima (Hattermann et al. 2012a). Die Studie zeigt außerdem, dass die Variabilität der Ergebnisse unter Klimawandelbedingungen steigt und dass die Szenariorealisierungen sehr unterschiedlich verlaufen können. Insgesamt kommt es aber unter Szenariobedingungen nicht nur zu einer Zunahme der Anzahl der Ereignisse, sondern es kommen auch stärkere Hochwasser vor.

## Zur Unsicherheit in den Projektionen
## der Wasserverfügbarkeit in Deutschland

Der Wasserkreislauf und die Wasserverfügbarkeit sind stark an das Klima gekoppelt und reagieren darum sehr empfindlich auf Änderungen in den Klimagrößen. Will man die Bandbreite der möglichen Projektionen für die Wasserverfügbarkeit in Deutschland abstecken, dann sollte man möglichst viele unterschiedliche Szenarioläufe, generiert durch verschiedene Klimamodelle, betrachten. Das würde den Rahmen dieses Buches jedoch sprengen. Trotzdem soll erwähnt sein, dass solche Vergleiche durchaus angestellt werden (s. Hattermann et al. 2012b und Huang et al. 2012). Es zeigt sich dann, dass das durch STARS generierte Szenario in der Bandbreite der Möglichkeiten für die Zukunft eher ein sehr trockenes Szenario ist, welches aber durchaus durch weitere regionale Klimamodelle bestätigt wird. Dagegen geben andere regionale Klimamodelle eine deutlich feuchtere Zukunft an, woraus dann bis zur Mitte des Jahrhunderts eine höhere Wasserverfügbarkeit in Deutschland resultiert. Abbildung 24 zeigt dazu beispielhaft die Änderung im mittleren täglichen Abfluss in den Einzugsgebieten der Ems (durch maritimes Klima geprägt) und in der Elbe (durch kontinentales Klima geprägt) als relative Änderung der Jahre 1961–1990 und 2031–2050 (Werte unter 100 bedeuten einen Abfall, Werte über 100 einen Anstieg der Abflüsse). In grau dargestellt sind die Abflüsse getrieben durch das STARS-Szenario, in blau getrieben durch Szenario des regionalen Klimamodells REMO (Jacob & Tomassini 2009) und in rot getrieben durch Szenario des regionalen Klimamodells CCLM (Böhm et al. 2006). Man sieht, dass in den REMO- und CCLM-Simulationen die Wasserverfügbarkeit in einigen Szenarios

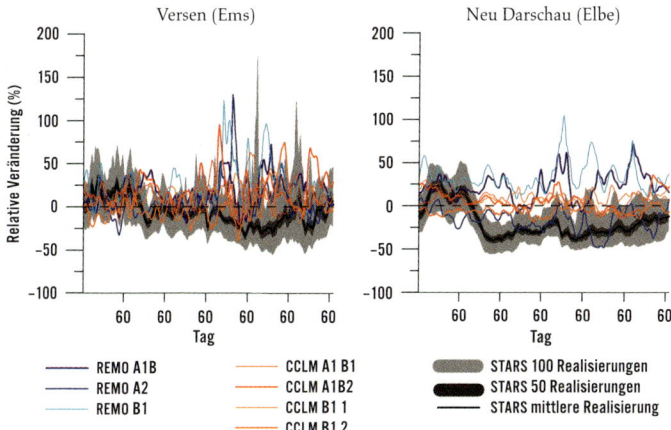

Abb. 24: Änderung im mittleren täglichen Abfluss in den Flüssen Ems (links, durch maritimes Klima geprägt) und in der Elbe (rechts, durch kontinentales Klima geprägt) als relative Änderung der Jahre 1961–1990 und 2031–2050

gegen Mitte des Jahrhunderts ansteigt. Gegen Ende des Jahrhunderts dagegen wächst aber, stimuliert durch die steigenden Temperaturen, die Verdunstung relativ stark an und wirkt auf die Wasserverfügbarkeit, so dass auch in diesen feuchteren Szenariosimulationen dann die Wasserverfügbarkeit insgesamt häufig sinkt (nicht gezeigt).

## 4 Herausforderungen für die Wasserwirtschaft

Der Klimawandel stellt die Wasserwirtschaft bzw. die Versorgung von Industrie, Landwirtschaft oder Kommunen mit Wasser vor erhebliche Herausforderungen. Gleichzeitig müssen auch die Chancen gesehen werden, die sich aus den notwendigen Veränderungen ergeben. Dies ist vergleichbar mit dem Umbruch, der in Ostdeutschland ab 1990 stattgefunden hat. Dort sank der Wasserverbrauch in den Haushalten bis 2010 um etwa ein Drittel. Diese Veränderungen wurden einerseits durch die Einführung (mindestens) kostendeckender Wasserpreise, aber auch durch neue Technik in den Haushalten (z. B. wassersparende Waschmaschinen), also technische/technologische Änderungen, hervorgerufen. Einen weiteren Faktor stellt der Bevölkerungsrückgang dar – ein zukünftig für Gesamtdeutschland erwartetes Phänomen. Ebenfalls in den produzierenden Bereichen wurde die Effektivität bezüglich des Wassereinsatzes durch technologische Innovationen deutlich verbessert. Technische Änderungen bei den Kühlsystemen, das heißt Umstellung von Durchlauf- auf Kreislaufkühlung, können den Wasserbedarf von thermischen Kraftwerken und die Temperaturbelastung der Fließgewässer deutlich vermindern. In der Landwirtschaft wären wassersparende Bewässerungsverfahren vorzuziehen. Die Landwirtschaft könnte in Zukunft in Regionen gehäuft auftretenden Wassermangels sicherlich vermehrt auf Bewässerungsmöglichkeiten zurückgreifen. Der Wettbewerb um die Wasserressourcen, zum Beispiel mit dem Bedarf für Erholungszwecke, Schifffahrt, oder natürliche Feuchtgebiete, würde sich dadurch allerdings verschärfen. Bewässerung bedeutet außerdem einen beachtlichen Investitionsaufwand, wobei gerade die wassersparenden Technologien besonders teuer sind.

Insgesamt sinkt die Wasserverfügbarkeit in Deutschland im hier betrachteten Szenario stark. Wassermangel entsteht sowohl im Raum (dies sind in Deutschland z. B. die niederschlagsarmen Gebiete im Thüringer Becken, im Oderbruch, Sachsen-Anhalt oder in der Oberrheinebene) als auch in der Zeit (also im Sommer und/oder während langer Trockenperioden). Besonders kritische Verhältnisse sind bei einer möglichen Überlagerung des Wassermangels in Raum und Zeit zu erwarten. Unter Umständen kann in Niedrigwasserperioden eine Priorisierung von Wassernutzungen nötig werden. Das heißt beispielsweise, dass thermische Kraftwerke und Trinkwasseranlagen noch Wasser entnehmen können, während andere

Nutzer (z. B. die Landwirtschaft oder industrielle Wassernutzer) den Wasserverbrauch reduzieren oder einstellen müssten.

Unter wärmeren Klimabedingungen kann der Wassergehalt in der Atmosphäre ansteigen und hochwasserrelevante Großwetterlagen können häufiger vorkommen. So zeigen die Szenariorechnungen zur Analyse der Hochwasser einen Anstieg der durch Hochwasser verursachten Schäden in Deutschland bis zur Mitte dieses Jahrhunderts.

## 4.2    Auswirkungen auf den Wald in Deutschland

Petra Lasch-Born, Martin Gutsch, Christopher Reyer und Felicitas Suckow

Der Wald ist das Gedächtnis einer Gesellschaft. Entscheidungen, die in den vergangenen 300 Jahren getroffen wurden, haben den Wald, wie wir ihn heute in Deutschland kennen, geprägt. Zum Beispiel stehen im Spessart außergewöhnlich viele sehr alte, mächtige Eichen, weil dort einst die Mainzer Fürstbischöfe den Eichenanbau förderten. Sie brauchten Eichen zur Gestaltung ihrer Jagdreviere, als Waldweiden für ihr Vieh, als Bauholz und für den lukrativen Verkauf von Eichenholz für den Schiffbau in Holland (Naturpark Spessart 2012).

Ein anderes Beispiel für den weit in die Zukunft reichenden Einfluss forstpolitischer Entscheidungen sind die Brandenburger Kiefernwälder. Unter Friedrich II. von Preußen wurden großflächig schnellwachsende Kiefern angebaut, nachdem durch starke Übernutzung ein Mangel an Holz eingetreten war.

In der Europäischen Union ist Deutschland eines der waldreichsten Länder. Die Waldfläche beträgt rund 11,1 Millionen Hektar, was rund einem Drittel der gesamten Landesfläche entspricht. Im Jahr 2005 erfasste die sogenannte zweite Bundeswaldinventur, eine stichprobenartige Erhebung verschiedenster Daten aus den Wäldern, 72 verschiedene Baumarten (BMELV 2005). Allerdings besteht Wald heute häufig aus Monokulturen, großen Flächen von Bäumen gleicher Art und gleichen Alters. Nadelbaumarten wie die Gemeine Fichte (28,2 Prozent) und Waldkiefer (23,3 Prozent) besitzen dabei den größten Anteil, gefolgt von den Laubbaumarten Rotbuche (14,8 Prozent) sowie Trauben- und Stieleiche (9,6 Prozent).

## 5 Der Wald als Kohlenstoffspeicher

Ein Ökosystem, wie zum Beispiel der Wald, ist eine $CO_2$-Senke, wenn es mehr $CO_2$ aufnimmt als abgibt. Das $CO_2$ wird in Form von Kohlenstoff vor allem in der Biomasse und im Boden (Humus) gespeichert. Durch Zunahme der Biomasse und des Humusgehalts im Boden steigt die gespeicherte Kohlenstoffmenge. Dieser Kohlenstoff kann durch Holznutzung, das Absterben von Bäumen und besonders durch großflächige Störungen (z. B. Sturm, Insektenfraß, Waldumwandlung) wieder freigesetzt werden. Ist diese freigesetzte Menge größer als die gleichzeitig gespeicherte Menge, dann ist der Wald eine Kohlenstoffquelle.

Der Wald übernimmt in unserer komplexen Gesellschaft eine Vielzahl von Funktionen. Er dient Tieren und Pflanzen als Lebensraum und ist die Quelle für Holz- aber auch Nichtholzprodukte wie Pilze oder Honig. Er wirkt als Erosions- und Lawinenschutz, filtert Staub und Lärm, nimmt Schadstoffe auf und fördert eine hohe Trinkwasserqualität. Den Menschen bietet er Platz zur Erholung, und er schirmt sie vor Überschwemmungen ab. Und nicht zuletzt schützt der Wald als $CO_2$-Senke das Global-, Lokal- und Regionalklima. All das sind Eigenschaften, die in seiner nachhaltigen Bewirtschaftung berücksichtigt werden müssen.

Im Zusammenhang mit der globalen Klimaerwärmung interessiert besonders die Leistung des Waldes als Kohlenstoffsenke und somit als Klimaschützer. Diese Leistung ist eng verknüpft mit dem Kohlenstoff- und Wasserkreislauf des Baumes. Wie alle Pflanzen wandeln Bäume mit Hilfe von Sonnenenergie Kohlendioxid zu Kohlenhydraten um, die sie zum Wachsen benötigen. Dabei entstehen für uns so nützliche Abfallprodukte wie Sauerstoff und Wasser, die unser Lokalklima beeinflussen. Für den Aufbau einer Tonne Holz sind 1851 kg Kohlendioxid ($CO_2$) und 1082 kg Wasser nötig. Daraus entstehen wiederum 541 kg Wasser und 1392 kg Sauerstoff (SDW 2012).

Der Wald in Deutschland entzieht der Atmosphäre rund 80 Mio. t $CO_2$ pro Jahr. Das ist durchaus eine erhebliche Summe, der gesamte $CO_2$-Ausstoß Deutschlands beträgt gegenwärtig etwa 830 Mio. t pro Jahr. Zusätzlich sind aktuell 1,2 Mrd. t Kohlenstoff in der ober- und unterirdischen Biomasse in deutschen Wäldern gespeichert (Heuer 2009).

Die Entscheidungen, die wir heute bezüglich des Waldes treffen, wirken noch lange in die Zukunft hinein. Andererseits hat auch das Klima einen wesentlichen Einfluss darauf, wie unser künftiger Wald aussehen könnte. Daher ist es wichtig, mögliche Veränderungen zu analysieren, um langfristig die folgenden Fragen zu beantworten:
– Kann der Wald seine ökologischen, ökonomischen und gesellschaftlichen Leistungen weiterhin nachhaltig erfüllen?

– Wie können Wälder und deren Bewirtschaftung an den Klimawandel angepasst werden?
– Welchen Beitrag leistet der Wald zum Klimaschutz?

## Der Wald im Klimawandel:
## Das dynamische Waldwachstumsmodell 4C

Die Vorhersage künftiger Entwicklungen von Ökosystemen ist aufgrund ihrer hohen Komplexität besonders schwierig (Rahmstorf & Schellnhuber 2006). Zur Untersuchung der langfristigen Folgen des Klimawandels für einen Wald ist es aufgrund der Langlebigkeit der Bäume nur in Ausnahmen möglich, Experimente in der Natur durchzuführen. Die moderne Technik gestattet aber, die realen Prozesse ziemlich genau in einem Computermodell abzubilden. Ein solches Modell basiert auf mathematischen Beschreibungen der Grundprozesse des Waldwachstums wie Photosynthese und Atmung in Abhängigkeit von Temperatur, Licht, Feuchtigkeit und Nährstoffversorgung. Die Verteilung der produzierten Kohlenhydrate auf Blätter, Stamm und Wurzeln bestimmt das Wachstum eines Baumes. Die Konkurrenz um Licht, Wasser und Nährstoffe beeinflusst seine Entwicklung innerhalb eines Waldbestandes. Mit all diesen Faktoren kann man am Computer experimentieren – oder, mit anderen Worten: »simulieren«, wie die Modellierer üblicherweise sagen.

Das von uns genutzte Modell 4C (FORESEE – FORESt Ecosystems in a changing Environment) erlaubt, die Entwicklung der Waldbestände unter Nutzung von langfristigen Klimaszenarios in die Zukunft zu projizieren (Lasch et al. 2005). Wie in der Klimamodellierung ist es auch in der Modellierung von Waldökosystemen nicht möglich, alle ablaufenden Prozesse abzubilden. 4C beschreibt daher nur die wichtigsten Prozesse im Wald.

Das Modell kann den Effekt einer sich erhöhenden atmosphärischen $CO_2$-Konzentration auf die Produktion und damit das Wachstum eines Baumes beschreiben. Die Wirkung dieses Effektes (»$CO_2$-Düngungseffekt«) auf Wälder ist noch nicht völlig ausreichend untersucht. Daher betrachten wir die Auswirkungen von klimatischen Änderungen, die wesentlich durch die sich ändernde $CO_2$-Konzentration verursacht werden, sowohl mit konstanten atmosphärischen $CO_2$-Konzentrationen als auch mit sich ändernden $CO_2$-Konzentrationen.

Die Simulation benötigt eine Reihe von Daten als Grundlage:

a) Klimadaten und Klimaszenarios (siehe Kapitel 2.1).

b) eine mathematische Beschreibung repräsentativer Waldbestände in Deutschland und

c) physikalische und chemische Beschreibungen ihrer Standortsbedingungen.


Aus den unterschiedlichen Datenbanken und Kartierungen, die für Deutschland nutzbar sind (Wolff 2002), wurde eine Auswahl von 4583 Waldbeständen mit den wichtigsten Baumarten in Deutschland (Fichte, Kiefer, Buche und Eiche) getroffen. Über ein geographisches Informationssystem kann jedem dieser Bestände eine Standortbeschreibung und eine Klima- bzw. Niederschlagsstation zugeordnet werden. Damit sind die Voraussetzungen für Modellsimulationen gegeben.

Dabei wird für jeden Waldbestand ein Modelllauf sowohl für den Zeitraum 1991 bis 2010 mit dem rezenten Klima durchgeführt, als auch ein Modelllauf für 2031 bis 2050 mit dem zugeordneten RCP8.5-Klimaszenario, das mit einem An-

stieg der $CO_2$-Konzentration auf circa 540 ppm bis 2050 verbunden ist. Es wurde eine Realisierung des Szenarios aus den
hundert verfügbaren gewählt, die die mittlere klimatische
Entwicklung beschreibt. Das Modell 4C liefert eine Reihe von
Ausgabegrößen, mit deren Hilfe sich die möglichen Auswirkungen der Klimaänderungen im Vergleich beider Zeiträume
analysieren lassen. Sie erlauben zum Beispiel die Abschätzung
des Wachstums und der Stoffflüsse im Waldbestand. Damit
sind Rückschlüsse auf die Holzproduktion, die Kohlenstoffspeicherung und den Wasserhaushalt möglich. Ebenso ermöglicht 4C Aussagen über den Zeitpunkt der Blattentfaltung
im Frühjahr, die für die Produktion der Bäume eine wichtige
Rolle spielt. Darüber hinaus werden Indikatoren berechnet,
die das Risiko der klimatischen Waldbrandgefahr, von Trockenstress und des Auftretens des Schädlings Nonne (*Lymantria
monacha* L.) (Zwölfer 1935) einschätzen.

Diese Größen helfen, mögliche Auswirkungen des RCP8.5-
Szenarios auf Wälder in Deutschland gegen Mitte dieses Jahrhunderts zu beschreiben. Um die Auswirkungen räumlich differenziert beurteilen zu können, benutzen wir eine Einteilung
Deutschlands in sieben naturräumliche Großregionen (Ssymank 1994) (siehe Abb. 25).

## Wälder 2040: Wie verändern sie sich?

Das Wachstum der Wälder ist besonders für die Holzproduktion und den Kohlenstoffspeicher im Wald relevant. Grund-
voraussetzung für das Wachstum ist das Austreiben von Blättern oder Nadeln im Frühling. Es ist aber auch eng an das im
Boden zur Verfügung stehende Wasser, über das Nährstoffe
aufgenommen werden, gekoppelt. Die Beobachtung der Ein-

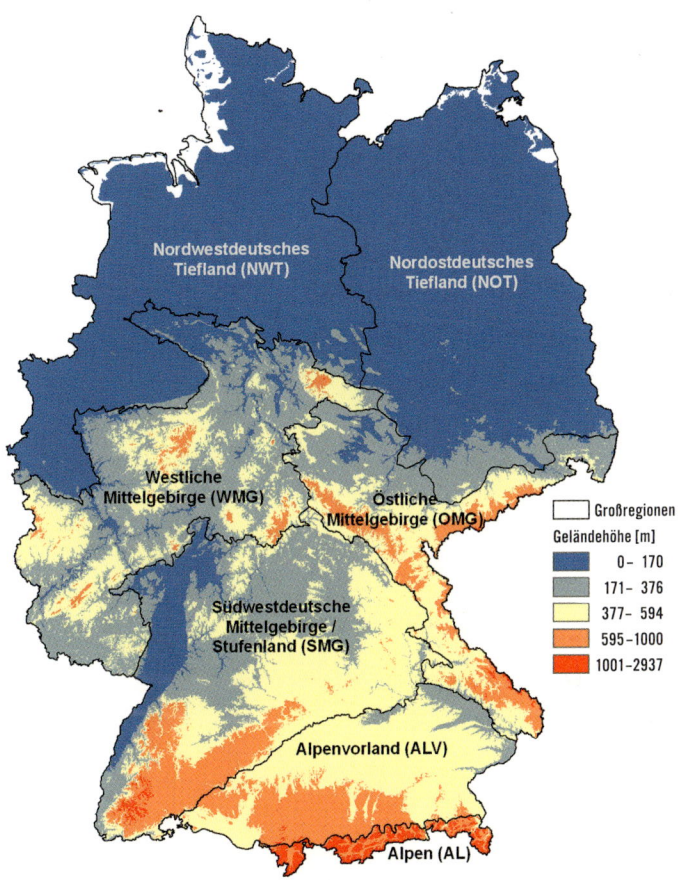

Abb. 25: Naturräumliche Großregionen Deutschlands nach
Ssymank 1994

trittszeiten bestimmter Vegetationsphasen bezeichnen Wissenschaftler als Phänologie. In Deutschland liefert vor allem
der Deutsche Wetterdienst entsprechende Daten. Analysen

zeigen, dass sich die phänologischen Jahreszeiten im Zeitraum 1991 bis 2010 gegenüber dem Zeitraum 1961 bis 1990 deutlich verschoben haben. So verlagerte sich zum Beispiel die phänologische Jahreszeit Vorfrühling, angezeigt durch die Haselnussblüte, vom 1991 bis 2010 im Vergleich zu 1961 bis 1990 um etwa zwölf Tage nach vorne. Statt zwischen dem 2. März und dem 4. April begann die Haselnussblüte zwischen dem 8. Februar und dem 26. März. Außerdem verlängerte sich die Blütezeit insgesamt. Die Verfrühung und teilweise Verlängerung dieser sogenannten Leitphasen ist für alle phänologischen Jahreszeiten zu beobachten.

**Die Phänologie untersucht die Entwicklung der Pflanzen und Tiere im Jahresablauf, indem sie die Eintrittszeiten bestimmter periodischer Wachstums- und Entwicklungserscheinungen wie zum Beispiel den Beginn der Blüte beobachtet.**

Wir können mit Hilfe des Modells 4C zeitliche Verschiebungen der Blattentfaltung der Baumarten Birke, Buche und Eiche berechnen. Sie sollen als Stellvertreter für alle anderen Baumarten beziehungsweise Leitphasen gelten.

Die Simulationsergebnisse für das RCP8.5-Szenario zeigen für alle drei Baumarten eine deutliche Verfrühung der Blattentfaltung im Zeitraum 2031 bis 2050 im Vergleich zu 1991 bis 2010. Die Vegetationsperiode verlängert sich beispielsweise um zwei Tage für die Buche im Nordwestdeutschen Tiefland und um acht Tage für die Eiche in der Alpenregion, das heißt um 0,5 bis zwei Tage pro Dekade über alle Baumarten und Regionen betrachtet. Die Verlängerung der Vegetationszeit aufgrund einer früheren Blattentfaltung ist im Nordwestdeutschen Tiefland für alle betrachteten Baumarten am geringsten, wie die Kartendarstellung zeigt (Abb. 26). Dabei ist natürlich zu berücksichtigen, dass in dieser Region die Blattentfaltung aller betrachteten Baumarten auch in der Gegenwart schon früher stattfindet als in den östlichen und südöstlichen Regionen. Ursache dafür ist eine höhere Wintertemperatur im Nordwesten Deutschlands als im Osten (stärker kontinental geprägtes Klima) und Südosten (größere Höhe über dem Meeresspiegel). In der Alpenregion wird die größte Verlängerung der Vegetationszeit bzw. Verfrühung der Blattentfaltung berechnet, allerdings erfolgt diese hier für die betrachteten Baumarten gegenwärtig mehr als zehn Tage später als im Nordostdeutschen Tiefland.

Die Birke ist im Jahr die erste Baumart, die Blätter zeigt. Danach treiben die Blätter der Buche und als Letztes die der Eiche aus, der Baumart mit den höchsten Wärmeansprüchen unter den drei Baumarten. Die Baumarten Birke und Eiche zeigen in allen Regionen einen deutlicheren Trend zur früheren Blattentfaltung als die Buche. Der Abstand zwischen der Blattentfaltung der Buche und der Eiche wird also geringer.

Was bedeutet dieser Trend zur früheren Blattentfaltung für die Wälder? Schon in der Gegenwart beobachtete Produktivitätssteigerungen können teilweise durch eine längere Vegetationsperiode verursacht sein. Dieser Effekt wird auch für die Zukunft erwartet. Allerdings könnten trockene und warme Frühjahre einer Produktivitätssteigerung entgegenwirken, denn sie führen später im Jahr zu Trockenstress für die Bäume und damit zu Produktivitätsverlusten. Die Gefahr von Schäden durch Spätfrost nimmt bei früher austreibenden Blättern zu, wobei sich das Ende der Frostperiode aber auch nach vorn verschiebt und sie in Deutschland im Mittel am 14. April endet (siehe Kapitel 3.2). Frostschäden könnten aber die Birke

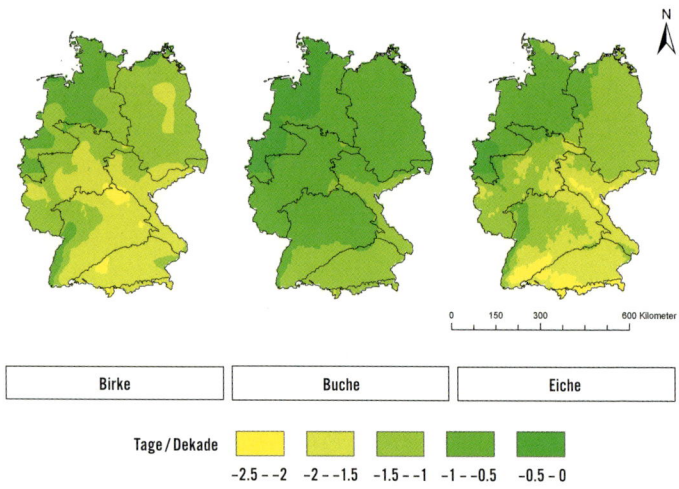

Abb. 26: Verschiebung der phänologischen Phase Blattentfaltung in
Tagen pro Dekade im Vergleich 2031–2050 gegenüber 1991–2010

treffen, da ihre Blattentfaltungstage für 2040 je nach Region
zwischen dem 12. und dem 26. April liegen.

Für die Birke wird nicht nur eine frühere Blattentfaltung
beobachtet, sondern auch ein früherer Beginn der Blühpe-
riode. Die Blühdauer der Birke hat sich durch den Klimawandel bereits merklich verlängert. Ihr Blühbeginn hat sich zum
Beispiel in Berlin von 1984 bis 2008 um elf Tage nach vorn verschoben, so dass auch die Pollenflugsaison und damit die Belastung für Allergiker früher begann. Dieser Trend kann sich
unter dem Klimawandel fortsetzen.

## Wachstum und Kohlenstoffspeicherung

Im Jahr 2008 wurde festgestellt, dass seit 2002 die Kohlenstoffvorräte in den Wäldern Deutschlands in ober- und unterirdischer Biomasse um etwa 4,7 Millionen Tonnen jährlich gestiegen sind (Heuer 2009). Bemerkenswert dabei ist, dass in diesem Zeitraum auch die Holznutzung stark zugenommen hat, der Holzvorrat in Deutschland aber trotzdem um rund zwei Prozent gewachsen ist (Polley et al. 2009b).

Der jährliche Holzzuwachs ist ein Indikator für das Wachstumsverhalten, aber auch für die Kohlenstoffspeicherung. Der Holzzuwachs ist das Ergebnis der jährlichen Nettoprimärproduktion der Bäume. Sie zeigt an, wie viel Kohlenhydrate ein Baum unter gegebenen Umweltbedingungen, darunter fallen vor allem Boden, Klima, $CO_2$-Konzentration und Nährstoffdeposition, produzieren kann, die dann in Wurzel, Stamm und Blätter bzw. Nadeln eingelagert werden.

Vergleichen wir die Zuwachsänderungen der untersuchten Waldbestände, so können wir feststellen, dass unter dem RCP8.5-Szenario der Holzzuwachs für 2031 bis 2050 gegenüber den Werten von 1991 bis 2010 insgesamt zunimmt. Die Zunahme ist abhängig davon, ob die Simulationen mit dem Modell 4C mit konstanter oder steigender $CO_2$-Konzentration durchgeführt werden.

Der Zuwachs an Holz steigt dabei der Berechnung zufolge in der Alpen- und der Alpenvorlandregion (AL) sowie den westlichen Mittelgebirgen am stärksten. Im Nordostdeutschen Tiefland (NOT) fällt die Steigerung am geringsten aus. Die durchschnittliche Produktivitätssteigerung der vier Baumarten für 2031 bis 2050 gegenüber 1991 bis 2010 liegt im Fall konstanter $CO_2$-Konzentration bei neun Prozent (NOT) bis

20 Prozent (AL), im Fall steigender $CO_2$-Konzentration bei 25 bis 33 Prozent. Betrachten wir die Veränderungen nach Baumarten und Regionen, hier nur für den Fall konstanter $CO_2$-Konzentration, so zeigt sich, dass die Kiefer die höchste prozentuale Zuwachssteigerung verzeichnet: zwischen 17,5 Prozent im Nordostdeutschen Tiefland und 25,7 Prozent im Alpenvorland. Darauf folgt die Fichte mit einem Plus von 8,6 Prozent im Nordostdeutschen Tiefland bis 20,9 Prozent in der Alpenregion. Der Holzzuwachs der Eichen steigt von 8,3 Prozent im Nordostdeutschen Tiefland bis 20,6 Prozent in der Alpenregion. Die geringsten Zuwachsänderungen berechnet das Modell für die Buche, sie liegen zwischen 0,4 Prozent im Nordostdeutschen Tiefland und 18,8 Prozent in der Alpenregion.

Sowohl im vergangenen als auch im zukünftigen Zeitraum erbringt die Fichte den höchsten Holzzuwachs pro Jahr, gefolgt von Buche, Eiche und Kiefer. Die Karte (Abb. 27) zeigt deutlich die räumliche Differenzierung der Zuwachsänderungen, die geringsten Werte sieht man bei allen Baumarten im Nordostdeutschen Tiefland, die höchsten Werte werden im Südwesten Deutschlands angezeigt. Die mit dem Modell 4C berechneten Zuwachsänderungen für das RCP8.5-Szenario mit konstanter $CO_2$-Konzentration stellen die untere Grenze des Änderungspotentials dar. Die Zuwachsänderungen mit steigender $CO_2$-Konzentration liegen wesentlich höher und gehen von einem andauernden Düngungseffekt aus.

Die Simulationen zeigen, dass die Buche an einer Vielzahl von Standorten kaum von den rein klimatischen Änderungen des Szenarios profitiert. Es gibt Buchenbestände, für die die prozentualen Zuwachsänderungen negativ sind. Dies bedeutet, dass die Zuwächse in der Klimaszenarioperiode geringer sind als in der Gegenwart, das heißt, die Bestände wachsen

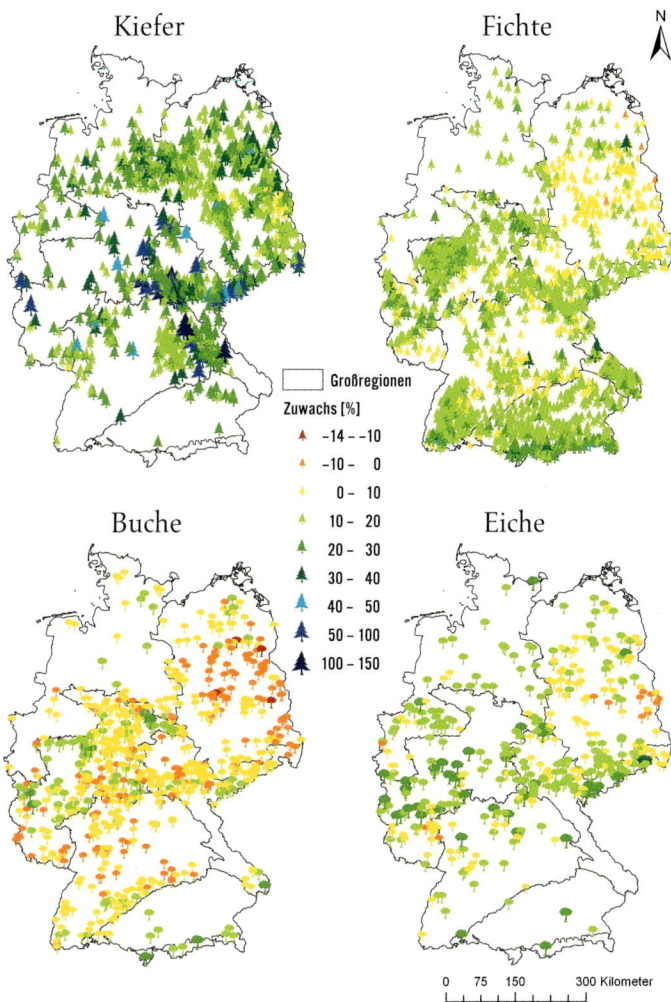

Abb. 27: Prozentuale Zuwachsänderungen für die simulierten
Bestände der Baumarten Kiefer, Fichte, Buche und Eiche 2031–2050
gegenüber 1991–2010, konstante $CO_2$-Konzentration, simuliert
mit Bewirtschaftung

schlechter. Deutlich profitiert die Kiefer, die gut an trockene und warme Standortbedingungen angepasst ist.

Insgesamt können die längeren Vegetationszeiten und höheren Temperaturen an Standorten, an denen genug Wasser vorhanden ist, also einen Anstieg der Produktivität der Bestände bewirken. Nicht berücksichtigt im Untersuchungskonzept ist aber eine sich ändernde Altersstruktur der Wälder, die zu Rückgängen im Zuwachs der Bestände führen kann.

Welche Konsequenzen haben diese Ergebnisse über die Zuwachsänderungen für die Forstwirtschaft und für den Kohlenstoffspeicher Wald? Dies ist abhängig vom Holzeinschlag. Der steigende Zuwachs für Bestände fast aller Baumarten könnte zu einem Anstieg der Kohlenstoffbindung in deutschen Wäldern führen, wenn nicht mehr als der Zuwachs entnommen wird – oder wenn nicht andere, mit dem Klimawandel verbundene Risiken dem entgegenwirken (siehe Seite 114ff.). Die Entnahme von Holz aus dem Wald wirkt nicht per se schädlich für seine Klimaschutzwirkung, im Gegenteil: Wird es zur Substitution fossiler Brennstoffe oder von Produkten genutzt, die sehr energieintensiv erzeugt werden (z.B. Aluminiumfensterrahmen) oder auf fossilen Rohstoffen basieren, leistet das Holz auch einen Beitrag zur Vermeidung von $CO_2$-Emissionen.

## Wald und Wasserhaushalt

Wälder nehmen im Landschaftswasserhaushalt eine wichtige Position ein. Im Vergleich zu einer Acker- oder Grasfläche ist die Verdunstung über Waldbeständen höher. Es versickert aber weniger Wasser im Boden, die Grundwasserneubildung ist daher geringer. Nadelwälder verdunsten in der Regel mehr

Wasser als Laubwälder. Untersuchungen in Brandenburg an Kiefern-, Eichen- und Buchenbeständen belegen beispielsweise die niedrigere Grundwasserneubildung unter Kiefernbeständen im Vergleich zu den Laubbaumbeständen (Müller 2002). Mit abnehmendem Niederschlag geht die Versickerung unter allen Baumarten zurück, und der Unterschied zwischen ihnen wird geringer. Die immergrünen Nadelwälder bewirken in milden Wintern eine zusätzliche Reduktion der Versickerung, da die Verdunstung im Vergleich zu den laubfreien Beständen durch höhere Temperaturen nochmals zunimmt.

Die Versickerung unter den Waldbeständen ist regional sehr variabel. In der Alpenregion, dem Alpenvorland und den Mittelgebirgsregionen sind unter heutigen Verhältnissen die Versickerungsraten wesentlich höher als im Nordostdeutschen und Nordwestdeutschen Tiefland. In den Regionen Deutschlands, die heute schon eine negative klimatische Wasserbilanz haben, wie zum Beispiel der Osten Deutschlands, ist die Grundwasserneubildung in niederschlagsarmen Jahren bereits stark beeinträchtigt.

Unsere Modellanalysen zeigen, dass unter dem RCP8.5-Szenario bei konstanter $CO_2$-Konzentration die jährliche Versickerungsrate um 15 Prozent in der Region Westliche Mittelgebirge bis 38 Prozent im Nordostdeutschen Tiefland zurückgeht, bei steigenden $CO_2$-Konzentrationen um zehn Prozent in der Region Westliche Mittelgebirge bis 24 Prozent im Nordostdeutschen Tiefland. Der Effekt, dass im letzteren Fall die Versickerungsverluste niedriger sind, ist darauf zurückzuführen, dass die Wassernutzungseffizienz der Bäume bei höherer $CO_2$-Konzentration höher ist. Das heißt, sie benötigen weniger Wasser zur Produktion der gleichen Menge Kohlenhydrate.

Die Simulationen ergeben den stärksten prozentualen Rückgang dort, wo die Versickerungsraten schon heute sehr gering sind: im Nordostdeutschen Tiefland. Der absolut größte Rückgang der Versickerung wird zwar in der Alpenregion berechnet, die Versickerungsraten bleiben dort aber trotzdem noch auf hohem Niveau.

Obwohl nicht in allen Regionen Deutschlands eine Abnahme des Niederschlags zu erwarten ist (siehe Kapitel 3), zeigt das Modell für alle Regionen einen Rückgang der jährlichen Versickerungsraten. Die Verschiebung der Niederschlagsverteilung vom Sommer in die Wintermonate, die eine höhere Versickerung unter Laubbaumbeständen im Winter bewirkt, kann die durch die höheren Temperaturen bedingte gestiegene Verdunstung nicht kompensieren. Die verminderte Grundwasserneubildung hat Auswirkungen sowohl auf Pflanzen, die Grundwasseranschluss haben, als auch auf die Wasserwirtschaft.

**Wie verändern sich die Risiken, denen Wälder ausgesetzt sind?**

Über den langen Zeitraum ihrer Entwicklung sind Wälder einer Vielzahl von Störungen ausgesetzt. Die prominentesten sind Wind, Feuer und Insekten, aber auch Trockenheit, Frost, Pilze, Schnee und Starkniederschläge können eine wichtige Rolle spielen.

Störungen sind prinzipiell ein natürlicher Bestandteil der Waldentwicklung, und ihre Bewertung als Risiko hängt allein von der Perspektive des Betrachters ab (Altenkirch et al. 2002). In einem Wirtschaftswald bedeuten viele Störungen einen Produktionsausfall und somit ein Risiko für den Waldbewirtschafter. In einem Schutzwald im Gebirge dagegen sind Holz-

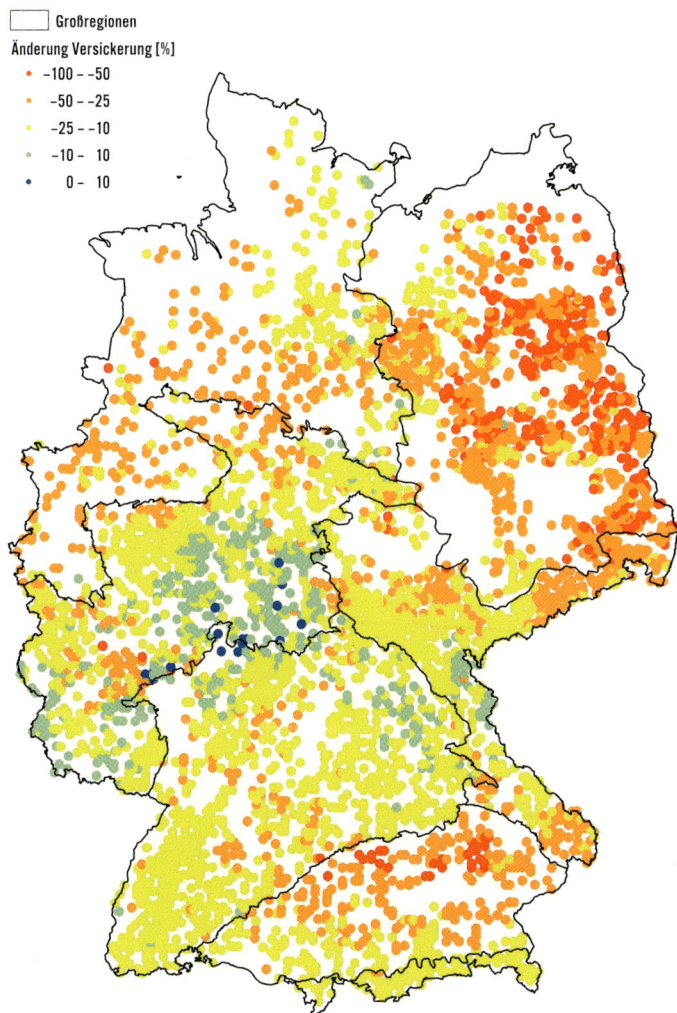

Abb. 28: Prozentuale Änderung der mittleren jährlichen Versickerungsrate für 4583 Waldbestände für 2031–2050 gegenüber 1991–2010, konstante $CO_2$-Konzentration

produktionsausfälle irrelevant, aber eine Degradation dieses Waldes kann schwerwiegende Konsequenzen für die Bewohner des darunterliegenden Tals haben. Auch Wälder in Schutzgebieten können erheblichen Risiken ausgesetzt sein. Zum Beispiel wenn es erwünscht ist, einen Altbuchenbestand zu erhalten, um auf große, dicke Bäume angewiesene Arten zu schützen, diese Buchen aber aufgrund von Trockenheit absterben und von jüngeren Bäumen, auch anderer Arten, ersetzt würden.

Störungen hängen von vielen Faktoren ab: Unter anderem von der Baumart, der Bestandsstruktur, dem Alter, dem Standort, dem Klima und der geographischen Lage. Für den Zeitraum 1958 bis 2001 sind klimatische und nicht-klimatische Veränderungen zu ungefähr gleichen Teilen für erhöhte Störungen in Europas Wäldern verantwortlich (Seidl et al. 2011). Zudem sind Störungen nicht unabhängig voneinander. Sie bedingen sich oft gegenseitig, so dass es sich eigentlich meist um Störungsketten anstatt monokausale Wirkungen handelt. So tritt zum Beispiel der Massenbefall mit Borkenkäfern vermehrt nach Sturmschäden auf.

Zu diesem bereits äußerst komplexen Zusammenspiel gesellen sich nun noch Veränderungen im Zuge des globalen Klimawandels. Diese Veränderungen wirken sich auf die einzelnen Prozesse, aber auch auf deren Zusammenwirken aus. Zum Beispiel können höhere Windgeschwindigkeiten zu größeren Sturmschäden in bereits durch Versauerung weniger fest verwurzelten Beständen führen. Käferschäden an benachbarten, trockenheitsgestressten Bäumen können noch durch eine thermal begünstigte weitere Käfergeneration verstärkt werden, die aufgrund eines $CO_2$-bedingten, geringeren Stickstoffgehaltes der Blätter mehr Nahrung benötigt. Besonders für solche komplexen Interaktionen sind noch viele Fragen ungeklärt. Wir beschränken uns auf eine Darstellung von einzelnen Risiken und ihre Veränderung unter Klimawandel in Deutschland.

## Klimatisches Waldbrandrisiko

Waldbrände entstehen in Deutschland vor allem durch den Menschen und die Witterung. Die witterungsbedingten Risiken für einen Waldbrand werden sehr gut durch einen Index beschrieben, der in ähnlicher Form auch vom Deutschen Wetterdienst (DWD) zur Prognose der täglichen Waldbrandgefahr von März bis Oktober benutzt wurde. Er basiert auf täglichen meteorologischen und phänologischen Parametern und wurde in den 60er Jahren von H. Käse entwickelt (Käse 1969). Wir berechnen diesen Index, der zwischen den Stufen eins und fünf variiert, täglich und ermitteln daraus eine mittlere jährliche klimatische Waldbrandgefahrenstufe.

Die Simulationsergebnisse mit dem RCP8.5-Szenario zeigen, dass das klimatische Waldbrandrisiko insbesondere im Nordostdeutschen Tiefland deutlich steigt. 2031 bis 2050 liegt es etwa 9,5 Prozent höher als 1991 bis 2010. Der geringste Anstieg ist in der Alpenregion zu erwarten, dort liegt die klimatische Waldbrandgefahr 2031 bis 2050 um 5,8 Prozent höher als 1991 bis 2010 (siehe Abb. 29). Die klimatische Waldbrandgefahr ist heute schon im Nordostdeutschen Tiefland und in den Südwestdeutschen Mittelgebirgen um mehr als eine halbe Warnstufe höher als in der Alpenregion und im Alpenvorland, unter dem Klimaszenario verschärft sich dieser Unterschied noch.

Der projizierte Anstieg der klimatischen Waldbrandgefahr

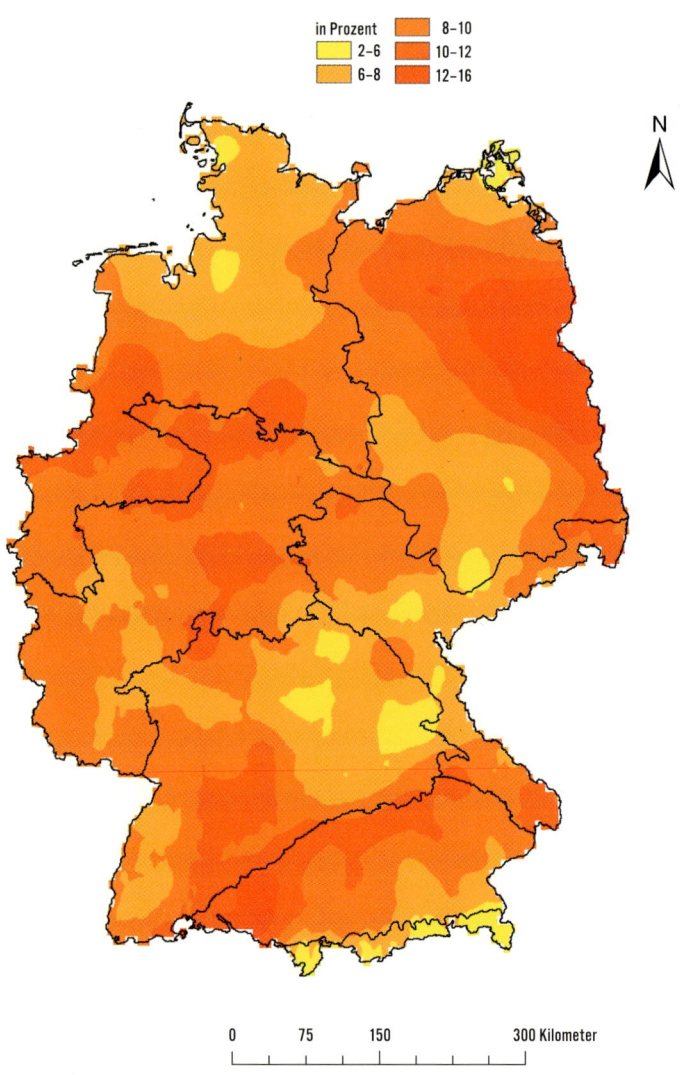

Abb. 29: Prozentuale Änderung des Waldbrandindex für 2031–2050
im Vergleich zu 1991–2010

muss nicht zu einer Erhöhung von Schäden durch Waldbrände führen. Im extrem heißen Sommer 2003, dem heißesten Sommer in Deutschland seit Beginn des 20. Jahrhunderts, traten in Deutschland 2524 Brände auf. Sie betrafen eine Waldfläche von 1315 Hektar und verursachten einen Gesamtschaden von 3,2 Millionen Euro. Das war deutlich weniger als der Schaden von 1992, ein Jahr mit einem vor allem im Nordosten Deutschlands ebenfalls sehr trockenen und heißen Sommer. Damals betrug die Schadenssumme 12,8 Millionen Euro. Der Unterschied ist in erster Linie auf die Verbesserungen in der Waldbrandvorbeugung und -bekämpfung zurückzuführen.

## Trockenstress

Hitze- oder Dürreperioden haben deutlichen Einfluss auf das Wachstum der Waldbestände und können auch ihre Vitalität und die Mortalität beeinflussen. Während der Dürreperiode sind Trockenheitsschäden an Blättern erkennbar, wenn sich die Blätter der Laubbäume vom Rand her braun und die Koniferennadeln von der Nadelspitze her rot verfärben (Hartmann et al. 1995). Ebenso ist in einem Trockenjahr das Dickenwachstum der Bäume stark verringert, was man über Jahrringanalysen sehr gut nachweisen kann (Kahle et al. 2007). Detaillierte Untersuchungen an einzelnen Beständen weisen darauf hin, dass die Produktivität überwiegend als Folge mangelnden Bodenwassers deutlich zurückgeht und vor allem die Buchenbestände noch im Folgejahr Rückgänge in der Produktivität aufweisen (Granier et al. 2007).

Um den Trockenstress für einen Waldbestand quantitativ zu beschreiben, nutzen wir einen baumartenspezifischen Tro-

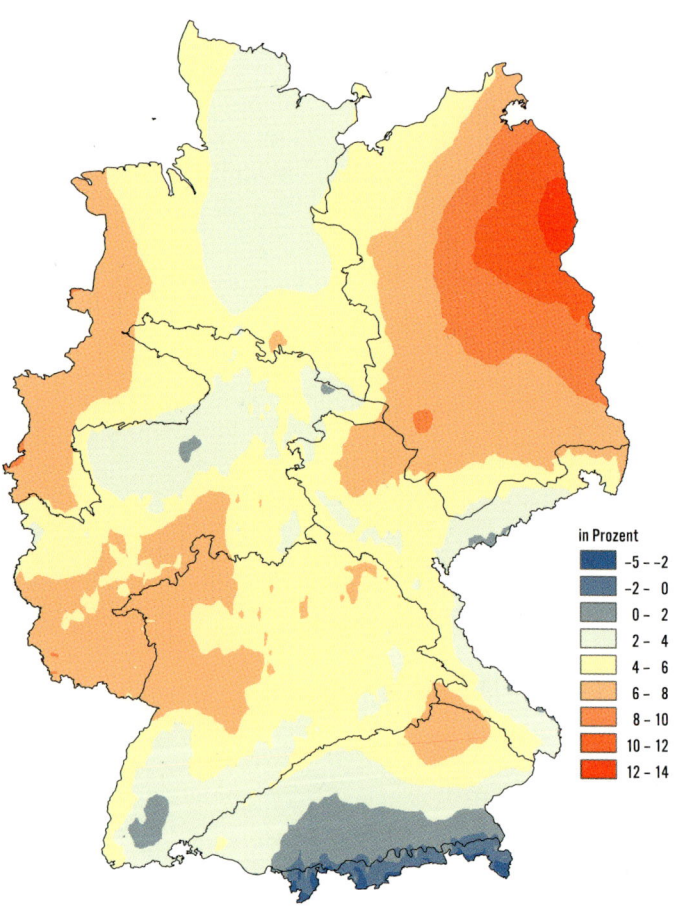

Abb. 30: Prozentuale Änderung des Trockenstresses für Buchenbestände für 2031–2050 gegenüber 1991–2010 anhand des Trockenstressindex

ckenstressindex. Er beschreibt pro Jahr, wie gut die Bäume des Bestandes einer Baumart ihren täglichen Wasserbedarf decken können.

In allen Regionen, ausgenommen die Alpenregion, steigt der Trockenstressindex, hier beispielhaft dargestellt für die Baumart Buche, um bis zu 14 Prozent an. Am stärksten nimmt der Trockenstress für die Waldbestände im Nordostdeutschen Tiefland zu, in dem sowohl im Zeitraum 1991 bis 2010 als auch 2031 bis 2050 die geringsten Niederschläge festzustellen sind (siehe Kapitel 3, Abb. 7 und Abb. 8). Aber auch in großen Gebieten der Südwestdeutschen und der Westlichen Mittelgebirge (z. B. Schwarzwald und Oberrheingraben) steigt der Trockenstress um bis zu sieben Prozent.

Wie bereits beschrieben, kann sich der erhöhte Trockenstress in einem Produktivitätsrückgang niederschlagen, der aber durch andere Faktoren wie eine verlängerte Vegetationsperiode oder den »$CO_2$-Düngungseffekt« teilweise kompensiert werden kann.

Da das verwendete Klimaszenario RCP8.5 im Vergleich zu globalen Klimaszenarios (Tab. 1) den Niederschlagsrückgang im Sommer leicht überschätzt, könnte es sein, dass diese Projektion für den Trockenstress eher zu negativ ausfällt.

## Biotische (natürliche) Risiken

Für die Zukunft ist in Wäldern unserer klimatischen Zone unter wärmeren und trockeneren Bedingungen mit größeren Schäden durch Insekten und Pilze zu rechnen (Lindner et al. 2008, Seppälä et al. 2009). Wie eingangs beschrieben, können diese Risiken jedoch räumlich sehr unterschiedlich ausgeprägt sein und hängen unter anderem vom Klima, örtlichen Gege-

Abb. 31: Windwurfschaden und Borkenkäferbefall in einem Fichten-
bestand im Berchtesgadener Land, Mai 2012, Foto: C. Reyer

benheiten, Bewirtschaftungsstrategien und dem Zusammenspiel dieser Faktoren ab.

Der Borkenkäfer (*Ips typographus*) ist der bedeutendste
Forstschädling und bildet unter günstigen thermalen Voraussetzungen mehrere Generationen pro Jahr aus. Er kann bei
hoher Populationsdichte auch die Abwehrmechanismen ste-
hender, vital erscheinender Fichten überwinden und zu groß-
flächigem Absterben von Waldbeständen führen (Kromp-
Kolb 2003). Sturmschäden und Schneebruchereignisse waren
in der Vergangenheit Ausgangspunkte von Massenvermehrungen des Borkenkäfers in den Folgejahren, weil das lie-
gende Holz ein idealer Brutraum für den Käfer ist. Für Schad-
insekten wie den Borkenkäfer besteht daher die Gefahr von

Massenvermehrungen im Zusammenhang mit Extremereignissen wie Sturm oder Trockenheit und Beständen, die hinsichtlich Alter, Exposition, Nährstoffversorgung und Struktur anfällig sind (Wermelinger 2004). Für Fichtenreinbestände auf Standorten, die diesem Risikoprofil entsprechen, bedeutet dies eine wahrscheinlich zunehmende Gefährdung auch in höheren Lagen.

**Massenvermehrung (Gradation) bezeichnet eine explosionsartige Vermehrung einer Tierart in kurzer Zeit. Dabei übersteigen die Individuenzahlen das normale Auftreten der Tierart um ein Vielfaches. Massenvermehrungen können von günstiger Witterung, gutem Nahrungsangebot und anderen Faktoren ausgelöst werden und brechen nach ein bis wenigen Jahren wieder zusammen. Ursachen dafür können z. B. innerartliche Konkurrenz, Parasiten und Nahrungsmangel sein.**

Kiefernreinbestände gelten als Hochrisikogebiete für den Befall mit Kiefern-Großschädlingen wie den Kiefernspinner, ein Schmetterling, dessen Raupen sich vor allem von Kiefernnadeln ernähren. Geringe Niederschläge (ca. 500–600 Millimeter Jahressumme) und warme Temperaturen auf warmtrockenen, grundwasserfernen Sandstandorten begünstigen die Massenvermehrung des Kiefernspinners (*Dendrolimus pini*). Ein weiterer Schädling ist der wärmeliebende Blaue Kiefernprachtkäfer (*Phaenops cyanea* F.). Die beobachtete Zunahme der Populationsdichte ist auf die Häufung von warmen und trockenen Sommern zurückzuführen (Lobinger & Muck 2007) und kann sich unter den zu erwartenden Klimaänderungen fortsetzen.

Darüber hinaus nehmen Verbreitung und Massenvermehrungen des wärmeliebenden Eichenprozessionsspinners (*Thau-metopoea processionea*) in Deutschland zu (Bräsicke & Wulf 2011). In den letzten fünf Jahren hat sich das Befallsgebiet in Nordrhein-Westfalen, Brandenburg und Bayern verdoppelt (JKI 2011) und erstreckt sich seit neuestem auch auf Niedersachsen und Mecklenburg-Vorpommern. Zudem hat sich auch die Befallsintensität erhöht, das heißt, die Eichen werden in stärkerem Maße durch den Laubfraß geschädigt. Damit entwickelt sich der Eichenprozessionsspinner zu einem zusätzlichen Risiko für die Vitalität von Eichenbeständen, wie Forstexperten des Landeskompetenzzentrums Eberswalde für Brandenburgs Wälder belegen (Abb. 32). Er stellt aber nicht nur für die Bäume eine Gefahr dar, sondern auch für den Menschen, da die Raupenhaare allergische Reaktionen verursachen können (Möller 2010). Damit beeinträchtigt dieses Insekt die Erholungsfunktion insbesondere stadtnaher Wälder erheblich.

Für eine detaillierte Analyse der Risiken eines Massenauftretens des Nachtfalters Nonne (*Lymantria monacha L.*)

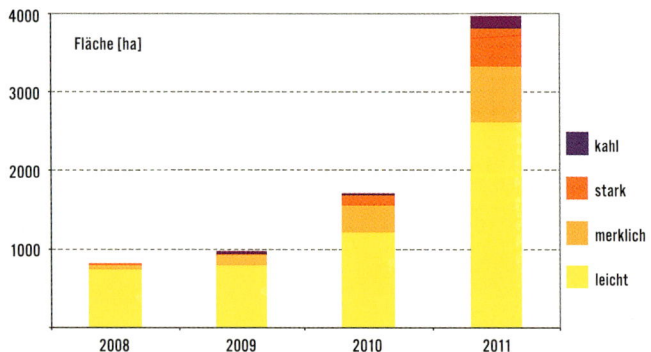

Abb. 32: Ergebnisse der Eichenprozessionsspinner-Fraßkartierungen in den Wäldern Brandenburgs (Möller 2012)

nutzen wir einen thermischen Index, den Nonnentemperaturindex. Er beschreibt den Einfluss von Luftfeuchte und Temperatur auf die Überlebensfähigkeit der Nonne (Zwölfer
1935). Die Raupe der Nonne befällt in zyklischen Massenvor-
kommen vor allem Fichten, Kiefern, Lärchen und Rotbuchen.
Mit dem Nonnentemperaturindex kann abgeschätzt werden, in welcher Region Deutschlands dieses Insekt auftreten
und in welchen Regionen es sogar zu Massenvermehrungen
kommen kann. Massenvermehrungen können zu erheblichen
Schäden im Wald führen und damit das Holzaufkommen beeinflussen.

Unter dem RCP8.5-Szenario steigt der Nonnentemperaturindex in allen Regionen an. Nur in einigen Gebieten der
Alpenregion und in den Kammlagen der Mittelgebirge unter-
schreitet der Index im Zeitraum 2031 bis 2050 den Schwell-
wert, der das Vorhandensein dieses Schadinsekts ausschließt
(graue Gebiete in Abb. 33). Das Gebiet in Deutschland, in
dem es zu Massenvermehrungen der Nonne kommen kann
(rote Fläche), wird kleiner, das potentielle Vorkommensge-
biet wird größer. Wenn man annimmt, dass es ein oberes Limit für den Nonnentemperaturindex gibt, das anzeigt, dass
es zu warm wird für die Nonne, dann nimmt im Nordostdeutschen Tiefland das Gebiet, in dem Massenvermehrung
möglich ist (gelbe Flächen), sogar ab. Auch im Südwesten
Deutschlands, insbesondere im Oberrheinischen Tiefland, war
es in der Vergangenheit schon zu warm für Massenvermehrungen, dort ist es auch möglich, dass das obere Limit für das
Vorkommen der Nonne in der Zukunft überschritten wird
(graue Flächen in Abb. 33). Die Ergebnisse zeigen auch, dass es
im Harz zu einer Vergrößerung des Massenvermehrungsge-
biets kommen kann, insbesondere durch eine Verschiebung

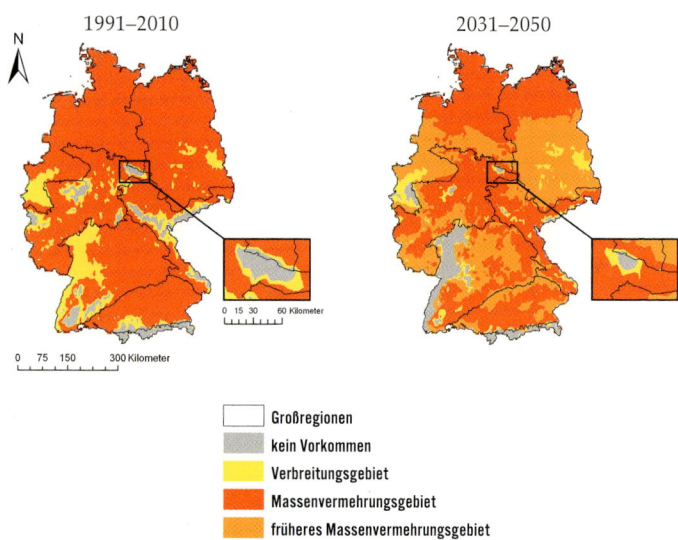

Abb. 33: Mittlerer Nonnentemperaturindex für die Zeiträume 1991–2010 und 2031–2050, der Ausschnitt zeigt das Gebiet des Harzes

der horizontalen Grenzen dieses Gebietes (Ausschnittskarte in Abb. 33).

Ausbreitung und Massenvermehrungen der Nonne in Deutschland durch verbesserte Lebensbedingungen für dieses Insekt könnten vor allem durch intensivere Überwachung des Auftretens verschiedener Entwicklungsstadien und letztendlich der zu vermeidenden Bekämpfung mit Insektiziden abgewendet werden. Möglicherweise wirken sich auch die feuchteren und wärmeren Winter ungünstig auf das Puppenstadium aus (Feemers et al. 2003).

Neben hauptsächlich forstökonomisch relevanten biotischen Risiken besteht ein großes Risiko für die Biodiversität der

Wälder im vermehrten Auftreten von invasiven Arten. Die »Global Invasive Species Database« der IUCN listet 53 invasive Arten in deutschen Wäldern auf. Neben einheimischen Arten wie dem Efeu (*Hedera helix*) und den oben genannten Insekten handelt es sich um fremde Arten wie den Asiatischen Laubholzkäfer (*Anoplophora glabripennis*). Letzterer wird bereits als hohes Risiko in den USA eingestuft. Auch Baumarten wie die Robinie (*Robinia pseudoacacia*) oder die spätblühende Traubenkirsche (*Prunus serotina*) gelten als invasiv.

## Stürme

In Deutschland ist die Zunahme von Stürmen in Folge der Klimaerwärmung ein häufig diskutiertes Thema unter Forst- und Wetterfachleuten. Im dritten Kapitel wurde schon die wahrscheinliche Zunahme von Sturmhäufigkeit und -intensität im Nordwesten Deutschlands angesprochen. In den letzten beiden Jahrzehnten kam es in Deutschland zu einer Reihe von Sturmereignissen, die zum Teil große Schäden in den Wäldern verursachten (Vivian und Wiebke 1990, Lothar 1999, Kyrill 2007, Martin 2009). Der Anteil des Sturmschadholzes am gesamten Holzeinschlag betrug zwischen 1990 und 2007 im Durchschnitt rund 20 Prozent. Die Statistik der mittleren jährlichen Sturmschadholzmenge von 1920 bis 2007 weist einen Anstieg besonders für die beiden letzten Jahrzehnte auf und beträgt aktuell rund acht Millionen Festmeter ohne Rinde (Majunke et al. 2008).

Unter den Fachleuten ist momentan umstritten, ob die Zunahme von Sturmschadholz in den letzten beiden Jahrzehnten auf den Klimawandel zurückzuführen ist. Aktuelle Studien führen zu Ergebnissen, die eine Abnahme, eine Zunahme sowie auch einen gleichbleibenden Trend erkennen lassen, je nachdem welche Methoden und Zeiträume zur Anwendung kommen (Fröhlich 2011). Auch für die Zukunft sind Windgeschwindigkeiten und -häufigkeiten nur sehr schwer abzuschätzen. Ein Projekt (RESTER), das die momentan verfügbaren Modellsimulationen globaler und regionaler dynamischer Klimamodelle ausgewertet hat, geht von einer Zunahme der Böengeschwindigkeit in Norddeutschland aus. Für Süddeutschland wurde kein deutliches Signal analysiert (Frank et al. 2010).

Allerdings ist der Wind nur ein Faktor der Sturmgefährdung. Mildere Wintertemperaturen führen auch zur Abnahme der Tage, an denen der Boden gefroren ist. Das wiederum verringert den Verwurzelungswiderstand der Bäume im Boden. Genauso müssen Baumart, Baumhöhe und Struktur berücksichtigt werden, betrachtet man das Windwurfrisiko im Wald unter zukünftigen Klimabedingungen. Das Beispiel des Sturmes Kyrill im Jahr 2007 in Nordrhein-Westfalen zeigt deutlich das Risiko von nicht angepassten Waldbeständen. 95 Prozent des Schadholzes war Nadelholz und davon wiederum 95 Prozent Fichtenholz. So sind gleichaltrige Fichtenreinbestände keine geeignete Option für stabile Waldbestände der Zukunft.

Zusammenfassen lassen sich die Auswirkungen des Klimaszenarios RCP8.5 auf die Wälder in Deutschland wie folgt: Unsere Analyse zeigt, dass sich für die Mitte dieses Jahrhunderts sowohl mögliche positive Veränderungen, aber auch höhere Risiken für die Waldbestände ergeben. Die Effekte sind regional aufgrund des unterschiedlichen Klimas und der heutigen Baumartenverteilung ganz unterschiedlich. Die steigenden Temperaturen, die die schon beobachtete Verschiebung der Blattentfaltung auf frühere Termine vermutlich fortsetzen werden, bedingen einen längeren Produktionszeitraum für die Bäume. Steigende Temperaturen und der potentiell wachstumssteigernde Effekt höherer atmosphärischer $CO_2$-Konzentration bewirken zusätzlich eine höhere Produktivität. Je nach Bewirtschaftung und Nutzung kann so mehr Kohlenstoff im Wald gebunden werden.

Dies hätte eine positive Auswirkung auf die Kohlenstoffspeicherfunktion und damit Klimaschutzfunktion des Waldes in Deutschland sowie die Substitutionsmöglichkeit fossiler Rohstoffe zur Vermeidung von $CO_2$-Emissionen. Die schwer zu projizierenden Risiken für die Wälder in der Mitte dieses Jahrhunderts schränken die Aussage deutlich ein, da die natürlichen und die vom Menschen verursachten Risiken zu Beeinträchtigungen dieser Funktionen führen können.

Denn durch die höheren Temperaturen und vor allem geringeren Niederschläge im Sommer kann den Bäumen sozusagen das Wasser abgegraben werden. Dies führt dann zu Begrenzungen oder gar Rückgängen des Baumwachstums. Von diesem Effekt sind nicht alle Baumarten gleichermaßen betroffen. Insbesondere Buchenbestände im Nordosten Deutschlands könnten darunter besonders leiden. Bestände anderer Baumarten, wie die Kiefernbestände im Nordosten oder auch Fichtenbestände in den Mittelgebirgen sind davon weniger betroffen, zum Teil aufgrund ihrer Anspruchsarmut oder aber ausreichender Wasserversorgung. In diesen Regionen sind die Wälder aber durch steigendes Waldbrandrisiko, häufigeren Befall mit Schaderregern oder intensivere und häufigere Stürme bedroht, was steigende Kosten und finanzielle Verluste bedeuten kann.

Die Kombination von steigenden Temperaturen, zurückgehenden Niederschlägen und einer Änderung der Niederschlagsverteilung beeinflusst den Wasserhaushalt in fast allen Regionen negativ. Besonders die temperaturbedingte höhere Verdunstung, bei Nadelbäumen auch in warmen Wintern, führt zu einer Reduktion der Grundwasserneubildung. Diese kann aber durch eine Erhöhung des Laubbaumanteils gemildert werden.

Unsere Aussagen und Simulationen hängen natürlich davon ab, welche Baumarten die Wälder in Deutschland in der Mitte des Jahrhunderts prägen werden. In allen Bundesländern gibt es Programme zum Waldumbau hin zu stabileren Waldbeständen, darüber hinaus werden Anpassungsstrategien für die Forstwirtschaft entwickelt. In unsere Untersuchungen sind schon realisierte und geplante Änderungen nicht mit eingeflossen. Waldumbau, der zu einer breiteren Nutzung von Baumarten, weg von Monokulturen und hin zu Mischbeständen mit Laubbaumarten führt, könnte die Wälder besser wappnen, um die mit dem Klimawandel verbundenen Risiken zu ertragen und negative Folgen zu reduzieren. So wurde in Nordrhein-Westfalen als Folge des Sturmes Kyrill eine Wiederbewaldung initiiert, die sich deutlich entfernt von den gefährdeten Fichtenmonokulturen hin zu nachhaltigem Mischwald mit starkem Laubholzanteil.

# Auswirkungen des Klimawandels auf die Gesellschaft

Miriam Schad, Bernd Sommer und Sebastian Wessels

## 5.1   Infrastrukturen und Techniken

»Leider haben einzelne Fahrgäste durch die bedauernswerte Verkettung unglücklicher Umstände auch gesundheitliche Beeinträchtigungen erlitten. Dafür möchten wir uns ausdrücklich entschuldigen.« (Zeit Online, 11. 07. 2010) Mit diesen Worten reagierte der Vorstand Personenverkehr der Deutschen Bahn, Ulrich Homburg, auf eine Reihe von Problemen mit überhitzten Zügen Anfang Juli 2010. Binnen weniger Tage waren in rund 50 ICE-Zügen Klimaanlagen ausgefallen – teils komplett, teils in einzelnen Wagen. In einem dramatischen Fall, der den Bahnvorstand zu der oben zitierten Entschuldigung veranlasste, traf es 59 Schüler mit ihren fünf Lehrern aus Nordrhein-Westfalen auf der Rückfahrt von einem Schulausflug nach Berlin. Nach Medienberichten haben sich dabei dramatische Szenen abgespielt (Süddeutsche.de, 12. 07. 2010): Dehydrierte Schüler kollabierten und lagen auf dem Fuß-

boden in den Gängen. Eine ebenfalls im Zug sitzende Mutter
eines kleinen Jungen und eine schwangere Frau haben in ihrer
Verzweiflung versucht, während der Fahrt mit dem Notham-
mer ein Fenster einzuschlagen, um an frische Luft zu kommen. Schließlich brach der Zug in Bielefeld seine Fahrt ab, und
zahlreiche Schüler und andere Reisende mussten medizinisch
behandelt werden. Die Bundespolizei und das Eisenbahnbundesamt nahmen Ermittlungen auf.

Worin genau bestand die bedauernswerte Verkettung unglücklicher Umstände, die der Bahnvorstand beklagte? Sams-
tag, der 10. Juli 2010, an dem die Schüler in dem überhitzten
ICE kollabierten, war an vielen Orten, insbesondere im Osten
Deutschlands, mit z. T. Temperaturen über 38 °C einer der
heißesten Tage des Jahres. An Bahntrassen und über dem
Gleisbett heizte sich die Luft zusätzlich auf. Aufgrund »der
extremen Außentemperaturen und des hohen Fahrgastauf-
kommens«, so die Deutsche Bahn, sei in dem Zug die Klimaanlage ausgefallen (Zeit Online, 11.07.2010). Da sich in
modernen Zügen die Fenster nicht mehr öffnen lassen, stieg
die Temperatur im Zug auf rund 50 °C an. Konnte die Ursache für den Ausfall der Klimaanlagen zunächst nicht genauer
spezifiziert werden, stellte sich später heraus, dass die Klimaanlagen in ICE-Zügen der zweiten Baureihe nur für Temperaturen bis 32 Grad Celsius ausgelegt waren (Zeit Online,
21.07.2010).

Das Beispiel vom Hitzeschock im ICE verdeutlicht zweierlei: (1.) Zahlreiche unserer Technologien und Infrastrukturen sind auf bestimmte klimatische Bedingungen abgestimmt. (2.) Verändern sich diese Bedingungen, kann es zu
unvorhergesehenen und mitunter schwerwiegenden Problemen kommen. Im konkreten ICE-Fall kam hinzu, dass mit der

für moderne Hochgeschwindigkeitszüge notwendigen Umstellung von Belüftung durch Fenster auf elektrische Klimatisierung die Herstellung eines für Menschen geeigneten Raumklimas vom Funktionieren dieser Technik abhängig geworden war, was wiederum die Vulnerabilität gegenüber Extremhitze erhöhte.

## 6  Klimaanlagen und Klimawandel

Klimaanlagen verzeichnen in den vergangenen Jahren weltweit steigende Absatzzahlen (Keßler 2008). Dies mag mit einem wärmeren Klima zu tun haben, ist aber vor allem ein Resultat des Aufstiegs der Mittelschichten in Ländern wie China oder Indien (New York Times, 20. 6. 2012). Eine wachsende Anzahl von Menschen verfügt über das Einkommen zum Kauf entsprechender Geräte. Darüber hinaus gelten elektrische Klimaanalagen auch als Teil des westlichen Lebensstils und sind vielerorts ein Statussymbol, was in aufstrebenden Schwellenländern auch zur Verdrängung traditioneller und oft auch umweltfreundlicherer Kühlungstechniken führen kann (Sahakian 2011). Aber auch in Deutschland stiegen die Verkaufszahlen elektrischer Klimageräte in den vergangenen Jahren stark an (Klinger-Deiseroth 2009). Das gilt auch für Klimaanlagen in PKW. Im Jahr 1995 waren 25 Prozent der in Deutschland neu zugelassenen Fahrzeuge mit einer Klimaanlage ausgestattet, 2008 waren es 96 Prozent. Da natürlich nicht nur Neuwagen unterwegs sind, verfügten 2010 noch nicht ganz so viele, aber immerhin schon drei Viertel der Autos auf deutschen Straßen über eine Klimaanlage. Aus klimatisierten PKW in Deutschland entwichen 2008 3,5 Mio. t $CO_2$-Äquivalente Treibhausgase in die Atmosphäre. Das entspricht den jährlichen Auspuffabgasen von zwei Millionen sparsamen PKWs (UBA 2010a: 2).

Elektrische Klimaanlagen verwenden zur Kühlung der Luft in der Regel sogenannte HCFC- und HFC-Gase. Diese sind zwar nicht so langlebig wie Kohlendioxid, wirken als Treibhausgas mitunter aber um ein Tausendfaches stärker. Zwar existieren klimafreundliche Alternativen, doch haben diese meist noch keine Marktreife erreicht oder bergen andere Gefahren, sind leicht entflammbar oder bilden im Brandfall hochgiftige Gase (New York Times, 20.06.2012; UBA 2010a: 4f.). Darüber hinaus sind elektrische Klimageräte relativ energieintensiv. Zugespitzt lässt sich sagen: Zur Kühlung von Eigenheim und Auto wird die Erde weiter aufgeheizt.

Wie gebaute Infrastrukturen im Zuge des gesellschaftlichen Wandels und klimatischer Veränderungen zum Problem werden können, erfahren die Berliner und Bewohner zahlreicher anderer deutscher Städte bereits heute. Nach dem Bau erster Kanäle zur Entwässerung in der zweiten Hälfte des 19. Jahrhunderts ist die Berliner Kanalisation im Laufe des 20. Jahrhunderts sukzessive auf eine Gesamtlänge von rund 9000 km ausgebaut worden. Die Schließung lokaler Industrieanlagen, sparsamere Haushaltsgeräte sowie strengere Umweltauflagen haben dazu geführt, dass der Wasserverbrauch in der Hauptstadt in den vergangenen 20 Jahren um ca. die Hälfte gesunken ist (3sat nano, 20.06.2011, siehe Kasten 4 auf Seite 97f.). Nicht nur in Berlin ist diese Entwicklung zu beobachten, sondern auch in anderen deutschen Städten, wo der Rückgang der Bevölkerung (so z.B. in zahlreichen Ruhrgebietsstädten) den Wasserverbrauch zusätzlich sinken lässt. Dadurch wird die Kanalisation nicht mehr richtig durchgespült, Abwasser, Essensreste und anderer Unrat können sich ablagern, und es entwickeln sich im Zusammenhang mit Fäulnisprozessen stark riechende Gase wie Schwefelwasserstoff. Insbesondere in trockenen Perioden tritt dieses Problem auf, da dann der Regenwasserabfluss zusätzlich zurückgeht oder ganz ausbleibt und allein das Schmutzwasser aus den Haushalten durch die Kanäle fließt – oder eben nicht.

Nach dem in Kapitel 3 vorgestellten Klimaszenario wird für die Zeitspanne 2031–2050 (im Vergleich zum Referenzzeitraum um 1991–2010) in den Sommermonaten sowie im März und November der Niederschlag in Berlin, aber auch in Bremen, Hamburg und den Städten Nordrhein-Westfalens zurückgehen. Zusätzlich gehen beispielsweise die Wasserbetriebe in Berlin davon aus, dass der Wasserverbrauch in der Hauptstadt auch in den kommenden Jahren weiter um ein bis zwei Millionen Kubikmeter sinken wird (3sat nano, 20.06.2011). Der weitere Rückgang der Bevölkerungszahlen in Deutschland (siehe Kasten 7) dürfte diesen Trend auch anderorts unterstützen. In der Zusammenschau dieser Entwicklungen ist daher in zahlreichen deutschen Großstädten von einer Verschärfung der durch sinkenden Wasserverbrauch verursachten Kanalisationsproblematik auszugehen.

## 7    Demographische Entwicklungen bis 2040

Demographische Prognosen gehen von einer Fortschreibung aktueller Bedingungen aus und berechnen zukünftige Entwicklungen der Bevölkerungsgröße sowie der Zusammensetzung nach Alter, Geschlecht u. ä. Sie beruhen auf mathematischen Modellen und haben eine relativ hohe Aussagekraft, können aber immer durch unvorhergesehene Veränderungen oder Erfindungen überholt werden (Frevel 2004: 8). In der aktuellen 12. koordinierten Bevölkerungsvorausberechnung wird die Bevölkerungsentwicklung bis zum Jahr 2060 für Deutschland prognostiziert (Statistisches Bundesamt 2009). Insgesamt sinkt die Einwohnerzahl bereits seit dem Jahr 2003. Dieser Trend wird sich voraussichtlich fortsetzen. Auf Grundlage der Annahmen zur Entwicklung der Geburtenhäufigkeit, der Lebenserwartung und zum Saldo der Zuzüge und Fortzüge werden vom Statistischen Bundesamt zwölf Szenarios errechnet. Im Folgenden werden die Ergebnisse der Unter- und Obergrenze einer sogenannten Mittleren Bevölkerungs-Prognose dargestellt. Bei diesen beiden Varianten wird eine konstante Geburtenhäufigkeit von durchschnittlich 1,4 Kindern je Frau sowie eine steigende Lebenserwartung angenommen. Beide Modelle gehen davon aus, dass Jungen bei einer Geburt im Jahr 2060 einen Anstieg der Lebenserwartung um acht Jahre haben werden, Mädchen hingegen um sieben Jahre. Die Varianten unterscheiden sich lediglich hinsichtlich der Annahmen über die Zu- und Abwanderung nach und aus Deutschland. Bei den Varianten Unter- und Obergrenze einer Mittleren Bevölkerung wird ein Anstieg der Zuwanderungen auf 100 000 Personen ab 2014 oder auf 200 000 ab 2020 angenommen. So wird die Bevölkerungsgröße voraussichtlich von 81,2 Millionen (2012) auf 73,8 bis 76,8 Millionen Menschen (2040) sinken. Der Grund für diesen Bevölkerungsrückgang ist die steigende Differenz zwischen Geburten und Todesfällen, die auch als Geburtendefizit bezeichnet wird. Diese abnehmende Anzahl an Geburten sowie das Altern der stark besetzten mittleren Jahrgänge führt zu einer Veränderung der Altersstruktur der deutschen Bevölkerung. Ab 2020 wird es voraussichtlich weniger Menschen im erwerbsfähigen Alter (20 bis 67 Jahre) geben, dafür wird die Zahl der Über-67-jährigen zunehmen.

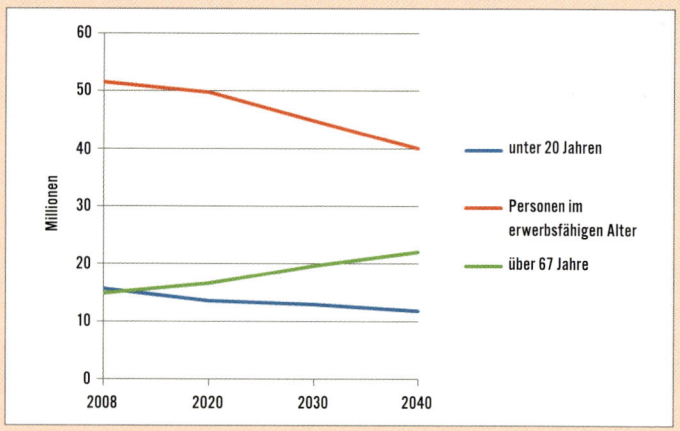

Abb. 34: Altersaufbau der deutschen Bevölkerung bis 2040 in absoluten Zahlen (Variante 1 – W1: Untergrenze der »mittleren« Bevölkerung); eigene Darstellung

Eine kurzfristige und oberflächliche Gegenmaßnahme, die vergleichsweise schnell für Abhilfe sorgt, sind sogenannte Kanal-Deos: »Die Wasserbetriebe lassen Duftgelplatten an Drähten in die Kanalschächte herunter. Gleich einem WC-Duftstein verströmen sie frische Luft« (ebd.). Fäulnisgase wie Schwefelwasserstoff riechen aber nicht nur unangenehm, sondern können auch die Rohre angreifen, die dann früher ersetzt werden müssen (Tagesspiegel, 04. 08. 2009). Daher setzen die Wasserbetriebe auch Hochdruck-Spül- und Saugwagen ein, welche die Kanäle von Dreck und Ablagerungen reinigen sollen. Die Kosten der verschiedenen Maßnahmen werden von den Berliner Wasserbetrieben auf die Verbraucher umgelegt.

Allerdings wäre auch eine Verkleinerung der Rohrleitungen unter erheblichem Aufwand keine Lösung, denn unter Hitzebelastung verbrauchen Menschen wieder mehr Wasser, so dass die reduzierten Rohre dann wieder über- statt unterlastet wären (Infras / Ecologic 2009: 60). Hieran sieht man, dass gesellschaftliche Infrastrukturen nicht nur an bestimmte klimatische Bedingungen angepasst sind, sondern vor allem auch eine gewisse Regelmäßigkeit in ihrer Beanspruchung voraussetzen, die aber umso weniger gegeben ist, je variabler das Klima wird.

Ähnlich ist das Problem im Prinzip bei Flussbegradigungen und Trockenlegung, Versiegelung und Bebauung von Flussauen, die in niederschlagsstarken Jahren erheblich zur Hochwassergefahr beitragen, weil die Flüsse dadurch in engere Betten gezwungen werden. So hat der Rhein nur noch 20 Prozent, die Elbe nur 15 Prozent ihrer natürlichen Überschwemmungsgebiete übrig (UBAa 2005: 50). Die umgebauten Flüsse sind auf eine durchschnittliche Wassermenge eingerichtet, also auf Regelmäßigkeit, und solange sich das Wasseraufkommen im Bereich des Durchschnittlichen bewegt, funktioniert das auch. Erst in Ausreißerjahren wird deutlich, dass in die gesellschaftlichen Infrastrukturen sozusagen bestimmte menschliche Erwartungen an das Naturgeschehen eingebaut sind, so dass sie – wie die ICE-Klimaanlagen – versagen, wenn das Unerwartete geschieht.

Dass man in der Regel von »Wassermanagement« statt von Be- oder Entwässerung spricht, liegt in diesem Sinn daran, dass im selben Gebiet zu verschiedenen Zeiten beides notwendig sein kann, was die Sache ungleich schwieriger macht, als wenn nur regelmäßig eine bestimmte Menge Wasser ab- oder zugeleitet werden müsste. Auch in Brandenburg, das heute und in Zukunft die trockenste und am meisten dürregefährdete Region Deutschlands ist, kann es in niederschlagsstarken Jahren Überschwemmungen geben. So mussten im Jahr 2012 Entwässerungsgräben in einem Waldgebiet zwischen Neuhof und Vogelsang wieder aufgestemmt werden, die der Landesbetrieb Forst Brandenburg fünf Jahre zuvor zugeschüttet hatte, weil man nach einigen trockenen Jahren eine Versteppung des Waldes befürchtete und das wenige Niederschlagswasser am Abfließen hindern wollte. Das funktionierte, bis es wieder mehr regnete, die nun unter Wasser stehenden Bäume einzugehen drohten und den Einwohnern von Neuhof die Keller vollliefen (Märkische Oderzeitung, 11.04.2012). Nachdem es hier noch während einer Dürre 2006 so trocken gewesen war, dass die Havel am 26. Juli ihre Fließrichtung änderte, weil einige ihrer Zuflüsse ausgetrocknet waren (Spektrum.de, 25.08.2006), dauerte es nun Monate, das überschüssige Wasser abzuleiten.

Trotz regionaler Zunahme der Hochwassergefahr werden

zukünftig auch die Phasen, in denen Flüsse sehr wenig Wasser führen, extrem ausfallen – sowohl in Bezug auf die Wassermenge als auch in Bezug auf die Dauer dieser Phasen. Insbesondere für den Rhein und seine Nebenflüsse, aber auch für Donau, Elbe und Oder wird um 2040 Niedrigwasser wahrscheinlicher sein (siehe Kapitel 3.3 und 4.1).

In den vergangenen Jahren wurden jährlich zwischen 200 und 250 Mio. t an Gütern mit Schiffen über deutsche Flüsse transportiert, was die Binnenschifffahrt (nach Straße, Eisenbahn und See) zur viertwichtigsten Form der Güterbeförderung in Deutschland macht (Statistisches Bundesamt 2012a). Der Rhein zählt aufgrund seiner Lage zwischen wichtigen Wirtschafts- und Industriegebieten Europas zu den am stärksten befahrenen Wasserstraßen der Welt. Schon heute hat aufgrund von Trockenheit Niedrigwasser die Binnenschifffahrt in Deutschland wiederholt eingeschränkt. Sowohl im Mai als auch im November 2011 wurden infolge einer besonders ausgedehnten Trockenperiode an zahlreichen Orten entlang des Rheins historisch niedrige Pegelstände gemessen. Damit die Schiffe bei dem Niedrigwasser nicht aufsetzen, müssen sie ihre Ladung reduzieren und die Geschwindigkeit anpassen. Große Schiffe konnten im November 2011 zum Teil nur 20 Prozent ihrer sonst üblichen Fracht transportieren, was bei den Reedereien zu erheblichen wirtschaftlichen Schäden führte (Rhein Zeitung, 21. 11. 2011). Da die zu transportierende Ladung auf mehrere kleinere Schiffe verteilt wird, steigt durch Niedrigwasser auch das Verkehrsaufkommen auf den Flüssen, was wiederum die Kollisionsgefahr erhöht.

Niedrigwasser tangiert aber nicht nur die Schifffahrt, sondern durch den tiefen Wasserstand kann auf dem Flussgrund verborgener Unrat zum Vorschein kommen, der nicht nur ein

Abb. 35: Niedrigwasser am Mittelrhein (Quelle: Rheinzeitung 2011)

ästhetisches Problem darstellt, sondern für Menschen auch gefährlich sein kann. So werden bei Niedrigwasser im trockenen Uferbereich immer wieder Bomben und Munition aus dem Zweiten Weltkrieg gefunden. Einen besonders spektakulären Fall stellt eine 1,8 t schwere britische Luftmine aus dem Zweiten Weltkrieg dar, die am 20. November 2011 infolge des Niedrigwassers bei Koblenz im Rhein entdeckt wurde. Für die Entschärfung der Luftmine am 4. Dezember mussten rund 45 000 Bewohner die Koblenzer Innenstadt verlassen, Teile der Stadt wurden für den Autoverkehr gesperrt, im Hauptbahnhof hielten keine Züge mehr, und auch das Koblenzer Gefängnis, mehrere Hotels und Krankenhäuser mussten geräumt werden. Bei der Evakuierungsaktion waren insgesamt 2500 Mitarbeiter von Feuerwehr, Polizei, städtischen Behörden, Sanitätsdiensten und Technischem Hilfswerk im Einsatz (ZEIT

Online, 4.12.2011). Für die Kosten der Evakuierung hat die Stadt Koblenz im Haushaltsjahr 2012 noch mehr als eine Million Euro eingeplant (Rheinzeitung, 31.01.2012).

Niedrigwasser in Flüssen zeitigt aber noch weitere Folgen: So kann durch einen niedrigen Wasserstand die Produktion von Betrieben, die auf Kühl- oder Betriebswasser aus Flüssen angewiesen sind, eingeschränkt werden. Hier sind besonders die Kohle- und Kernkraftwerke betroffen. Wenn der niedrige Wasserstand mit Hitze einhergeht, wie es normalerweise der Fall ist, steigt gleichzeitig die Wassertemperatur offener Gewässer. Für die Kraftwerke ein doppeltes Problem: Das verfügbare Wasser ist wärmer, also schlechter als Kühlwasser geeignet, und es ist weniger davon vorhanden. Weil die Flüsse ohnehin erwärmt sind und wärmeres Wasser weniger Sauerstoff enthält, führt die Ableitung des nach Gebrauch erwärmten Kühlwassers zu ökologischen Problemen und unterliegt deshalb gesetzlichen Beschränkungen – es darf normalerweise nicht wärmer als 25 bis 28 °C sein. Weil es ohne Strom aber nicht geht, erhielten im Sommer 2003 mehrere Atomkraftwerke in Deutschland und Frankreich Sondergenehmigungen, wärmeres Wasser einzuleiten, nachdem sie wegen der Hitze ihre Leistung bereits auf 60 bis 80 Prozent heruntergefahren hatten, es aber immer noch an Kühlwasser mangelte (Handelsblatt, 11.08.2003). Aus demselben Grund mussten europäische Kraftwerke auch in den Jahren 2006 und 2009 gedrosselt, US-amerikanische 2007 und 2008 sogar abgeschaltet werden (van Vliet u.a. 2012). Infolge der Versorgungsengpässe stiegen die Strompreise. Aufgrund solcher Leistungseinbußen der Kraftwerke errechnen Infras und Ecologic (2009: 53) einen voraussichtlichen Rückgang der deutschen Stromerzeugungskapazität um zehn Prozent im Jahr 2020, wobei ein

Ausbau erneuerbarer Energien, die vom Kühlwasserproblem nicht oder weniger betroffen sind, schon berücksichtigt ist. In einer neueren Studie kamen van Vliet u. a. (2012) auf Beeinträchtigungen in vergleichbarer Größenordnung – ihren Berechnungen zufolge sinkt die europäische Kraftwerkskapazität im Zeitraum 2031–2060 um 6,3 bis 19 Prozent, Notabschaltungen werden wahrscheinlicher. Sollte der Trend zur Anschaffung von Klimaanlagen übrigens anhalten, könnte dies den Energiebedarf gerade dann auf Spitzenwerte treiben, wenn die Stromversorger am wenigsten gerüstet sind, einen Mehrbedarf zu erfüllen – in Hitzeperioden.

Außerdem sinkt bei niedrigeren Wasserständen und Hitze die Wasserqualität von Seen und Flüssen, weil Schadstoffe dadurch in höherer Konzentration vorliegen. Neben der Wärme reduziert auch die langsamere Fließbewegung den Sauerstoffgehalt im Wasser, was sich negativ auf die Fischpopulationen auswirkt. Ein besonderer Effekt der Trockenheit, der im Abschnitt zum Wasserhaushalt schon erwähnt wurde, war im Sommer 2003 an der Berliner Spree zu beobachten. Diese hatte vorübergehend zwei Fließrichtungen, je nachdem, wo man sich in der Stadt aufhielt. Die »Quelle«, aus der das Wasser kam, waren die städtischen Klärwerke, die mehr Wasser einspeisten, als auf natürlichem Weg den Flusslauf herunterkam. Die Spree bestand innerhalb Berlins zu dieser Zeit zum Großteil aus gereinigtem Abwasser (Forschungsverbund Berlin, 25. 08. 2003).

Es ist hier schon darauf hingewiesen worden, dass ein durch klimatische Veränderungen bedingtes Versagen von Infrastrukturen und Techniken für die Bürger und öffentlichen Kassen gewöhnlich mit Kosten verbunden ist. Das Gleiche trifft offenkundig für Schäden an Straßen, Schienenwegen,

Oberleitungen etc. zu, die durch Extremwetterereignisse entstehen. Die Belastungen für die öffentlichen Haushalte sind
dabei z. T. immens, wie das oben skizzierte Beispiel des Elbehochwassers 2002 zeigt. Für den Zeitraum 2031–2050 ist es
entsprechend dem hier vorgestellten Szenario wahrscheinlich,
dass im Nordwesten Deutschlands Starkniederschläge (ein-
schließlich Hagel) häufiger werden sowie Stürme geringfügig
häufiger auftreten und an Intensität gewinnen (siehe Kapitel 3). Weiter ist für den Rhein und seine Nebenflüsse eine
Zunahme der durch Wintertauwetter bedingten Hochwasser
wahrscheinlich (siehe Kapitel 4.1). Entsprechend ist davon auszugehen, dass dies auch auf die öffentlichen Finanzen Druck
ausüben wird. Dies geschieht in einer Situation, in der sich die
öffentlichen Haushalte ihre Möglichkeiten zur Nettokredit-
aufnahme grundgesetzlich eingeschränkt haben (Stichwort
»Schuldenbremse«) und das Bundesministerium der Finanzen
aufgrund der demographisch bedingten Unterfinanzierung
der Sozialsysteme von einer »Tragfähigkeitslücke« der öffentlichen Haushalte ausgeht (vgl. Kasten 8 auf Seite 144). Für die
Resilienz der deutschen Gesellschaft gegenüber den Folgeer-
scheinungen des Klimawandels stellt die um 2040 zu erwartende Situation der öffentlichen Finanzen damit eine zusätzliche Herausforderung dar. Insbesondere, da das Klimaszenario
von einer Zunahme der besonders schadensintensiven Extremwetterereignisse vor allem in den Teilen Deutschlands
ausgeht (der Norden und der Westen), in denen die Verschul-
dung bereits heute besonders hoch ist. Das im Vorwort dieses
Buches zitierte Beispiel aus Spanien zeigt, wie schon heute die
Krise der öffentlichen Haushalte in fataler Weise mit »Natur-
phänomenen« wie Waldbränden zusammenwirken kann.

## 8 Entwicklung der öffentlichen Haushalte bis 2040

Bis zum Jahre 2040 wird es nach demographischen Prognosen weniger Menschen im erwerbsfähigen Alter in Deutschland geben. Im Hinblick auf die sozialen Sicherungssysteme kann eine sinkende Erwerbstätigenrate problematisch werden. Denn die vier wichtigsten deutschen Absicherungsmechanismen – die Renten-, Kranken-, Pflege- und mit Einschränkungen auch die Arbeitslosenversicherung – basieren in Deutschland auf dem Umlageverfahren bzw. auf dem Solidarprinzip, wonach die jeweils Erwerbstätigen diese Leistungen finanzieren (Kolb 2004: 45). Der dritte Bericht zur Tragfähigkeit der öffentlichen Kassen des Bundesministeriums der Finanzen (2011) berechnet zwei Varianten, wie sich die öffentlichen Finanzen bis 2060 entwickeln werden, und geht insgesamt davon aus, dass es zu einer »Tragfähigkeitslücke« kommen wird. Diese Werte sind zwar keine Prognosen, sondern rechnerische Fortschreibungen unter den jetzigen Bedingungen (ebd.: 27). Sie können jedoch Hinweise geben, mit welchen Problemen in Zukunft zu rechnen ist. Der Bericht kommt zu dem Ergebnis, dass bis zum Jahr 2060 eine Finanzierungslücke von 0,9 Prozent bis 3,8 Prozent des Bruttoinlandsprodukts (BIP) entstehen wird. Die tatsächliche Entwicklung hängt stark von aktuellen und zukünftigen politischen Entscheidungen ab.

Die Zunahme von Extremwetterereignissen wird sich unter den für 2040 zu erwartenden Bedingungen auch auf die Energieversorgung in Deutschland auswirken. Bereits heute verursachen Stürme und Schneefälle Schäden an Stromoberleitungen und können damit die Stromversorgung gefährden. So knickten im Dezember 2005 nach ungewöhnlich starken Schneefällen im Münsterland zahlreiche Strommasten ab, die das Gewicht des Schnees auf ihren Leitungen nicht mehr tragen konnten. In der Folge waren etwa 250 000 Menschen bis zu vier Tage von der Stromversorgung abgeschnitten. Das Klimaszenario für Deutschland um 2040 geht von verstärkten

Winterniederschlägen und in fast allen Regionen von einem Anstieg der Schneedeckenhöhe aus. Hinzu kommt, dass sich Deutschland mit der sogenannten Energiewende das Ziel gesetzt hat, bis Mitte des Jahrhunderts 80 Prozent des Stroms aus erneuerbaren Energien zu beziehen – insbesondere aus Windkraft und Solarenergie. Die höhere Klimavariabilität kann bedeuten, dass nicht nur Starkwinde zunehmen, sondern ebenso Flauten, was die Versorgung mit Windenergie unsicherer macht (Zeit Online, 20. 3. 2012). Starkniederschläge mit Hagel stellen wiederum für Photovoltaikanlagen eine Gefahr dar, weil Hagelkörner die Kollektorscheiben oder Solarzellen zerschlagen können.

Schäden an Verkehrs- und Energieinfrastrukturen sind aber nicht nur für die jeweiligen Sektoren bzw. die unmittelbar Betroffenen problematisch. Hinzu kommt, dass die Komplexität, also das weitverzweigte Geflecht der Abhängigkeiten in der zeitgenössischen deutschen Gesellschaft die Vulnerabilität gegenüber Schäden und Beeinträchtigungen in der (Verkehrs-)Infrastruktur insgesamt erhöht. Verkehrs- und Energieinfrastrukturen gelten als kritische Infrastrukturen, da zahlreiche weitere gesellschaftliche Funktionen von ihnen abhängen. Beispielsweise ist eine Einschränkung der Binnenschifffahrt aufgrund von Niedrigwasser eben nicht nur ein Problem der Reedereien, deren Schiffe nur noch ein Fünftel der üblichen Fracht transportieren, sondern auch für alle Betriebe, die auf diese Fracht warten, sowie die folgenden Glieder in der Lieferkette. Der amerikanische Umweltaktivist Bill McKibben hat diesen Sachverhalt in seinem Buch *Eaarth* auf den Punkt gebracht: »we've connected things so tightly to each other that small failures in one place vibrate throughout the entire system« (McKibben 2010: 101).

## 5.2  Institutionen

Im Unterschied zum verbreiteten Alltagsverständnis versteht man in der Soziologie unter »Institutionen« nicht in erster Linie betretbare Einrichtungen wie Behörden, Organisationen oder Banken, sondern überindividuelle und relativ stabile gesellschaftliche Arrangements wie Gesetze, Bräuche und normative Regelsysteme. Es gibt bereits umfangreiche Untersuchungen dazu, inwieweit vor dem Hintergrund des Klimawandels das bestehende Umwelt- und Planungsrecht hinreichend Vorsorge gewährleistet oder mit Blick auf die erwarteten Folgen ergänzt oder angepasst werden sollte (UBA 2010b). Beispielsweise ließen sich bei Bauvorhaben in Überschwemmungsgebieten bauliche Maßnahmen zur Verstärkung des Hochwasserschutzes oder eine Pflichtversicherung für Hochwasserschäden zur Auflage machen (ebd.).

Im sozialwissenschaftlichen Verständnis handelt es sich aber auch bei einem Produktionssystem wie *Lean Production* (»Schlanke Produktion«) um eine Institution. *Lean Production* steht für einen möglichst sparsamen und zeiteffizienten Einsatz von Produktionsfaktoren wie Personal, Betriebsmittel oder Werkstoffe zur Senkung der Kosten. Damit unterscheidet sich *Lean Production* von einer Produktionsweise, die bewusst Puffer und Reserven einkalkuliert. Ein häufiges Element der »Schlanken Produktion« ist die Minimierung von Durchlaufzeiten bei der Produktion sowie von Lagerbeständen nach dem Organisationsprinzip des *just in time*. Unter *just in time* wird Synchronisierung von Beschaffung und Produktion verstanden, welche auf die Etablierung durchgängiger Material- und Informationsflüsse entlang der gesamten Wertschöpfungskette zielt (vgl. Gabler Verlag 2012a). Für ihr Funktionieren

sind *Lean Production* und insbesondere das Organisationsprinzip *just in time* auf eine gut funktionierende Transportin-
frastruktur angewiesen, und bereits leichte Verzögerungen bei
der Lieferung von Werkstoffen können den gesamten Produktionsprozess zum Erliegen bringen. Auch die Betriebswirt-
schaftslehre weiß um diese Anfälligkeit der *Lean Production*
und sieht darin ihre Grenzen: »Die Minimierung des Personal-
und Kapazitätsbestandes sowie der weitgehende Abbau der La-
gerbestände können dazu führen, dass das Unternehmen keinerlei Reserven für unvorhersehbare Störungen in Produktion, Distribution und Beschaffungslogistik aufweist« (vgl.
Gabler Verlag 2012b). Die gilt bereits für klimatische Bedingungen, die zur Zeit der Entstehung und Verbreitung der
»Schlanken Produktion« relativ stabil waren. Das Klima in
Deutschland um 2040 wird sich jedoch durch eine deutlich höhere Variabilität und eine vermehrte Anzahl von Extremwetterereignissen auszeichnen, welche aller Voraussicht nach auch
für die Verkehrswege des Landes Folgen zeitigt. So ist oben
schon auf die massiven Schäden an Brücken, Straßen und Glei-
sen in Zusammenhang mit dem Elbehochwasser 2002 sowie
auf die eingeschränkte Nutzung von Wasserstraßen als Folge
von Niedrigwasser hingewiesen worden. Stark- und Dauerre-
gen können auch zu Bodenerosionen und Erdrutschen führen,
die bereits heute regelmäßig Verkehrswege schädigen. Besonders stark ziehen auch Stürme die Infrastruktur in Mitleidenschaft. Dies lässt sich für Deutschland am Beispiel von Orka-
nen wie Lothar (1999) und Kyrill (2007) zeigen, bei denen eine
große Zahl an Bahnstrecken, Freilandleitungen, Brücken und
Straßen zerstört wurden. Allein etwa 5000 von Kyrill entwur-
zelte Bäume fielen auf die Gleise der Deutschen Bahn (DB
2009). Und die Verkehrsabläufe werden bei starken Stürmen

nicht allein durch die Schäden selbst beeinträchtigt. Aus Sicherheitsgründen und zur Vermeidung von Unfällen und Schäden wurden beispielsweise in Erwartung des Orkans Kyrill zahlreiche Brücken und Straßen gesperrt sowie Flüge gestrichen. Die Bahn ließ zudem ihre Schnellzüge zunächst mit verminderter Geschwindigkeit fahren. Als der Orkan in den Abendstunden seinen Höhepunkt erreichte, stellte die Deutsche Bahn erstmals in ihrer Geschichte bundesweit den Betrieb ein (ebd.). Auch die Zunahme von Hitzetagen bleibt nicht ohne Auswirkungen auf die Verkehrsinfrastruktur. Hohe Temperaturen können Materialschäden sowie Verformungen an Straßenbelägen (Spurrillen) und Schienen verursachen, welche die Gefahr von Autounfällen und Zugentgleisungen erhöhen (UBA 2011a). Es erscheint daher nicht abwegig, zu schlussfolgern, dass mit den Folgen des Klimawandels, die das Szenario für Deutschland um 2040 beschreibt, die Logistik zur Aufrechterhaltung »schlanker« Produktionsweisen mit ihrem Organisationsprinzip des *just in time* vor immense Herausforderungen gestellt wird – wenn die Summe der beschriebenen Klimafolgen sie nicht sogar tendenziell verunmöglicht.

Wie stark auch gesellschaftliche Institutionen von Ökosystemen abhängig sind, auf ihnen aufbauen und auf sie zurückwirken, macht das Beispiel des Waldes anschaulich. Der Begriff der »Kulturwälder«, die in Deutschland den größten Teil der Waldfläche ausmachen, verweist auf die enge Verzahnung der Wälder mit institutionellen Arrangements – vor allem der Forstverwaltung und -wirtschaft, aber auch den institutionalisierten Praktiken der Waldnutzung und Holzverarbeitung.

Die deutschen Kulturwälder, die wir heute kennen, sind relativ jungen Datums. Seit dem ausgehenden Mittelalter hatte Deutschland bis ins 19. Jahrhundert hinein immer wieder mit

Holzknappheit zu kämpfen (Schmidt 2002: 12 ff.). Holz war
als Rohstoff für Handwerk und beginnende Industrie von zentraler Bedeutung, aber auch als Brennstoff zum Heizen von
Wohnhäusern und Gebäuden aller Art. Darüber hinaus be-
nutzten Bauern die Wälder als Weideland für ihr Vieh; die
heute selbstverständliche Trennung von Weide- und Wald-
land vollzog sich endgültig erst im 19. Jahrhundert und aufgrund von Verboten (ebd.: 325). Bis dahin war es normal gewesen, dass man sich selbst einfach mit dem Holz, das man
in seiner unmittelbaren Umgebung vorfand, versorgte. Dieses
Prinzip regionaler, unregulierter Selbstversorgung mündete
im Zusammenhang mit Industrialisierung und Bevölkerungswachstum in weiträumiger Entwaldung. Immer wieder über-
stieg der Bedarf das natürliche Holzvorkommen, und zahlreiche Interessen kamen in Konflikt. Die Überführung der
Wälder in die Kontrolle von überregionalen Forstverwaltun-
gen, die sich seit dem ausgehenden Mittelalter nach und nach
vollzieht, ist insofern vor allem ein Aspekt von Macht- und
Konkurrenzkämpfen um eine lebenswichtige Ressource. Dass
Herrschaften den bis dahin selbstverständlichen Zugriff der
Bauern auf die Wälder beschränkten, trug etwa im 16. Jahrhundert zur Entstehung der Bauernaufstände bei (ebd.: 12).
Noch bis ins 19. Jahrhundert war »Holzdiebstahl« ein Kon-
fliktherd – den Förstern wurde mitunter militärische Verstärkung gegen die hartnäckigen »Holzdiebe« zur Seite gestellt, während auf der anderen Seite die Aneignung von Holz
immer wieder trotz offiziellen Verbots als natürliches Recht
proklamiert und dieses Recht als revolutionäres Gedanken-
gut gepflegt wurde (ebd.: 316 ff.). Von der früheren Entwaldung aufgrund von Holzknappheit zeugen heute noch die in
Deutschland vorherrschenden Kiefern- und Fichtenwälder, die

im Zuge von Aufforstungsbemühungen in den vergangenen Jahrhunderten entstanden sind, nachdem Kohle und Erdöl das Holz als wichtigsten Energieträger abgelöst haben. Diese Nadelbaumsorten eigneten sich zur Wiederaufforstung, weil sie relativ schnell wachsen und auch mit weniger hochwertigen Böden zurechtkommen. Als Monokulturen sind sie aber weniger resilient gegen Störungen und bieten weniger biologische Vielfalt, und vor allem die Fichte, die heute rund ein Viertel der deutschen Waldfläche einnimmt, ist besonders anfällig für Hitze und Trockenheit, aber auch Schädlinge und Extremwetter (UBA 2005a: 86, 88). Deswegen wird seit Jahren eine Reduzierung der Fichtenwälder vorangetrieben (Polley et al. 2009b: 1074), und auch die Deutsche Anpassungsstrategie an den Klimawandel fordert eine vermehrte Kultivierung von Mischwäldern (BMU 2008: 31).

Wenn heute von »Schäden« am Wald die Rede ist, die durch einen Sturm entstehen, bedeutet das nicht etwa, dass eine Holzknappheit drohen würde – im Gegenteil: Waldbesitzer versuchen nun, das ungeplant gefallene Holz zu verkaufen, und durch das plötzliche Überangebot verfallen die Preise. Um diesen Effekt abzumildern, wurden etwa nach dem Sturm Kyrill im Jahr 2007 sogenannte Nasslager eingerichtet, in denen das gefallene Holz aufbewahrt und künstlich beregnet wird, um es nach und nach verkaufen zu können. Manche der nach Kyrill angelegten Lager bestanden noch bis 2010 (WDR 2010). In den 1990er Jahren waren die Holzpreise nach Stürmen um bis zu 50 Prozent eingebrochen (UBA 2005a: 95). Neben diesen Markteffekten sind es vor allem Beschädigungen von Infrastruktur und Gebäuden sowie die Kosten der Aufräumarbeiten und des Holztransports, die sich zu den hohen Schadenssummen addieren, die sich bei Stürmen in Wäldern ergeben. Hier

sieht man noch einmal die Abhängigkeit menschlicher Infrastrukturen, aber eben auch Institutionen, von einer gewissen
Regelmäßigkeit des Naturgeschehens. Der Wald selbst ist auch
durch einen starken Sturm nicht in seinem Bestand bedroht,
aber das Aufräumen und der Abtransport des gefallenen Hol-
zes überfordern die zur Verfügung stehenden Mittel, die auf
geringere Mengen ausgelegt sind. Dafür steht etwa die Son-
dergenehmigung, die LKW in Nordrhein-Westfalen nach Kyrill erhielten, vier Tonnen mehr Holz zu transportieren, als
normalerweise erlaubt ist (MUNLV 2010: 33). Von diesen lo-
gistischen Problemen sind vor allem kleinere, private Waldbesitzer betroffen, die weit weniger Möglichkeiten haben als
größere Betriebe oder die Länder, nach einem Sturm die un-
erwartet großen Holzmengen zu verarbeiten und plötzlich
auftretende Kosten und Einkommensausfälle zu bewältigen.
Nach Stürmen wie Kyrill sind sie daher oft auf Finanzhilfen
der öffentlichen Hand angewiesen. Die Entstehung und Ver-
arbeitung von Schäden hängt in diesem Punkt also eng mit Be-
sitzverhältnissen zusammen. Zweifellos trägt das Ökosystem
Wald selbst auch Schäden davon; durch Sturm geschwächte
Wälder zeigen sich in den nachfolgenden Jahren anfälliger für
Schädlinge, Waldbrand und weitere Stürme. Der Wald selbst
ist aber auch dadurch nicht ernsthaft bedroht – ein Problem
sind diese Belastungen vor allem wegen der Reibungen, die
sich im Zusammenhang vorhandener Infrastrukturen, Märkte
und Besitzverhältnisse, die auf bestimmte Normalzustände
und -umsätze eingestellt sind, daraus ergeben.

Eine Institution, die für das Funktionieren der modernen
Marktwirtschaft, aber auch zahlreicher weiterer Bereiche moderner Gesellschaften von zentraler Bedeutung ist, ist die kollektive Übernahme von Risiken: die Versicherung. Ohne die

Absicherung gegen Risiken ist heute der Aufbau einer Industrieanlage, die Bewirtschaftung von Ländereien, der Bau eines Hauses oder das Fahren eines Autos im Straßenverkehr nicht möglich. Das Versicherungsprinzip funktioniert vereinfacht wie folgt: Viele potentiell von einem bestimmten Risiko Betroffene zahlen einen Beitrag an einen Versicherer, von dem sie beim Eintreten des versicherten Schadensfalls einen Ausgleich erhalten. Da der Versicherungsfall in der Regel nicht bei allen Versicherten eintritt, ist der Versicherer in der Lage, für die Schadensfälle Einzelner aufzukommen. Die durch eine Versicherung abgedeckten Risiken können sehr vielfältig sein. Voraussetzung dafür, dass das Versicherungsprinzip funktioniert, ist aber, dass das jeweilige Risiko statistisch abschätzbar ist. Versicherungen haben ausgefeilte Methoden entwickelt, um die Eintrittswahrscheinlichkeit und den Geldwert von Schadensereignissen relativ genau zu berechnen. Ihre Risikoanalyse orientiert sich dabei an der Vergangenheit und ermöglicht ihnen die Festsetzung eines adäquaten Versicherungsbeitrags. Zahlreiche der heute versicherten Risiken – wie Ernteausfälle oder Gebäude- und Infrastrukturschäden durch Extremwetter – werden direkt oder indirekt durch den Klimawandel beeinflusst. Beispielsweise hat bereits der bisherige Klimawandel die Häufigkeit von Hagelschäden in Deutschland erhöht. So zeigen Untersuchungen für den Südwesten Deutschlands einen kontinuierlichen Anstieg der Tage mit Hagelschäden von fünf im Jahr 1986 auf 34 im Jahr 2004 (Kunz et al. 2009). Auch nach dem Klimaszenario für den Zeitraum 2031–2050 wird regional die Häufigkeit von Starkniederschlägen mit Hagel zunehmen. Da der Großteil der landwirtschaftlichen Anbauflächen ohne Schutz Hagel ausgesetzt ist, wird das finanzielle Risiko von Ernteausfällen durch Hagel in Eu-

ropa bereits seit dem 18. Jahrhundert über spezielle Hagelver-
sicherungen abgesichert (Mauelshagen 2011). Aufgrund der
mitunter verheerenden Schäden, die Hagelschauer anrichten
können, gibt es auch eine bemerkenswert lange Geschichte
von Bemühungen, Hagel zu unterbinden. Alle Versuche – wie
der Beschuss von Gewitterwolken mit sogenannten Hagelra-
keten – blieben aber mehr oder weniger wirkungslos (ebd.) Die
einzige Möglichkeit, sich in der Landwirtschaft vor Hagelschäden zu schützen, ist das Aufspannen von Hagelnetzen oder die
Absicherung des Risikos durch eine Versicherung.

Die in Kapitel 3 beschriebenen Klimaveränderungen unter-
graben die Geschäftsgrundlage von Versicherungen auf zweierlei Weise: Zum einen hat die Zunahme der Klimavariabilität
zur Folge, dass beispielsweise das Risiko eines Ernteverlusts
durch Hagelschlag oder Dürre nicht mehr genau abschätzbar
ist. Denn die bisherigen Daten der Versicherungen stammen
aus einem Zeitraum, der sich durch ein relativ stabiles Klima
auszeichnete. Wenn die Unsicherheiten bezüglich der Häufigkeit von Schadensereignissen zunehmen, erschwert dies die
Berechnung adäquater Prämien (UBA 2011b: 2). Zum anderen
ist nach dem hier diskutierten Szenario davon auszugehen,
dass Risiken, die mit dem Klimawandel in Zusammenhang
stehen, größer werden: Häufigere und intensivere Extrem-
wetterzustände bei häufig gleichzeitig höheren Vermögens-
werten führen zu einem erhöhten Risikopotential, welches die
generelle Versicherbarkeit entsprechender Schäden in Frage
stellt (ebd.: 3). Theoretisch ist zwar jedes Risiko versicherbar,
aber nicht zu einem Preis, der für die Versicherten tragbar ist.
Bei der Kernenergie und den Betreibern entsprechender Anla-
gen ist dieses Problem bereits heute akut: Zwar ist die Wahrscheinlichkeit eines atomaren GAUs relativ gering, doch die

Schadensgröße beim Eintreten dieses Falls derartig groß, dass kein Kernkraftwerkbetreiber betriebswirtschaftlich dazu in der Lage wäre, die erforderlichen Versicherungsprämien zu zahlen. Daher muss für das unversicherbare Risiko einer Nuklearkatastrophe im Eintrittsfall der Staat aufkommen. Anthony Giddens hat darauf hingewiesen, dass die Rolle des »Versicherers der letzten Reserve« im Falle des Klimawandels Staaten zu überfordern droht und damit die große Herausforderung der Versicherungsindustrie darin besteht, Versicherungsmodelle zu entwickeln, die auch unter Bedingungen erhöhter Unsicherheit und der Zunahme von schadensintensiven Extremwetterereignissen funktionieren (Giddens 2009: 172–174). Angesichts der ohnehin angespannten öffentlichen Haushalte gilt dies umso mehr.

Nicht zuletzt, da Versicherungen im Falle eines fortschreitenden Klimawandels für zahlreiche der heute versicherten Risiken ihr Geschäftsmodell zu verlieren drohen, engagieren sie sich – wie die Rückerversicherer Münchener Rückversicherungs-Gesellschaft oder Swiss Re – besonders intensiv im Bereich des Klimaschutzes.

## 5.3 Sozialstrukturierte Betroffenheit

### Was heißt eigentlich Gewinner und Verlierer des Klimawandels?

Die »klassischen Verlierer« in der Diskussion um den Klimawandel sind die sogenannten Entwicklungsländer. Kleine und arme Inselstaaten sind besonders von Entwicklungen wie dem

Meeresspiegelanstieg betroffen und gelten als besonders verletzlich (Mimura et al. 2007). Die Zeitschrift »Focus« vergleicht deren Schicksal gar mit dem des »mythischen Atlantis« (Focus 26.11.2009). Die Nicht-Regierungsorganisation Germanwatch (2002) spricht vom Klimawandel als einem »perfekten Verbrechen«, in dem die Täter, die Industrienationen, durch die Opfer, die Entwicklungsländer, nicht zur Verantwortung gezogen werden können. Deutschland gilt gemeinhin weniger als »Verlierer des Klimawandels« und wird als nicht im gleichen Maße betroffen wahrgenommen. Das liegt zum einen daran, dass die Szenarios im Vergleich zu denen der Entwicklungsländer weniger dramatisch ausfallen. Zum anderen wird auf die Anpassungsfähigkeit einer hochtechnisierten Gesellschaft vertraut, die bereits heute viel Geld in die Klimafolgen- und Anpassungsforschung investiert. Wie das für Deutschland erstellte Szenario jedoch zeigt, werden die Klimafolgen für bestimmte Regionen, Branchen und gesellschaftliche Gruppen eine Bedrohung darstellen. Global wird es eher viele Verlierer und wenige Gewinner des Klimawandels geben. »Eine scharfe Trennung zwischen Gewinnern und Verlierern ist [...] jedoch nicht möglich« (Lozán et al. 2008: 247).

»Die Natur« gilt ebenfalls als ein Verlierer des Klimawandels: Der symbolträchtigste und in den Medien präsenteste Verlierer des Klimawandels ist der Eisbär, der aufgrund des Abschmelzens der Polkappen keine Lebensgrundlage mehr haben wird. Der Eisbär steht stellvertretend für die Bedrohung der Natur durch die Zivilisation. Auch hier lässt sich allerdings ein differenzierteres Bild entwerfen, wie natürliche Lebensräume und Tierarten von Klimafolgen betroffen sind und sein werden. So stellt der NABU beispielsweise auf einer seiner Homepages die Konsequenzen der Erderwärmung für unterschiedliche Tierarten dar: Die Gottesanbeterin gilt als Gewinnerin des Klimawandels, da sie sich aufgrund steigender Temperaturen immer weiter ausbreitet, während der Große Feuerfalter von dem Rückgang von Feuchtgebieten in Deutschland negativ betroffen und laut NABU daher eher ein Verlierer ist (NABU, ohne Datum).

Wie sich die Populationen der Gottesanbeterin oder des Großen Feuerfalters entwickeln werden, mag insbesondere für Naturliebhaber und Biologen interessant sein. Bei anderen Tierarten, wie der Zecke oder der Sandmücke, betrifft deren Ausbreitung breite Bevölkerungsgruppen, da beide Tierarten für die Verbreitung von Krankheiten bekannt sind. So können die Chancen der einen Spezies wiederum zu einem Problem für andere Spezies werden. Zurzeit wird bereits beobachtet, dass sich die Verbreitungsgrenze von Zecken wie dem Gemeinen Holzbock immer mehr in nördliche Regionen und auch in höhere Höhenlagen verschiebt (Kahl / Dautel 2008). Begünstigt durch Feuchtigkeit und Wärme können immer weiter verbreitete Zecken eine Gesundheitsgefahr für immer mehr Tiere und Menschen werden, da sie Krankheiten wie die Lyme Borreliose und die Frühsommer-Meningoenzephalitis übertragen (siehe Kapitel 5.4).

Durch Veränderungen im regionalen Artenspektrum können also auch für die Menschen Gefahren entstehen – aber auch Chancen, etwa in Form neuer Anbaumöglichkeiten für die Landwirtschaft (siehe Kapitel 6.2). So wird beispielsweise erwartet, dass zur Mitte des Jahrhunderts im Rheingau Cabernet Sauvignon und in Potsdam Riesling oder Chardonnay angebaut werden können (UBA 2005a: 73; Infras / Ecologic 2009: 46). Dieses Beispiel macht deutlich, dass die Betroffenheit je nach lokaler Situation und Anpassungspotential sehr unterschiedlich ausfallen kann.

## Ökonomische Betroffenheit

In Berichten zu gesellschaftlichen Folgeschäden extremer Naturereignisse werden gewöhnlich gesellschaftliche Schadenssummen errechnet. So verursachte beispielsweise das Elbe-Hochwasser 2002 einen wirtschaftlichen Schaden von 9,4 Milliarden Euro (UBA 2005a). Werden neben der Elbe auch die Donau und deren Nebenflüsse berücksichtigt, gibt es Schätzungen, die sich gar auf 15 Milliarden Euro oder mehr belaufen (Ludwig/Brautzsch 2002: 353). Solche Zahlen in Milliardenhöhe können einen groben Richtwert geben und zum Vergleich unterschiedlicher Ereignisse nützlich sein. Für Versicherungen sind sie notwendig, damit sie sie in ihre Risikokalkulationen mit einbeziehen können (siehe Kapitel 5.2). In Analysen der Versicherungen wie den Jahresrückblicken der Münchener Rückversicherungs-Gesellschaft wird hierbei immer zwischen versicherten und nicht versicherten Schäden unterschieden. Die versicherten Schäden werden ersetzt und sind rein finanziell nicht zwangsläufig ein Schaden für die deutsche Volkswirtschaft, da die Versicherungen international tätig sind. Auf langfristige Sicht werden die ersetzten Kosten durch erhöhte Versicherungsprämien aber zurück an die Versicherten in Deutschland gegeben. Für sozialwissenschaftliche Analysen reichen die Daten der Versicherungen als alleinige Datengrundlage allerdings nicht aus. Denn der Schaden des einen kann zur gleichen Zeit der Gewinn eines anderen sein. Wenn durch ein Hochwasser immense Kosten für Hausbesitzer und staatliche Institutionen entstehen, können in dieser Zeit Bauunternehmer von einer guten Auftragslage profitieren.

Darüber hinaus kann zwischen den bereits vorgestellten Verlusten an privaten und öffentlichen Vermögensbestandteilen und den Auswirkungen auf das Bruttoinlandsprodukt von Staaten und Bundesländern unterschieden werden, die auch potentielle Wachstumseffekte nach Naturkatastrophen beinhalten.

**Das Bruttoinlandsprodukt entspricht dem Wert aller Waren und Dienstleistungen, die in einem bestimmten Zeitabschnitt in der Region erzeugt, aber nicht wieder in derselben Periode im regionalen Produktionsprozess verbraucht werden (Ludwig / Brautzsch 2002: 353).**

Meist ist das Wirtschaftswachstum nach einer Naturkatastrophe kurzfristig von Produktionsausfällen betroffen, welche aus beschädigten Kapitalgütern oder auch dem Ausfall von Arbeitskräften resultieren können. Wenn die Wertschöpfung zu ersetzender Güter in der Region stattfindet, kann daraus aber auch ein lokales Wirtschaftswachstum entstehen. Mittel- und langfristig hängen die wirtschaftlichen Konsequenzen in einer Region vor allem von der Betroffenheit der Bevölkerung und den Reaktionen der lokalen Akteure ab. Hierbei ist entscheidend, ob die Katastrophe als ein einmaliges Ereignis wahrgenommen wird oder wie im Falle der durch den Klimawandel bedingten Wetterveränderungen von einem generellen erhöhten Risiko ausgegangen wird. Im Falle eines generell erhöhten Risikos besteht die Gefahr, dass die lokalen Akteure weniger in bedrohtes Kapital, wie lokale Industrieanlagen, investieren, weil sie weitere Schadensfälle in der Zukunft befürchten. Eine andere Möglichkeit wäre, dass beispielsweise in besonders sichere und moderne Industrieanlagen investiert wird und es darauf zu einer zusätzlichen Produktionssteigerung in den vormals älteren Produktionsstätten kommt (Berlemann und Vogt 2007: 5 f.). Problematisch kann solche Investition jedoch im Falle einer Fehleinschätzung des Gefährdungsrisikos sein. Eine möglichst genaue Bewertung von Risiken ist für die Begrenzung wirtschaftlicher Schäden also entscheidend.

Die genauen wirtschaftlichen Effekte von Naturkatastrophen sind bislang jedoch kaum empirisch erforscht. Skidmore und Toya (2002) argumentieren auf Grundlage von internationalen Daten, dass die langfristige Wachstumstendenz in Ländern, die von klimatisch bedingten Naturkatastrophen betroffen sind, sogar höher ist. Für die Flutkatastrophe 2002 wird davon ausgegangen, dass sie für Deutschland insgesamt konjunkturneutral war und die verursachten Schwankungen »im Unschärfebereich makroökonomischer Berechnungen liegen« (Ludwig / Brautzsch 2002: 354). Vor allem das Baugewerbe hat von dem Einsatz von öffentlichen und privaten Mitteln zur Beseitigung der Flutschäden profitiert. Von der Verschiebung der Steuererleichterungen für das Jahr 2003 waren vor allem Produzenten, Händler, Dienstleister und der Verkehrssektor negativ getroffen (ebd.: 355 f.). Für den Freistaat Sachsen errechnen Berlemann und Vogt (2007), dass das Wachstum in den Jahren 2002, 2003 und 2004 ohne die Elbeflut um 0,6, 1,8 und 0,5 Prozentpunkte geringer ausgefallen wäre. Bei Berechnungen des Bruttoinlandsproduktes muss jedoch berücksichtigt werden, dass nur die für die Wiederaufbauleistungen neu produzierten Güter, nicht jedoch das zerstörte Kapital und die zerstörten Konsumgüter berücksichtigt werden. Zudem werden die Aufbauarbeiten oft auch von externen Geldgebern finanziert, so dass es durch das Fehlen dieser finanziellen Mittel in anderen Regionen zu wachstumsdämpfenden Effekten kommen kann (ebd.: 19). Die nach dem Szenario zunehmende Häufigkeit von Hochwassern wie am Rhein und seinen Nebenflüssen kann folglich sehr unterschiedliche kurzfristige und langfristige Wachstumseffekte haben. Zudem werden bei solchen rein ökonomischen Rechenmodellen immaterielle Schäden wie solche an unersetzlichen Kulturgütern, aber auch Krankheit und Stress von Betroffenen nicht berücksichtigt, die zwar auch eine ökonomische Dimension haben, sich selbst aber nicht sinnvoll mit Geldbeträgen beziffern lassen.

Neben Schadenssummen und der Berechnung von Wirtschaftswachstum in einzelnen Regionen muss auch differenziert werden, welche Branchen in Deutschland von den Klimafolgen betroffen sind bzw. sein werden. Es wurde bereits angedeutet, dass die Baubranche in Fällen von Naturkatastrophen eher als Profiteur gesehen werden kann. Für viele andere Branchen ergeben sich jedoch auch neue Gefährdungen, die in hohem Maße vom Bewältigungs- und Anpassungspotential der Akteure abhängen. Das in Kapitel 3 vorgestellte Szenario geht davon aus, dass es in Deutschland bis zum Jahre 2040 ein deutlich erhöhtes Risiko für Hitzewellen gibt. Während der Hitzewelle 2003 beispielsweise sind die Hektarerträge der Landwirtschaft deutschlandweit um ca. 12 Prozent unter das mehrjährige Mittel (1997–2002) gesunken (Rahmstorf/Schellnhuber 2007: 79). In Schleswig-Holstein gab es jedoch entgegen dem Trend einen Ertragsanstieg um 7,9 Prozent. Brandenburg war mit Ertragseinbußen von 40 Prozent besonders negativ betroffen (UBA 2005a: 7). Diese Unterschiede lassen sich zum einen auf geographische Unterschiede zurückführen, aber auch auf die Reaktionen vor Ort. So gehen beispielsweise Rahmstorf und Schellnhuber (2007: 79) davon aus, dass die Landwirte auch von den Klimafolgen hätten profitieren können, wenn sie durch z. B. Beregnungsanlagen darauf vorbereitet gewesen wären.

Bereits heute wird versucht zu prognostizieren, welche Branchen in Zukunft vom Klimawandel profitieren oder nicht profitieren werden. Dabei kann man zwischen direkter Betroffenheit durch die natürlich-physikalischen Auswirkungen, indirekter Betroffenheit regulatorischer Art sowie indirekter Betroffenheit marktlicher Art unterscheiden. Laut einer Studie des Instituts der deutschen Wirtschaft Köln (IW) schätzen sich aktuell nur 15 Prozent der befragten Unternehmen in Deutschland als direkt von Klimafolgen betroffen ein. Bei den Erwartungen für das Jahr 2030 verdoppelt sich dieser Anteil der Unternehmen fast. Eine stärkere indirekte Betroffenheit wird schon heute durch klimaschutzbezogene Gesetze und Verordnungen (24 Prozent) und anpassungsbedingte Regulierung (21 Prozent) wahrgenommen. Auch hier erhöht sich der Anteil der Unternehmen für das Jahr 2030 auf 36 und 30 Prozent. Eine Betroffenheit marktlicher Art kann in Veränderungen der Nachfrage, neuen Exportchancen oder vermehrten öffentlichen Aufträgen bestehen (Chrischilles / Mahammadzadeh 2012: 19 f.).

Ein besonders durch den Klimawandel direkt und indirekt beeinflusster Bereich ist beispielsweise der Tourismus. In verschiedenem Maß werden Teile dieser Branche von den Klimaänderungen profitieren oder auch darunter leiden. Es gibt sogenannte wetterunabhängige Sparten wie Gesundheits-, Städte- und Kulturtourismus. Besonders wetterabhängig ist der maritime Tourismus sowie der Wintersport (Lozán 2008: 247 f.). In einer Analyse der Deutschen Bank werden gerade für die nördlichen Regionen Deutschlands positive Szenarios skizziert: »Es dürften sich positive Effekte aufgrund längerer Sommersaisons einstellen. Die Nord- und Ostseeküste wird durch den Klimawandel begünstigt. Eine Verbesserung der Badebedingungen (höhere Temperaturen, weniger Niederschläge im Sommer) wird die Risiken des Klimawandels wie häufigere Wetterextreme (z. B. Sturmfluten) oder Küstenerosion überkompensieren.« (Ehmer / Heymann 2008: 17) Die Ostsee könnte bald die »Badewanne Europas« (ebd.: 17) sein. Und tatsächlich gehen viele Experten von einer Verlängerung der Badesaison an Nord- und Ostsee aus. Es wird jedoch zu bedenken gegeben, dass die Strandflächen an Nord- und Ostsee durch den Meeresspiegelanstieg schrumpfen (Lozán 2008: 251). Zudem können die höheren Wassertemperaturen und ein vermehrter Stickstoffeintrag durch die industrielle Landwirtschaft auch negative Folgen zeitigen, etwa das Auftreten von Blau- und Kieselalgen oder Quallen. Entsprechende Fälle gab es bereits bei Hitzeperioden: So mussten beispielsweise 2010 Niedersachsens zweitgrößter See Dümmer, der Helenensee im Kreis Oldenburg und der Banter See in Wilhelmshaven aufgrund massenhafter Vermehrung von Blaualgen fürs Schwimmen gesperrt werden (Hamburger Abendblatt 14. 07. 2010).

Der Wintertourismus ist je nach Region unterschiedlich betroffen. Insgesamt wird es eher einen leichten Anstieg der Schneedeckenhöhe durch vermehrten Niederschlag in Deutschland im Jahr 2040 geben. So verbessert sich voraussichtlich die Wintersportsituation in den östlichen Mittelgebirgen durch eine erhöhte Anzahl von Schneedeckentagen. In den westlichen Mittelgebirgen, im Schwarzwald und in den

Alpen verschlechtern sich wahrscheinlich die Wintersportbe-
dingungen durch wärmere Winter. Die Höhenmeter, die als
schneesicher gelten, steigen in Zukunft an. Schon heute werden Schneekanonen eingesetzt, um die Wintersportsaison zu
verlängern (CIPRA 2004 und die wärmeren Temperaturen
zu kompensieren). Um Kunstschnee zu produzieren, werden
Wasser, Luft und Energie benötigt. Um für die Wintersai-
son genügend verfügbares Wasser vor Ort zu haben, sind
so genannte Speicherteiche erforderlich, die den umgebenen
Flüssen und Quellen das Wasser entziehen. Zehn Prozent
(23 800 Hektar) der Pistenfläche in den Alpen sind künstlich
beschneibar. Das ist eine Fläche, die anderthalb mal so groß ist
wie das Fürstentum Liechtenstein. Um diese Fläche zu be-
schneien, werden jährlich ca. 96 Millionen Kubikmeter Wasser für Kunstschnee benötigt. »Dies entspricht in etwa dem
Wasserverbrauch einer Stadt mit 1,5 Millionen Einwohnern
im Jahr« (ebd.).

Je nach den Anpassungs- und Bewältigungsstrategien der
lokalen Akteure werden die Folgen für die Tourismusbranche
im Jahr 2040 unterschiedlich ausfallen. Vereine wie der Bund
für Naturschutz in Bayern e. V. warnen jedoch vor den ökologischen und finanziellen Kosten, die durch den Einsatz von
Schneekanonen entstehen. Wird weiterhin an der Strategie
der künstlichen Beschneiung festgehalten, kann dies zu »In-
vestitionsspiralen« führen (Bund für Naturschutz in Bayern:
2007: 10). Da der Ausbau unter anderem durch Landeszu-
schüsse finanziert wird und Gemeinden in vielen Fällen finanziell an beispielsweise Seilbahnunternehmen und damit an
den Investitionen beteiligt sind, entstehen Belastungen für die
öffentlichen Kassen. Es kommt zu Interessenkonflikten zwischen dem Weiterbetrieb der lokalen Sportstätten und dem

Erhalt der natürlichen Landschaften und ihrer Qualität als Erholungsgebiete. Die Kommerzialisierung des Wintersports und ein hoher Konkurrenzdruck zwischen den Skiregionen gehen mit hohen Investitionen, finanziellen Belastungen für die Gemeinden und mitunter einem enormen Aufwand einher, wie das folgende Beispiel illustriert: Im Januar 2007 schneite es nicht genug, um das Hahnenkamm-Rennen im Österreichischen Kitzbühel durchzuführen. Es wurden rund 2200 Tonnen Schnee vom Großglockner mit Lastwagen und Hubschraubern zu einer noch grünen Wiese transportiert. 200 Helfer und das Bundesheer mussten den Schnee verteilen. Nur zwei Slaloms konnten durchgeführt werden – dann kam der Sturm »Kyrill« und wehte 70 Prozent des Kunstschnees fort. Das Rennen musste abgesagt werden (Bund für Naturschutz in Bayern 2007: 9; krone 21.01.2007).

## Soziale Betroffenheit

Wie bereits skizziert, entstehen durch den Klimawandel nicht nur für Wirtschaftszweige, sondern auch für die privaten Haushalte umfangreiche immaterielle und materielle Schäden. Klimatische Veränderungen wie die Zunahme an Hitzetagen oder Hochwasser stellen eine Gefährdung der Gesundheit dar und könnten damit auch Sekundäreffekte wie z.B. eine zusätzliche Belastung der Gesundheitssysteme verursachen. Eine Vermehrung von Hitzetagen trifft zum Beispiel alte Menschen besonders hart. Und finanzielle Zusatzkosten wie erhöhte Energiepreise oder Krankenkassenbeiträge belasten gerade Menschen mit geringen Einkommen überproportional.

Städte sind bereits heute durch die Dichte ihrer Bebauung und die verwendeten Materialien wie Beton im Vergleich wärmer als ihre Umgebung (siehe Kapitel 6.1). Als besonders durch Hitzewellen gefährdete Gebiete in Deutschland gelten der Oberrheingraben, das Ruhrgebiet und Großstädte wie Berlin. Der Hitzesommer 2003 und die erhöhte Rate an Todesfällen hat bereits gezeigt, wie anfällig Menschen für eine derartige Extremhitze sind. Da in Zukunft global, aber auch in Deutschland, immer mehr Menschen in Ballungsräumen leben werden, wird sich die Bedrohung durch städtische Wärmeinseln voraussichtlich weiter verschärfen. Eine deutschlandweite Studie zu Hitzebelastungen unterschiedlicher Stadtteile gibt es bisher nicht.

Die Konsequenzen für unterschiedliche Gruppen der Stadtgesellschaft werden variieren, da sie beispielsweise je nach Ausstattung mit unterschiedlichem ökonomischem Kapital, sozialen Kontakten und Wissen anders auf die Hitze reagieren können. In verschiedenen US-amerikanischen Studien wurde der Einfluss von Alter, Geschlecht, ethnischer Zugehörigkeit, ökonomischer Situation, Wohnsituation, aber auch sozialen Netzwerken und chronischen Krankheiten berücksichtigt (Gabriel 2009: 19 f.). Untersuchungen wie die von acht amerikanischen Nachbarschaften in Phoenix im Sommer 2003 (Harlan et al. 2008) oder über die Hitzewelle 1995 in Chicago (Klinenberg 2002) haben zum Beispiel gezeigt, dass ein solches Extremereignis je nach den sozialen Charakteristiken der städtischen Nachbarschaften, die davon betroffen sind, sehr unterschiedliche Folgen hat. In Chicago zeigte sich, dass gerade Ortsteile mit hoher Armut, älteren Bewohnern, schlechtem baulichen Zustand und wenig Vegetation gefährdet und von hohen Todesraten betroffen waren. Insbesondere alte Menschen, die ohnehin stärker unter Hitzebelastung leiden, lebten oft allein und könnten deshalb im Notfall nicht auf

Hilfe zählen. Auch in der Studie über den Hitzesommer in Phoenix ließ sich statistisch nachweisen, dass Arme sowie ethnische Minderheiten besonders in von Hitze belasteten Nachbarschaften lebten und weniger materielle und soziale Ressourcen hatten, um mit Hitze fertig zu werden.

In beiden Studien spielten insbesondere soziale Netzwerke bei der Vermeidung von Hitzebelastungen eine zentrale Rolle: Wo es in den untersuchten Nachbarschaften ausgeprägte lokale Gemeinschaften gab, konnten individuelle Effekte von Armut kompensiert werden, da man unter Nachbarn Hilfsmittel zur Kühlung wie Klimaanlagen teilte oder ältere Menschen betreut werden konnten. Die vergleichsweise hohe Anonymität in großstädtischen Nachbarschaften und die zunehmende Individualisierung erschwert jedoch eine wie in den US-amerikanischen Studien beobachtete gegenseitige Nachbarschaftshilfe. Auch für Deutschland wird erwartet, dass sich in den kommenden Jahren Individualisierungstendenzen weiter fortsetzen, was sich unter anderem im anhaltenden Trend zu immer mehr Ein-Personen-Haushalten ausdrückt (siehe Kasten 9). Dies würde die soziale Resilienz gegenüber der zunehmenden Gefahr von Hitzewellen schwächen.

## 9 Wandel der Lebensstile

Nach dem »golden age of marriage« der Nachkriegsjahre sank in den vergangenen Jahrzehnten die Zahl der Eheschließungen. Scheidungen oder Mehrfachehen wurden dagegen häufiger. Voraussichtlich werden diese Trends bis zum Jahr 2040 anhalten und im Zuge der Individualisierung mehr Menschen alleine leben. Unter Individualisierung wird der Bedeutungszuwachs der Gestaltungsspielräume und -zwänge des Individuums verstanden, welcher mit dem relativen Bedeutungsverlust von ständischen, beruflichen, familiären und anderen traditionellen Gruppenbezügen einhergeht und bereits zu einer Pluralisierung und Ausdifferenzierung unterschiedlicher Lebensstile geführt hat. Mehr-Generationen-Familien mit mehr als zwei Kindern im Haushalt sind schon heute selten, und es gibt vermehrt Frauen und Männer, die für ihre Erwerbsbiographie oder aufgrund von unsicheren prekären Lebenslagen auf Kinder verzichten. Die pluralisierten Lebensstile (wie Patchwork-Familien, homosexuelle Lebenspartnerschaften oder die Zugehörigkeit zu einer Szene) sind jedoch weiterhin von der jeweiligen sozialen Lage geprägt. Zurzeit liegen Vorausberechnungen des Statistischen Bundesamtes für die Entwicklung der Haushaltsgrößen bis zum Jahr 2030 vor: Es wird zunehmend Haushalte mit ein bis zwei Personen geben (Statistisches Bundesamt 2011a). Die prognostizierte Anzahl der Ein-Personen-Haushalte steigt so beispielsweise von 16,4 Millionen (2012) auf 17,8 Millionen (2030) an. Die Anzahl der Haushalte mit fünf oder mehr Personen sinkt voraussichtlich von 13,5 Millionen (2012) auf 10 Millionen (2030) ab.

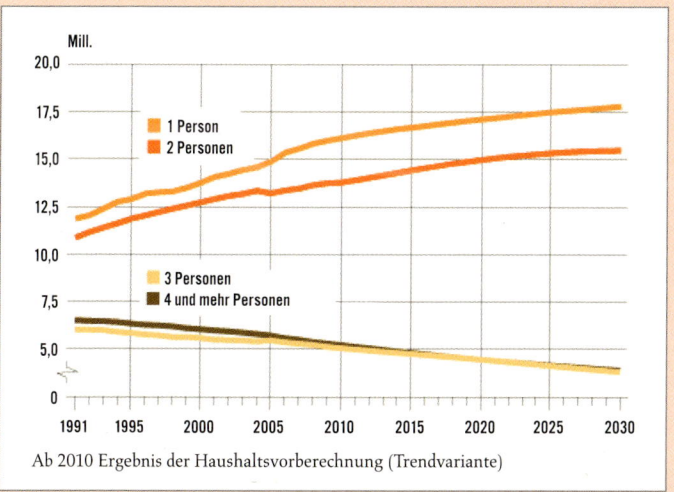

Abb. 36: Entwicklung der Privathaushalte nach Haushaltsgröße bis 2030 (Statistisches Bundesamt 2011a)

Die räumliche Konzentration von sozialen Gruppen ist in Deutschland nicht so ausgeprägt wie in den USA, doch in Großstädten wie Berlin, Hamburg oder Köln lässt sich ebenfalls deutlich eine sozial-räumliche Segregation beobachten (Friedrichs und Triemer 2009). Die Spaltung der Gesellschaft in ärmere und reichere Bevölkerungsgruppen drückt sich auch in der räumlichen Verteilung sozialer Gruppen in Wohnquartiere aus. Diese Stadtteile unterscheiden sich beispielsweise in ihren baulichen Strukturen wie der Dichte der Bebauung, vorhandenen Belüftungssystemen oder Anzahl der Fenster und der Verfügbarkeit von öffentlichen Parks, privaten Gärten und Schwimmbädern (Bolte und Mielck 2004). Da die Wärme in der gebauten Infrastruktur gespeichert wird, ist ihre Gestaltung bedeutend für die jeweilige Hitzebelastung in den Stadtteilen. Innerstädtische Grünflächen und auch Straßenbäume tragen beispielsweise zu einer Verminderung der Belastung durch Hitze bei (Gabriel 2009: 16 f.; siehe Kapitel 6.1).

Die Städte am Rhein haben bereits heute eine Jahresmitteltemperatur, die zwei bis vier Grad über dem bundesweiten Durchschnitt liegt. In dem für das Jahr 2040 berechneten Szenario wird von einem Temperaturanstieg um mehr als 1,5 °C für Städte in Bayern, Thüringen, Sachsen, im Saarland und im südlichen Baden-Württemberg ausgegangen. Im Szenario für den Zeitraum 2031–2050 tritt ein Ereignis wie der Hitzesommer 2003 dreimal auf. Setzt sich dazu parallel der Trend zunehmender sozialer Ungleichheit und damit der sozialräumlichen Spaltung bis zum Jahre 2040 fort, ist davon auszugehen, dass benachteiligte und privilegierte Stadtteile in unterschiedlicher Art und Weise von den klimatischen Veränderungen betroffen sein werden. Zum einen sind besonders klimatisch belastete Wohnräume nicht attraktiv und werden meist an ärmere Menschen zu geringeren Preisen vermietet. Zum anderen können sich Bewohnerinnen und Bewohner solcher Nachbarschaften weniger gut gegen extreme Temperaturen schützen. In ärmeren Haushalten leben durchschnittlich mehr Menschen auf engerem Wohnraum zusammen. So gaben bei der amtlichen, freiwilligen Haushaltsbefragung *Leben in Europa* elf Prozent der Menschen, die 2004 in Deutschland als armutsgefährdet galten, an, weniger als 20 m$^2$ pro Person zur Verfügung zu haben (Statistisches Bundesamt 2006: 29). Unter beengten Wohnverhältnissen bzw. vergleichsweise hohen Personenzahlen pro Quadratmeter Wohnraum wirkt Hitze zusätzlich belastend. Zudem haben ärmere Haushalte weniger finanzielle Möglichkeiten, um die Auswirkungen von Hitzewellen durch zum Beispiel Kurzurlaube abzumildern. In einer weiteren Befragung vier Jahre später konnten sich nur 39,5 Prozent der Armutsgefährdeten in Deutschland eine einwöchige Ferienreise leisten (Statistisches Bundesamt 2011b: 28).

## 10 Armut in Deutschland

Unter dem Begriff »Armut« wird eine Bandbreite von Bedeutungen zusammengefasst. Formal wird unter Armut »eine Situation wirtschaftlichen Mangels« verstanden, »die verhindert, ein angemessenes Leben zu führen« (Statistisches Bundesamt 2006: 17). Was allerdings als angemessen angesehen wird, kann stark variieren. So wird in der sozialwissenschaftlichen Literatur zwischen absoluter und relativer Armut unterschieden. Absolute Armut bezeichnet den Mangel an lebensnotwendiger Versorgung wie Nahrung und Kleidung. Diese Form der Armut ist vor allem in Schwellen- und Entwicklungsländern verbreitet, findet sich aber in kleinerem Umfang auch in Deutschland. Relative Armut bestimmt sich immer in Abhängigkeit zu dem Lebensstandard in einem Land und kann individuell sehr unterschiedlich erfahren werden. Um die relative Armut in europäischen Staaten messen zu können, wird Armut durch das Einkommen einer Person relativ zum Durchschnittseinkommen bestimmt. Die sogenannte Armutsgefährdungsgrenze liegt bei einem auf eine Person berechneten Äquivalenzeinkommen von 60 Prozent des mittleren Äquivalenzeinkommens (Median) des Landes. Das »mittlere Äquivalenzeinkommen« ist ein Durchschnittseinkommen, in dem mathematisch berücksichtigt ist, dass allein Lebende ein höheres Einkommen benötigen als Menschen in Mehrpersonenhaushalten. Als armutsgefährdet galten im Jahr 2004 Personen, die weniger als 856 Euro pro Monat zur Verfügung hatten (Statistisches Bundesamt 2006: 17). Für das Jahr 2009 lag die Armutsgefährdungsgrenze bei 940 Euro pro Monat. Darunter fielen 15,6 Prozent der deutschen Bevölkerung (Statistisches Bundesamt 2012b).

In empirischen Studien wird zudem ein Zusammenhang zwischen sozialer Lage und der Gefährdung durch Hochwasser beobachtet (Pye et al. 2008: 16ff.). So werden hochwassergefährdete Gebiete an englischen Küsten deutlich häufiger von benachteiligten Bevölkerungsgruppen bewohnt. Walker et al. (2003) und die staatliche Umweltbehörde kommen für England zu den gleichen Ergebnissen: Menschen mit geringeren Einkommen leben häufiger in Zonen mit erhöhter Hochwassergefahr (Environment Agency 2007). Dieser Zusammenhang ließ sich deutlicher an Küstenregionen als an Flüssen nachweisen. Das für Deutschland berechnete Szenario geht insbesondere von einer Veränderung des Wasserhaushalts im Osten Deutschlands und insbesondere im Einzugsgebiet der Elbe aus. Aus historischer Perspektive lassen sich Fälle wie die Hochwasserschäden im besonders gefährdeten und armen Stadtteil Hamburg-Wilhelmsburg bei der Sturmflut 1962 finden. Wie bei dem Beispiel der städtischen Hitzeinseln ist auch bei häufiger auftretenden Hochwasserereignissen im Jahr 2040 eine besondere Betroffenheit einkommensschwacher Bevölkerungsgruppen anzunehmen.

Die soziale Lage eines Haushalts kann aber nicht nur die Anfälligkeit für Bedrohungen der physischen Unversehrtheit eines Menschen verändern. Laut einer Studie des DIW (2007) werden die privaten Haushalte in Zukunft insbesondere von den steigenden Energiekosten betroffen sein. Extremwetterereignisse können zu einer Verknappung von Öl und damit zu einer Preissteigerung führen. Schon heute sind gerade ärmere Haushalte überproportional von Preissteigerungen im Energiesektor betroffen. In der sozialwissenschaftlichen Literatur wird von »Energiearmut« gesprochen, wenn ein Haushalt mehr als zehn Prozent seines monatlichen Einkommens für die Energieversorgung ausgeben muss (Meyer-Ohlendorf 2008: 39). Belastbare Daten zur Verbreitung von Energiearmut in Deutschland gibt es zurzeit jedoch nicht (Wuppertal Institut 2010). Umfrageergebnisse aus dem Jahr 2005 weisen jedoch darauf hin, dass solche Tendenzen bereits zu beobachten sind: 14 Prozent der Armutsgefährdeten mussten im Winter an der Heizung sparen, und drei Prozent der Personen, die als armutsgefährdet gelten, konnten ihre Wohnung nicht angemessen heizen (Statistisches Bundesamt 2006: 30). Sollte die vom DIW berechnete Preissteigerung im Energiesektor im Jahr 2040 eintreffen, wird dies bei einem geringeren Einkommen belastender wirken. Ähnlich ist es im Gesundheitssystem.

Formal garantiert das System der gesetzlichen Krankenversicherungen in Deutschland zwar eine einkommensunabhängige medizinische Behandlung. Durch die Gesundheitsreformen der vergangenen Jahre sind die Kosten in Form der Praxisgebühr, selbst zu zahlender Leistungen und Zuzahlungen zu Medikamenten jedoch deutlich angestiegen (Statistisches Bundesamt 2006: 33). Dies hat vor allem eine abschreckende Wirkung. Das Robert Koch Institut wertete für den zweiten Armuts- und Reichtumsbericht der Bundesregierung deutschlandweit durchgeführte repräsentative Umfragen aus. Im Ergebnis zeigte sich, dass Menschen aus einkommensschwächeren Bevölkerungsgruppen seltener zum Arzt gehen, obwohl sie die eigene Gesundheit oft schlechter bewerten (Lampert / Ziese 2005: 43). Armutsgefährdete können sich öfter einen notwendigen Arzt- oder Zahnarztbesuch nicht leisten als Nicht-Armutsgefährdete (Statistisches Bundesamt 2006: 34; Statistisches Bundesamt 2011b: 44 ff.). Solche selbst zu zahlenden Leistungen und steigende Kassenbeiträge sind für Geringverdiener besonders belastend. Diese Entwicklungen können vor dem Hintergrund des Klimawandels an Bedeutung gewinnen, da mit ihm eine Reihe von Gesundheitsrisiken einhergehen (siehe Kapitel 5.4). Die Vulnerabilität gegenüber diesen klimabedingten Gesundheitsrisiken hängt dann auch von dem Zugang zu medizinischen Dienstleistungen ab, welcher in Deutschland bereits heute eine soziale Schieflage aufweist.

## 5.4 Lebensalltag und Gesundheit

Abgesehen von den komplexen Wirkungszusammenhängen einer Gesellschaft im Klimawandel sind Menschen auch ganz direkt mit Klima, Wetter und anderem Naturgeschehen konfrontiert – mit Hitze und Kälte, Niederschlag und Wind, Pollen und Bakterien, Lebensmitteln und Wasser und so weiter. Nicht nur Extremwetter wirkt sich unmittelbar auf unser Leben aus, sondern Wetter und andere Umwelteinflüsse tun dies ganz allgemein, auch unter Normalbedingungen. Was bedeuten die modellierten Klimaveränderungen für Leib und Leben des einzelnen Menschen?

Dieser Abschnitt konzentriert sich auf die Folgen der höheren Durchschnittstemperaturen und häufigeren Hitzewellen, die zu erwarten sind. Auch andere Klimafolgen wie häufigere Stürme und Hochwasser haben natürlich Einfluss auf Lebensalltag und Gesundheit. Sie schränken nicht nur für viele die Bewegungsfreiheit ein, sondern verursachen auch immer wieder Unfälle mit Schwerverletzten und Todesopfern. Durch Überschwemmungen können giftige Stoffe und Chemikalien freigesetzt werden, und auch wenn das nicht geschieht, erhöht die Feuchtigkeit das Risiko von Infektionen und Schimmelbildung. Hinzu kommt erheblicher psychologischer Stress für die Betroffenen.

Doch auch wenn sie häufiger werden, sind Katastrophen immer Ausnahmesituationen, deren Folgen zudem in hohem Maß davon abhängen, wie weit man auf sie vorbereitet ist und die Ressourcen und Strukturen zu ihrer Bewältigung bereithält. Ein Anstieg der Temperaturen hingegen prägt den Alltag. Und obwohl man sich natürlich auch hier in gewissem Maß anpassen und vor negativen Folgen schützen kann, ist grundsätzlich der Tatbestand, dass man künftig in veränderten klimatischen und ökologischen Bedingungen lebt, für alle unausweichlich.

Für Menschen wie für andere gleichwarme Lebewesen – im Wesentlichen Säugetiere und Vögel – ist es wichtig, ihre Körpertemperatur mehr oder weniger konstant zu halten. Der

Hauptvorteil der biologischen Einrichtung als gleichwarmer Organismus besteht darin, dass dieser eine größere Umweltunabhängigkeit besitzt und tendenziell das ganze Jahr über gleichermaßen »einsatzbereit« ist, während wechselwarme Tiere – etwa Reptilien – bei Kälte weniger aktiv sein können und deswegen zum Beispiel Winterschlaf halten oder auch sonnenbaden müssen, um Energie zu tanken. Damit wir unsere Temperatur halten können, verfügt unser Organismus über eine Reihe von Funktionen, die den Wärmehaushalt regeln – die sogenannte Thermoregulation. Der bekannteste und bei Hitze wichtigste Aspekt der Thermoregulation des Menschen ist das Schwitzen, das über Verdunstung die Wärmeabfuhr steigert. Ist die Umgebungstemperatur geringer als die Hauttemperatur, die etwa zwischen 36 und 38 °C Celsius beträgt, kann überschüssige Wärme außerdem über eine stärkere Durchblutung der Haut an die Umgebung abgegeben werden; bei höheren Umgebungstemperaturen ist dies nicht mehr möglich (WHO 2010: 2).

Die Haut und die Extremitäten dienen bei der Thermoregulation gewissermaßen als Puffer – hier können Temperaturschwankungen eher toleriert werden als im Körperinneren. Dort wird für Konstanz gesorgt, indem überall im Körper ständig die Temperatur überwacht wird, so dass bei Abweichungen sofort reagiert werden kann – durch physiologische Reaktionen wie Schwitzen bei Wärme oder wärmendes Muskelzittern bei Kälte, aber auch durch Verhaltensmotivationen.

Seinen größten »thermischen Komfort« erreicht ein unbekleideter, ruhender Mensch bei ca. 28 Grad – das heißt, er empfindet die Temperatur weder als zu warm noch als zu kalt und sein Organismus muss am wenigsten Energie aufbieten, um seine Temperatur zu regulieren. In der Realität ist unsere

Komfortzone allerdings noch durch einige weitere Variablen bestimmt, so dass die von Thermometern gemessene Lufttemperatur nur von begrenzter Aussagekraft für unseren thermischen Komfort ist. Für einen bekleideten und arbeitenden Menschen ist die ideale Umgebungstemperatur natürlich niedriger, außerdem spielen Sonnen- und andere Wärmestrahlung, Wind und Luftfeuchtigkeit eine Rolle (BMU 2011b: 11). Bei hoher Luftfeuchtigkeit verliert etwa das Schwitzen seine kühlende Funktion – manches spricht dafür, dass Frankreich unter anderem deshalb im Hitzesommer 2003 weitaus mehr Todesopfer zu beklagen hatte als das trockenere Deutschland (Koppe u. a. 2003). Da diese Faktoren also neben der gemessenen Lufttemperatur mitbestimmen, mit welchen Temperaturen ein Mensch zurechtkommen muss, arbeitet der Deutsche Wetterdienst mit dem Konzept der »gefühlten Temperatur«. Dieses bezieht solche Umgebungsbedingungen möglichst umfassend ein und errechnet, wie sie sich auf einen etwa 35-jährigen, 1,75 m großen und 75 kg schweren Mann auswirken, der sich mit 4 km / h fortbewegt und wettergerechte Kleidung trägt. Dieser Muster-Mann empfindet bei gefühlten Temperaturen zwischen 0 und 20 °C Behaglichkeit; darunter und darüber wird es belastend (DWD, ohne Datum).

Das Modell legt einen gehenden Menschen zugrunde, weil der Organismus nicht nur auf Umgebungskälte und -wärme reagiert, sondern selbst Wärme erzeugt, und zwar umso mehr, je aktiver er ist. Wenn ein Mensch ruht, erzeugt er vier Fünftel seiner Wärme in den inneren Organen und ein Fünftel in der Muskulatur; sobald die Muskeln aber arbeiten, kehrt sich dieses Verhältnis um, und die Wärmeproduktion insgesamt kann auf das Zehnfache ansteigen (BMU 2011b: 11). Entsprechend steigt dann auch der Aufwand, den der Organismus betreiben muss, um innerhalb seiner Temperaturgrenzwerte zu bleiben. Schon bei einem ruhenden Organismus ist das Herz-Kreislauf-System in warmer Umgebung stärker beansprucht, weil es Energie in die Wärmeregulation investieren muss; wird in warmer Umgebung noch dazu gearbeitet, ist es einer doppelten Belastung ausgesetzt. Im Prinzip stellt sich dieses Problem auch bei geistiger Arbeit, obwohl durch sie nicht so viel Hitze entsteht. Da die Konstanz der inneren Körpertemperatur lebenswichtig ist, muss der Organismus hier stets so viel Energie investieren, wie zu ihrer Aufrechterhaltung nötig ist, und diese Energie steht dann nicht für andere Tätigkeiten, seien es körperliche oder geistige, zur Verfügung.

So überrascht es nicht, dass bei Temperaturen oberhalb und unterhalb des Komfortbereichs die menschliche Leistungsfähigkeit abnimmt. Für diesen Effekt lässt sich schwer eine allgemeine Formel angeben, schon deshalb, weil das Leistungsvermögen bei unterschiedlichen Tätigkeiten natürlich nicht immer im selben Maß beeinträchtigt ist und es stark von der Art der Tätigkeit, der Kleidung und den Umgebungsbedingungen (siehe oben) abhängt, welche Raum- oder Außentemperatur am ehesten komfortabel ist. Je nach Arbeits- und Umgebungsbedingungen kann die optimal komfortable Temperatur bei 10, aber auch bei 28 °C liegen (Bux 2006: 8). Deshalb sind Studien mit Vorbehalt zu lesen, denen zufolge beispielsweise Büroangestellte bei 30 °C nur noch 70 Prozent ihrer normalen Leistung erbringen, während der Leistungsabfall bei körperlich Arbeitenden sogar 50 Prozent betragen kann (WWF 2007: 39 f.). Unstrittig ist aber, dass bei extremen Temperaturen eine Leistungsminderung eintritt, auch wenn sie sich nicht genau und für alle Arten von Leistung beziffern lässt. Auf Grundlage der Studie von Bux (2006), die den Unterschieden in den Forschungsergebnissen zur Leistungsminderung durch Hitze Rechnung trägt (ebd.: 19), gehen die Autoren einer WWF-Studie zu Gesundheit und Klimawandel vorsichtig von 3 bis 12 Prozent durchschnittlichem Leistungsabfall von Arbeitenden bei Temperaturen über 26 °C aus. Auf dieser Grundlage lässt sich errechnen, dass Sommerhitze in Deutschland bereits heute eine Minderung des Bruttoinlandsprodukts um 540 Millionen bis 2,4 Milliarden Euro mit sich bringt. Bis zum Ende des Jahrhunderts würde daraus bei 3 Prozent Leistungsminderung ein um zweieinhalb Milliarden, bei 12 Prozent ein um gut zehn Milliarden Euro geringeres Sozialprodukt herauskommen. Dies wäre ein Rückgang der Gesamtproduktivität um ein halbes Prozent (WWF 2007: 46).

Eine der tragischeren Erscheinungsformen körperlicher und geistiger Beeinträchtigung durch Hitze ist die Zunahme von Verkehrsunfällen in Hitzeperioden: Im Stadtverkehr nehmen bei einer Temperatur von 32 °C im Auto die Unfälle um 22 Prozent zu (Arminger u. a. 1995: 678). Klimaanlagen in Autos tragen also erheblich zur Verkehrssicherheit bei – aber auch zum Klimawandel selbst (siehe Kasten 6 auf Seite 133 f.).

Die Mehrbelastung des menschlichen Organismus durch Hitze zeigt sich auch darin, dass in sommerlichen Hitzeperioden mehr Menschen sterben als bei gemäßigten Temperaturen, ohne dass dies mit der Verbreitung von Infektionskrankheiten zu tun hätte, wie es bei der erhöhten Sterblichkeit im Winter der Fall ist (vgl. WWF 2007: 30; Infras / Ecologic 2009: 90; UBA 2005a: 123). Während durchschnittliche, also in unseren Breiten eher milde Sommertage für den thermischen Komfort günstig sind und die Sterberate im Vergleich zu anderen Jahreszeiten niedrig halten, steigt diese in Hitzeperioden stark an (WWF 2007: 30). Auf Grundlage von Baden-Württemberger Daten aus dem Hitzesommer 2003, der in Deutschland rund 7000 Todesopfer gefordert hat, errechneten Koppe u. a. (2003) einen Anstieg der Sterblichkeit um 6,6 Prozent bei mäßiger Wärmebelastung, was einer gefühlten Temperatur zwischen 26 und 32 °C entspricht, und einen Anstieg um 9,3 Prozent bei starker Wärmebelastung oder einer gefühlten Temperatur zwischen 32 und 38 °C. Neben der gefühlten Temperatur, die ja schon einige Einflussgrößen neben der Lufttemperatur einbezieht, ist auch die Dauer einer Hitzeperiode ausschlaggebend für die Belastung, die Menschen daraus entsteht (WWF 2007: 27). Besonders warme Nächte zum Beispiel, wie sie vor allem in Städten vorkommen, können eine Erholung von der Hitzebelastung des Tages verhindern, so dass die Belastung sich über Tage oder sogar Wochen hinweg summiert.

In der Regel stellt auch eine extreme Sommerhitze wie im Jahr 2003 für einen gesunden Erwachsenen keine Lebensgefahr dar. Allerdings kann sie durchaus ein Auslöser von Krankheiten sein (ebd.: 37), und vor allem für Ältere und Kranke kann die Hitzebelastung zu viel werden und im schlimmsten Fall zu einem verfrühten Tod führen. Zu den häufigsten Todesursachen in Hitzeperioden gehören Herz-Kreislauf-Versagen, Atemwegsprobleme, Hitzeschlag und Flüssigkeitsmangel (ebd.: 29). In einer Studie aus dem Jahr 2012 wurde die hitzebedingte Sterblichkeit von Menschen über 65 in acht europäischen Städten im Zeitraum 1990 bis 2004 ermittelt und verglichen. Den größten durchschnittlichen Anstieg an Todesfällen verzeichnete demnach Mailand mit 33,6 Prozent, den geringsten München mit 7,6 Prozent (D'Ippoliti u. a. 2012: 3). Während Hitzewellen längerer Dauer waren die täglichen Sterberaten bis zu drei Mal so groß wie während kürzerer, was die Wirkung der sich summierenden Belastung zeigt. Im Durchschnitt der untersuchten Jahre stieg die Mortalität bei Hitzewellen im Mittelmeerraum stärker an als im nördlichen Europa, nur im Extremsommer 2003 war die Sterblichkeit im Norden stärker erhöht. Die Autoren vermuten, dass dies auf die schwächere Anpassungsfähigkeit in den kühleren Ländern zurückzuführen ist, wo man mit einer solchen Sommerhitze weit weniger Erfahrung hat und sie nicht erwartet. Generell war das Ausmaß der erhöhten Sterblichkeit in den untersuchten Städten und Jahren recht verschieden, was noch einmal darauf verweist, dass neben den Höchsttemperaturen noch einige andere Faktoren in die Gesundheitsbelastung durch Hitzewellen eingehen.

Einer dieser Faktoren ist die Luftqualität – den höchsten Anstieg der Sterblichkeit verzeichnete die Studie unter Menschen mit Atemwegserkrankungen (ebd. 5 f.). Verheerend machte sich dieser Zusammenhang während einer extremen Hitzewelle in der Russischen Föderation im Juli und August 2010 bemerkbar, der über 50 000 Menschen zum Opfer fielen. In einigen Regionen war ein Anstieg der Sterblichkeit von bis zu 60 Prozent zu verzeichnen. Großflächige Waldbrände hatten die Feinstaubbelastung der Luft erhöht, was neben der unmittelbaren Hitze eine erhebliche zusätzliche Gesundheitsbelastung bedeutete (BMU 2011b: 6).

Feinstaub ist auch in Deutschland ein Dauerproblem. Wie bei Hitze, spielt auch hier neben der Intensität der Belastung ihre Dauer eine Rolle. So ist im EU-Grenzwert für Feinstaubbelastung nicht nur dessen Konzentration in der Luft, sondern auch die Dauer der Belastung berücksichtigt – der Grenzwert von 50 Mikrogramm pro Kubikmeter Luft gilt erst dann als überschritten, wenn er an mehr als 35 Tagen im betreffenden Jahr erreicht wird (UBA 2009: 3). Für Deutschland stellte das Umweltbundesamt solche Überschreitungen im Jahr 2011 an 20 Prozent der Messstationen fest (UBA 2012: 6).

Als Feinstaub werden Teilchen bezeichnet, die so klein sind, dass sie nicht direkt zu Boden sinken, sondern eine Weile in der Luft schweben können. Mit bloßem Auge kann man diese Teilchen allenfalls als »Dunstglocke« am Himmel sehen. Dabei kann es sich um Substanzen ganz verschiedener Art handeln. Natürliche Quellen und Formen von Feinstaub sind etwa Vulkane und Brände, Bodenerosion, Pollen, Sporen, Bakterien und Viren. Wichtige anthropogene Quellen sind der Straßenverkehr – und hier vor allem Dieselmotoren –, Kraftwerke und Industrieanlagen, Müllverbrennung, Heizungen und die Landwirtschaft (UBA 2009: 4). Die Rolle des Straßenverkehrs zeigt sich darin, dass von den Grenzwertüberschreitungen im Jahr 2011 vor allem »verkehrsnahe Messstellen in Straßenschluchten, die schlecht durchlüftet werden«, betroffen waren (UBA 2012: 6). Die höchsten Werte verzeichnete 2011 wiederholt eine Messstation in Stuttgart-Neckartor. Neben diesen lokalen Grenzwertüberschreitungen beobachtet das Umweltbundesamt sogenannte Feinstaub-»Episoden« – dies sind großflächige Feinstaubbelastungen mit Tagesmittelwerten über 50 Mikrogramm pro Kubikmeter, die von mindestens 10 Prozent der deutschen Messstationen über mindestens zwei Tage hinweg gemessen werden (ebd.). Diese weiträumigeren Belastungen sind vergleichbar den Großwetterlagen – und hängen auch mit ihnen zusammen. Durch Wind- und Luftdruckverhältnisse kann es dazu kommen, dass emittierter Feinstaub sich über eine Weile in einer Region sammelt oder auch in verkehrsärmere Regionen mit an sich guter Luftqualität zieht (ebd.: 12). Umgekehrt wird die Feinstaubkonzentration durch Niederschlag gesenkt (Strobl 2009: 14). Feinstaub-»Episoden«, die im vergangenen Jahr in Deutschland neun Mal vorkamen, treten typischerweise bei kalten, stabilen Hochdruckwetterlagen auf (UBA 2012: 15).

Feinstaub stellt eine Gesundheitsgefahr dar, weil die Teilchen aufgrund ihrer geringen Größe tief in die Lunge oder sogar in den Blutkreislauf eindringen können. Schon bei einigen Stunden bis Tagen erhöhter Feinstaubbelastung oberhalb des Grenzwertes verzeichnen die Krankenhäuser höhere Zahlen an Patienten mit Atemwegsproblemen, und die Gesamtsterblichkeit der Bevölkerung steigt um ein Prozent. Epidemiologischen Studien zufolge verkürzt auch schon unterhalb von Grenzwerten jede Mehrbelastung von zehn Mikrogramm pro Kubikmeter die durchschnittliche Lebenserwartung um knapp ein halbes Jahr (ebd.: 5). Außerdem gibt es Hinweise darauf, dass Feinstaub das Diabetes-Risiko erhöht (Ärzte Zeitung, 18. 05. 2012), Asthma verstärkt (Springer Medizin 2011) und zur rapiden Ausbreitung von Allergien in den vergangenen Jahrzehnten beigetragen hat (Helmholtz Zentrum München 2009: 2 f.). Die Feinstaubbelastung der Luft ist also an sich keine Folge des Klimawandels, trägt aber insbesondere in Ballungszentren zur Gesundheitsbelastung durch Sommerhitze bei, die in Zukunft vor allem dort ohnehin zunehmen wird. Darüber hinaus verstärkt sie wahrscheinlich die Wirkung von Allergenen, denen in dem Maß eine größere Bedeutung für die öffentliche Gesundheit zukommen dürfte, in dem sich die Vegetationsperiode verlängert.

Neben Feinstaub ist Ozon eine bedeutende Form von Luftverschmutzung, die verschiedenen Studien zufolge die Gesundheitsbelastung und hitzebedingte Sterblichkeit im

Sommer erhöht, ebenfalls hauptsächlich über die Atemwege
(WHO 2010: 3, BMU 2011a: 13). Ozon entsteht unter dem
Einfluss von Sonnenstrahlen aus anderen chemischen Ele-
menten, die in der Atmosphäre vorhanden sind, vor allem aus
Stickstoffoxiden und flüchtigen organischen Verbindungen
ohne Methan (UBA 2005b: 3), die überwiegend menschlichen
Ursprungs sind. Ozon gilt »aufgrund seiner hohen Konzentrationen in Schönwetterperioden« als »Leitsubstanz des
Sommersmogs« (UBA 2011). Eingeatmetes Ozon vermindert
kurzfristig die Lungenfunktion und kann bei tieferem Einat-
men Reizungen und Entzündungen in der Lunge auslösen.
Durch die Reizung kann die Lunge wiederum anfälliger für
allergische Reaktionen werden. Daher wird bei hohen Ozon-
konzentrationen von körperlicher Betätigung abgeraten. Zu
den kurzfristigen Symptomen, die hohe Ozonkonzentratio-
nen in der Luft auslösen können, gehören Augentränen, Hus-
ten und Kopfschmerzen. Allerdings ist die Ozonbelastung im
Unterschied zur Feinstaubkonzentration in Innenstädten eher
geringer, weil das von Autos ausgestoßene Kohlenmonoxid
mit dem Ozon reagiert und dieses dabei abgebaut wird. Das
Ozon konzentriert sich daher eher am Stadtrand, kann aber
bei entsprechenden Wind- und Wetterverhältnissen auch über
Land wandern. Obwohl die mittlere Ozonbelastung in den
vergangenen 20 Jahren eher abgenommen hat, wurde auch im
Zeitraum 2009–2011 der vom Umweltbundesamt festgelegte
Zielwert zum Schutz der menschlichen Gesundheit an elf
Messstationen überschritten. Die ausnehmend geringe Belastung 2011 ist wesentlich mit dem feuchten und wechselhaften
Wetter in diesem Jahr zu erklären (UBA 2012: 15). Im Kon-
trast dazu steht der Hitzesommer 2003, der auch ein Ozon-
sommer war – im Juli und August wurde an 75 Messstellen,

verteilt über 13 Tage, ein Wert oberhalb der 240 Mikrogramm pro Kubikmeter gemessen, die EU-weit als »Alarmschwelle« gelten, bei deren Überschreiten die Bevölkerung gewarnt werden muss (UBA 2003: 14). Die meisten Überschreitungen wurden in Nordrhein-Westfalen, Hessen und Baden-Württemberg erfasst (ebd.: 15). Zuletzt wurde die Alarmschwelle im Jahr 2010 überschritten (UBA 2012: 15).

Gemäß der Bevölkerungsprognose des Statistischen Bundesamts beträgt die Anzahl von Menschen, die älter als 65 Jahre sind, im Jahr 2040 knapp 24 Millionen gegenüber knapp 17 Millionen im Jahr 2008. Die Zahl der über 75-Jährigen verdoppelt sich fast von gut 7 auf rund 13,5 Millionen. Da dies die Hauptrisikogruppen sind, deren Gesundheit von Sommerhitze bedroht ist, und das Szenario für den Zeitraum 2030–2050 nicht nur generell höhere Sommertemperaturen, sondern auch drei vergleichbare Extremsommer erwarten lässt, dürfte auch die Zahl der Todesopfer entsprechend ansteigen, sofern keine geeigneten Vorsorgemaßnahmen getroffen werden. Sollten die Bedingungen in ungünstiger Weise von denen des Jahres 2003 abweichen, etwa in Form höherer Luftfeuchtigkeit, stärkerer Luftverschmutzung oder des Ausbruchs von hitzebedingten Infektionskrankheiten, könnten die Opferzahlen noch einmal höher ausfallen.

Solche nicht vorhersagbaren Ereignisse außen vor lassend, rechnet der WWF (2007: 34) für Deutschland mit durchschnittlich rund 16 000 Hitzetoten pro Jahr im Zeitraum 2070–2100. Nicht zuletzt aufgrund dieser Aussicht und der mangelhaften Vorbereitung des Gesundheitssystems schätzte das Umweltbundesamt die Klima-Vulnerabilität Deutschlands im Gesundheitsbereich in den besonders betroffenen Regionen als »hoch« ein (UBA 2005a: 122). Das Deutsche Institut für Wirtschaftsforschung (DIW) rechnet in den nächsten 50 Jahren mit 61 Milliarden Euro zusätzlichen Kosten, die dem deutschen Gesundheitssystem durch die Klimawandelfolgen und -anpassungsmaßnahmen entstehen (DIW 2007: 168). Gemessen an der Gesamtheit der Krankheitskosten in Deutschland ist dieser Betrag kaum erheblich. Im Jahr 2008 etwa sind rund 254 Milliarden Euro an Krankheitskosten angefallen (GBE Bund 2012). Gut eine Milliarde mehr pro Jahr, die sich aus den vom DIW errechneten 61 Milliarden in einem 50-Jahres-Zeitraum ergibt, ist demgegenüber keine ausschlaggebende Größe. Sie sind jedoch eine zusätzliche Belastung für ein System, dessen Finanzierung unter anderem infolge medizinischen Fortschritts und der Alterung der Bevölkerung ohnehin immer prekärer wird.

Eine wichtige Rolle spielt bei der gesundheitlichen Belastung durch Hitze auch das individuelle Verhalten – körperliche Arbeit oder Sport, Alkoholkonsum oder mangelnde Flüssigkeitsaufnahme vergrößern das Risiko, gleichzeitig kann man es durch entsprechende Kleidung, die Meidung direkter Sonne, das Aufsuchen kühlerer Orte und so weiter mildern. Chancen dieser Art sind allerdings ungleich verteilt – gesundheitlich und sozial Schwache haben weniger Möglichkeiten, flexibel auf die Witterungsbedingungen zu reagieren (ebd.: 28; siehe Kapitel 5.3). Hinzu kommt, dass extreme Hitze in Deutschland bislang relativ selten war, so dass man kaum Kulturtechniken und Gewohnheiten entwickelt hat, mit ihr umzugehen, und die Belastung, die von ihr ausgeht, oft noch nicht ernst nimmt.

Als hochwahrscheinlich muss angesehen werden, dass die mit Pollen zusammenhängenden allergischen Erkrankungen in Zukunft weiter an Häufigkeit zunehmen, weil der Pollenflug sich durch die längere Vegetationsperiode verstärkt. Bereits jetzt sind Allergien europaweit die häufigste Form medizinischer Erkrankungen; jedes dritte Kind ist davon betroffen (BMU 2011b: 19). Verschärfend kommt hier die Ansiedlung neuer Arten im Zuge des Klimawandels hinzu. Eine besonders starke allergene Wirkung hat zum Beispiel die beifuß-blättrige Ambrosie, die ursprünglich aus Nordamerika stammt und sich vermehrt auch in Deutschland ausbreitet. Ihre Pollen können Atemwegsallergien bis hin zu Atemnot und Asthmaanfällen auslösen. Sie kommt sowohl auf dem Land als auch in Städten vor. Besonders starke Verbreitung der Ambrosie wurde 2010 in Baden-Württemberg, Bayern und Brandenburg gemeldet (UBA 2010c: 45 f.). Auch Insekten profitieren von milderen Wintern und wärmeren Sommern. In den warmen Jahren 2003 und 2006 kam es beispielsweise zur Massenvermehrung des schon genannten Eichenprozessionsspinners (siehe Kapitel 4.1), eines Nachtfalters, dessen Raupen mit giftigen Härchen bewachsen sind. Berührung mit diesen Raupen kann Hautreizungen, Bindehautentzündung und wiederum allergische Reaktionen bis hin zum allergischen Schock auslösen. Die Effekte warmer Jahre sind dabei nicht unbedingt nur vorübergehend, weil eine Art, die sich einmal aufgrund günstiger Bedingungen über neue Regionen ausbreitet, dort in der Folge heimisch bleibt, wenn dem nicht natürliche Feinde oder andere beschränkende Faktoren entgegenstehen. In Deutschland sind seit 20 Jahren eine Ausbreitung des Eichenprozessionsspinners und von ihm ausgelöste Gesundheitsbeschwerden zu verzeichnen (ebd.: 46 f.). Noch größere Gefahr geht beispielsweise von Zecken und Nagetieren aus. Zecken können Borreliose und die sogenannte Frühsommer-Meningoenzephalitis, die in zehn Prozent der Fälle zu Hirnhautentzündungen führt, übertragen. Beides sind ernstzunehmende

Krankheiten; die Behandlung einer Borreliose ist kompliziert und langwierig, eine Hirnhautentzündung ist lebensgefährlich, wenn sie nicht früh behandelt wird. Auch die in Deutschland bisher eher unbekannte Sandmücke, die in tropischen und subtropischen Gebieten heimisch ist, könnte sich durch die steigenden Temperaturen sowie den vermehrten Import von Hunden und Katzen aus südlichen Regionen verbreiten. Bisher gibt es nur wenige Fälle der durch die Sandmücke übertragbaren Krankheit Leishmaniose in Deutschland. Es wird aber davon ausgegangen, dass die thermischen Lebensbedingungen für die Verbreitung der Sandmücke ab 2025 sogar auf dem englischen Festland vorzufinden sind (Lozán / Garms / Naucke 2008). Das Einwandern der Asiatischen Tigermücke nach Deutschland, die eine ganze Reihe von zum Teil gefährlichen Krankheiten überträgt und in Italien, Frankreich, Spanien und der Schweiz bereits heimisch geworden ist, ist nach Einschätzung des Bundesumweltministeriums »nur eine Frage der Zeit« (BMU 2009). Unter den Nagetieren geht von der Rötelmaus Infektionsgefahr aus. Über ihre Ausscheidungen überträgt sie das Hantavirus, das mit dem Staub in der Atemluft im Freien eingeatmet werden kann. Durchschnittlich werden jährlich etwa 500 Erkrankungen mit dem Virus pro Jahr gemeldet, doch diese Zahl steigt periodisch immer wieder an, vor allem in Jahren, in denen milde Winter und ein gutes Nahrungsangebot für die Mäuse ihre Vermehrung begünstigen. 2012 etwa waren es bis Juli bereits gut 2000 Fälle, davon die meisten in Baden-Württemberg (Spiegel online, 10. 08. 2012). Das Hantavirus kann Fieber und in seltenen Fällen schwere Nierenerkrankungen bis hin zum Nierenversagen auslösen (BMU 2009; UBA 2010c: 12).

Dies sind nur einige wenige Beispiele für mögliche Gesundheitsgefahren und damit verbundene Kosten, die aus veränderten Umweltbedingungen im Zusammenhang mit dem Klimawandel entstehen können. Es soll hier kein medizinisches Katastrophenszenario an die Wand gemalt werden. Dank moderner Medizin, einer Grundversorgung für alle und einer im Großen und Ganzen guten Ernährungssituation ist die Lebenserwartung in Deutschland steigend, ohne dass momentan eine Umkehr dieses Trends zu befürchten wäre.

Dennoch sind die gesundheitlichen Beeinträchtigungen, die aus der modernen Lebensart im Allgemeinen (Feinstaub, Ozon, städtische Hitzeinseln) und aus dem Klimawandel im Besonderen (Hitzestress, allergische Reaktionen) entstehen, groß genug, ihnen Beachtung zu schenken. Dies zum einen deshalb, weil das mitunter schwere Leid, das aus Krankheiten entsteht, und natürlich die umweltbedingten Todesfälle auch dann von Bedeutung sind, wenn statistisch gesehen »nur« Minderheiten davon betroffen sind. Zum zweiten entstehen hier auch dann Einschränkungen, wenn man nicht krank wird – etwa bei Arbeit und Sport durch Hitze und Ozon und durch den Befall von Wäldern und Gewässern mit für Menschen schädlichen Organismen. Außerdem werfen sie noch einmal ein Licht darauf, wie schon kleinste Veränderungen von ökologischen Variablen zu weitreichenden Folgen für Ökosysteme, aber auch für Menschen und Gesellschaften führen können – oder einfacher ausgedrückt darauf, dass eine Erwärmung um durchschnittlich zwei Grad Celsius in ihren Folgen längst nicht nur eine Frage der Temperatur ist. Krankheit und Gesundheit sind für menschliche Lebensläufe von größter Bedeutung. Aber ihre komplexen Zusammenhänge mit den Lebens- und Umweltbedingungen, die Krankheit wahrscheinlicher machen oder auch direkt auslösen, sind uns oft nicht bewusst – und ebenso wenig der Zusammenhang unserer unmittelbaren Umweltbedingungen mit dem Klimawandel.

Auf der positiven Seite lässt sich sagen, dass die höheren Temperaturen sicherlich von vielen als angenehm empfunden werden und solange sie nicht ins Extrem gehen, auch der Gesundheit und dem Wohlbefinden zuträglich sind. Vor allem die milderen Winter werden eine gewisse Entlastung bringen, weil auch extreme Kälte an den Kräften zehrt. Im Hinblick auf das Erkrankungsrisiko ist jedoch fraglich, ob dies die Belastung und Gefährdung durch heiße Sommer und die veränderte Ökologie ausgleichen kann. Wie erwähnt, hängt die erhöhte Sterblichkeit im Winter nur zu einem kleineren Teil direkt mit der Kälte zusammen. Einige wenige erfrieren, aber die müssen in Deutschland eher als Opfer von Armut angesehen werden – es wäre zynisch, zur Abhilfe bei diesem sozialen Missstand auf Klimaveränderungen zu hoffen. In der Mehrheitsgesellschaft dagegen sind vor allem Infektionskrankheiten (Grippe), aber auch verringerte Sonnenscheindauer, Luftverschmutzung und geänderte Lebensgewohnheiten für die erhöhte Wintersterblichkeit verantwortlich, und ob sich dies in etwas milderen Wintern nennenswert ändern wird, ist bestenfalls umstritten (BOKU-Met 2009: 15; Infras / Ecologic 2009: 50; UBA 2005a: 123).

Im Folgenden sollen aus Sicht der Klimafolgenforschung noch einmal gesondert die Auswirkungen des Klimawandels für Städte und die Landwirtschaft beleuchtet werden, bevor abschließend ausführlich auf die gesellschaftlichen Dimensionen der Anpassung an Klimaveränderungen eingegangen wird.

# 6

# Stadt und Land(wirtschaft) im Klimawandel

## 6.1 Auswirkungen des Klimawandels auf Deutschlands Städte

Susanne Grossman-Clarke und Sebastian Schubert

Fast drei Viertel der deutschen Bevölkerung leben heute in Städten (Stand 2010; UN 2007). In den kommenden 40 Jahren soll der Anteil der Stadtbewohner in Deutschland sogar auf über 80 Prozent anwachsen. Als Städte bezeichnen wir hier zusammenhängende Siedlungsgebiete, die eine eigene Verwaltungs- und Versorgungsstruktur aufweisen. Das Bundesinstitut für Bau-, Stadt- und Raumforschung (BBSR 2012) unterteilt Städte je nach Einwohnerzahl unter anderem in Kleinstädte (weniger als 20 000 Einwohner), Großstädte (mehr als 100 000 Einwohner) und Millionenstädte.

Das Leben in den Städten ist den mittleren klimatischen Bedingungen normalerweise gut angepasst. Stadtplanung, Architektur, die Versorgung der Gebäude mit Wärme- oder Kühlsystemen und das Verhalten der Menschen richten sich an den bisher bekannten Wetterkonditionen aus. Doch die wachsende Bevölkerungsdichte und die demographische Entwicklung – etwa ein Drittel der Einwohner wird um 2050 über 65 Jahre alt sein (siehe Kasten 7 auf Seite 135 f.) – machen Städte in Zukunft anfälliger für Probleme. Durch extreme Wetterereignisse, wie sie aufgrund des Klimawandels verstärkt erwartet werden, sind sie besonders gefährdet. Solche Extremereignisse können sich nicht nur auf Gesundheit und Wohlbefinden großer Teile der Bevölkerung auswirken, sondern auch auf die Energie- und Nahrungsmittelversorgung, das Trink- und Abwassersystem, den Verkehr und die ökonomische Produktivität. Wie gravierend die Folgen ausfallen, hängt von den sozialen, demographischen und ökonomischen Gegebenheiten sowie der Verwaltung der Stadt ab.

In der Vergangenheit waren in Deutschland die Extremereignisse, die zu Überschwemmungen von Städten geführt haben, besonders folgenschwer. Zu solchen Extremereignissen gehören lang anhaltende Niederschläge oder die Schneeschmelze im Einzugsgebiet großer Flüsse wie Elbe, Rhein, obere Donau, Oder, Weser und Ems. Besonders schwer traf es während des sogenannten Jahrtausendhochwassers der Elbe im Sommer 2002 (siehe Kapitel 2.2) die Stadt Dresden (siehe Abb. 37), wo auch wichtige Kulturgüter wie der Zwinger und die Semperoper beschädigt wurden. Im Juli 1997 wurden durch ein Hochwasser der Oder 17 Ortschaften im Land Brandenburg überschwemmt, im Mai 1999 kam es zu einer Flutkatastrophe in den bayrischen Städten Neustadt und Kelheim an der Donau. Die Schäden des Oder-Hochwassers werden auf etwa vier Milliarden Euro in Tschechien und Polen sowie 330 Millionen Euro in Deutschland beziffert (Bronstert et al. 1998).

Neben Hochwassern durch lang anhaltende Niederschläge können auch Flutwellen in Küstenstädten zu Überschwemmungen führen. Ein Beispiel dafür ist das schwere Hochwasser vom Februar 1962 in Hamburg. Ein extrem starkes Sturm-

Abb. 37: Dresden während des Elbehochwassers 2002

tief verursachte eine aus der Nordsee kommende Sturmflut, die an vielen Stellen Deiche brach und Stadtteile Hamburgs überflutete. Auch lokale Wolkenbrüche können in relativ kurzer Zeit Stadtgebiete überschwemmen. Dabei besteht die Gefahr, dass das Abwassersystem überlastet wird und sich ein Rückstau in der Kanalisation bildet, was zu erheblichen hygienischen Problemen führen kann.

Hochwasser in Deutschlands Städten verursachen vor allem Sachschäden. Die höchste Zahl an wetterbedingten Todesopfern unter den Stadtbewohnern haben in den vergangenen Jahrzehnten extreme Hitzeperioden gefordert.

Städte sind nicht nur durch den globalen Klimawandel besonders gefährdet, sie verursachen auch selbst Änderungen des lokalen und regionalen Klimas. Denn Landnutzungsänderungen, wie zum Beispiel die Urbanisierung, das Abholzen von Wäldern, die landwirtschaftliche Nutzung von Flächen oder die großräumige Bewässerung und Dränage beeinflussen das Klima wesentlich (Kratzer 1937, Cotton & Pielke 2007).

Wenn sich also das Klima einer Region ändert, wird die Klimaänderung innerhalb einer Stadt der Region ähnlich sein, höchstwahrscheinlich sogar intensiviert werden. So sind zum Beispiel die Lufttemperaturen innerhalb von Städten ohnehin höher als in der ländlichen Umgebung, insbesondere während der Nacht. Die zusätzlichen Temperaturerhöhungen können die in den Städten lebenden Menschen bedeutend stärker beeinträchtigen als der sich regional ausprägende globale Klimawandel allein. Dabei spielen die Besonderheiten der Städte hinsichtlich ihrer Struktur und sozialen und politischen Organisation häufig eine ebenso große Rolle wie ihre Lage in einer bestimmten klimatisch charakteristischen Region.

## Städte 2040: Wie verändert sich das Klima in den Städten?

Die Lufttemperatur in Deutschland lag zwischen 1991 und 2010 im Jahresmittel bei 9 °C, das tägliche Temperaturmaximum bei 13 °C und die Tagesminimumtemperatur bei 5 °C. Regional können aber starke Unterschiede auftreten. Die Städte im Westen Deutschlands, insbesondere diejenigen, die wie Köln, Bonn, Mannheim und Freiburg entlang des Rheins in den wärmsten Regionen Deutschlands liegen, haben eine um zwei bis vier Grad höhere Jahresmitteltemperatur.

Im Zeitraum 2031 bis 2050 erhöhen sich entsprechend unsere Klimaszenario die Jahresmitteltemperaturen (siehe Abb. 38). Die Städte in Bayern, Thüringen, Sachsen, im Saar-

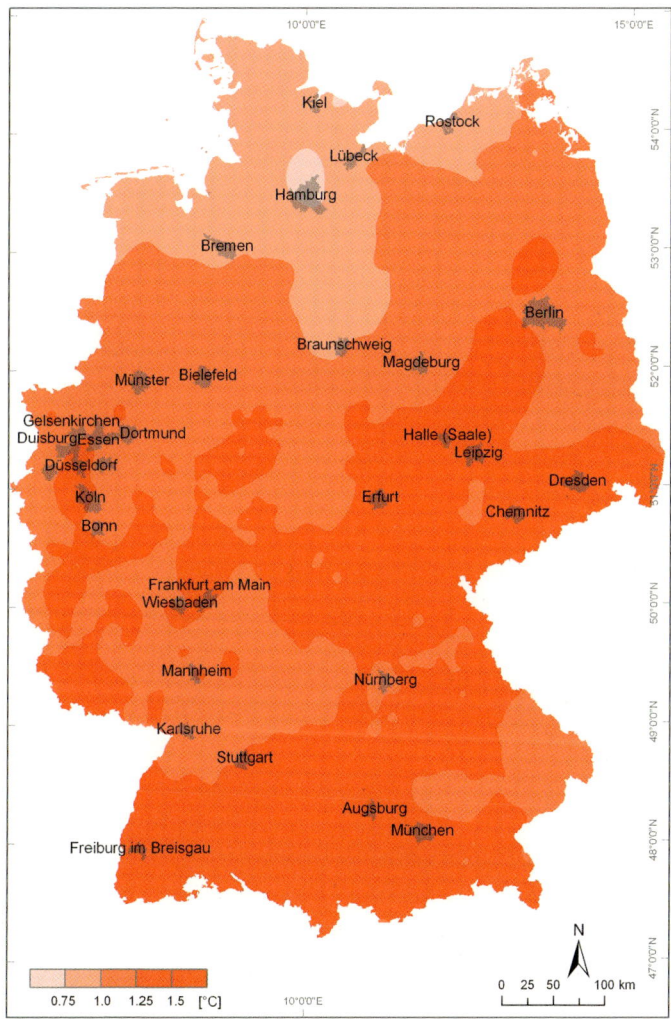

Abb. 38: Städte Deutschlands mit mehr als 200 000 Einwohnern und der Anstieg der jährlichen Mitteltemperatur für die Periode 2031–2050 gegenüber der Periode 1991–2010

land und dem südlichen Baden-Württemberg sind durch eine Erwärmung um mehr als 1,5 °C besonders stark betroffen. Die stärkste Erwärmung trifft also teilweise Städte, in denen es ohnehin bereits im Durchschnitt mehrere Grad wärmer als im Rest von Deutschland ist.

Extrem heiße Tage mit Temperaturen über 30 °C traten im Zeitraum 1991 bis 2010 normalerweise zwischen dem 26. Juni und dem 4. August auf, im Mittel gab es in Deutschland acht solcher Tage pro Jahr. Abbildung 39 zeigt die Verteilung der mittleren Anzahl der heißen Tage für den Zeitraum 1991 bis 2010 sowie die Städte Deutschlands mit Einwohnerzahlen von über 200 000. Bereits heute erfahren die Städte entlang des Rheins, insbesondere Freiburg im Breisgau und Karlsruhe, mit einer Zahl von 20 bis 25 im Durchschnitt wesentlich mehr Hitzetage als Städte im Norden und Nordwesten Deutschlands mit fünf bis zehn Tagen.

In der Periode 2031 bis 2050 steigt die Zahl der Hitzetage im Sommer deutlich. Im Westen betrifft das vor allem die bereits heute wärmsten Städte entlang des Rheins und die Städte im Ruhrgebiet (Abb. 40). Dort steigt die mittlere Anzahl der Hitzetage zum Beispiel in Freiburg, Karlsruhe und Mannheim um fünf bis zehn Tage. Im Osten würden Berlin, Dresden, Halle und Leipzig bis zu fünf extrem heiße Tage mehr pro Sommer erleben. Die Perioden, in denen diese Ereignisse normalerweise eintreten, verlängern sich ebenfalls.

Was bedeutet diese Entwicklung? In den kommenden Jahren soll sich der Anteil der in den Städten lebenden Menschen von 73,8 Prozent im Jahr 2010 auf 83,8 Prozent im Jahr 2050 erhöhen, und diese werden im Vergleich zu heute einen höheren Anteil älterer Menschen aufweisen (siehe Kasten 7 auf Seite 135 f.). Das bedeutet, dass sich die Vulnerabilität gegen-

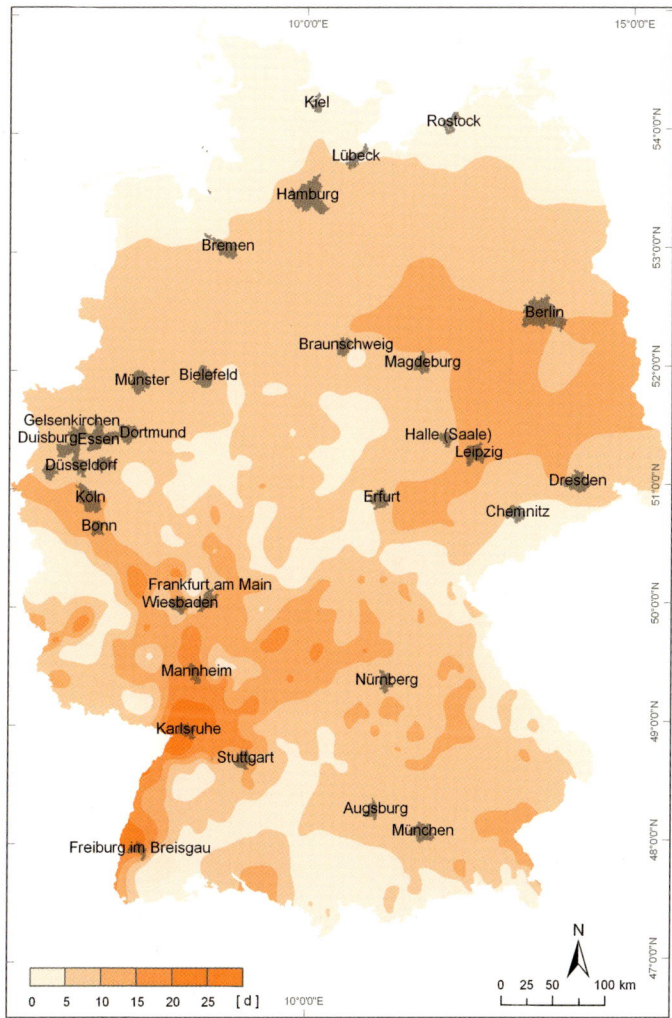

Abb. 39: Städte Deutschlands mit mehr als 200000 Einwohnern
und die Verteilung der mittleren Zahl der Hitzetage für die Periode
1991–2010

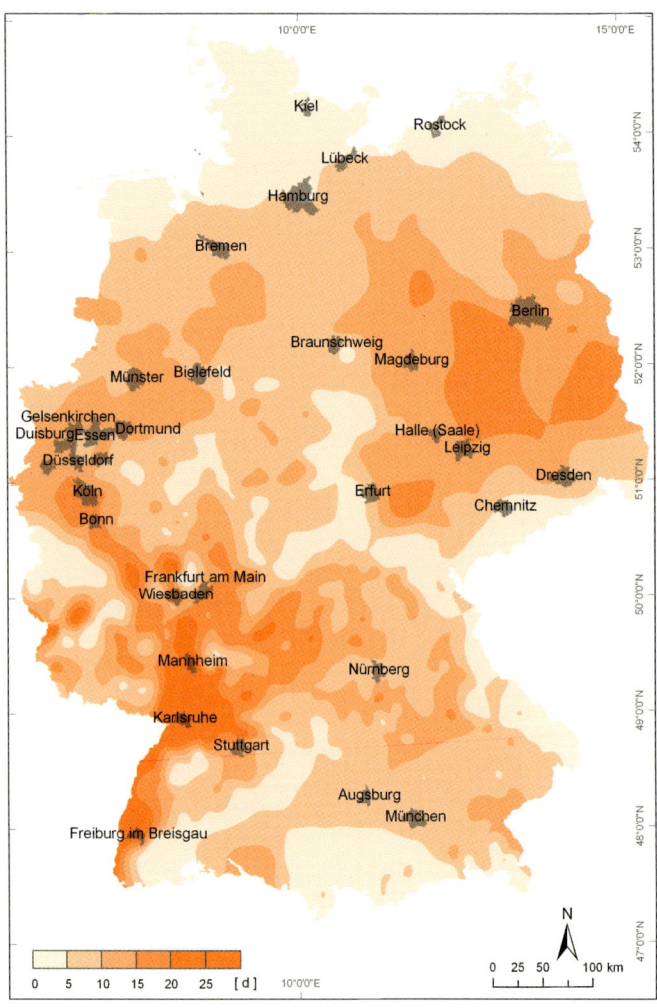

Abb. 40: Städte Deutschlands mit mehr als 200 000 Einwohnern und die Verteilung der mittleren Zahl der Hitzetage für die Periode 2031–2050 (links) sowie die Änderung im Vergleich zum Zeitraum 1991–2010 (rechts)

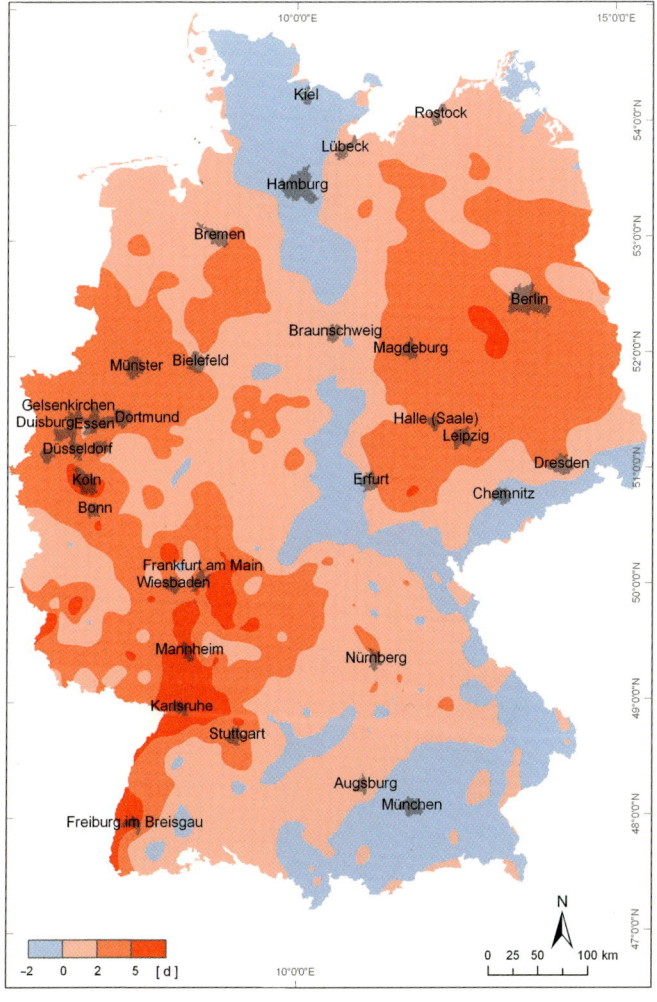

über Hitzeereignissen von Städten aufgrund der demographischen Entwicklung auch schon ohne die Klimaänderung erhöhen wird. Unser statistisches regionales Klimamodell kann die lokale Wirkung einer Stadt auf das Klima bisher nicht abbilden. Wir müssen aber davon ausgehen, dass sich die regionale Klimaänderung gegenüber den dargestellten Ergebnissen innerhalb der Städte noch intensivieren wird.

## Klimatische Wirkung von Städten

In erster Linie prägen globale Prozesse wie Anomalien der Meerestemperaturen und die Sonnenstrahlung das Klima der Erde. Innerhalb einzelner Regionen modifizieren aber die Gegebenheiten der Erdoberfläche, wie Geländeerhebungen und die Art der Landoberfläche, die globalen Klimaprozesse und ergeben mit ihnen zusammen das spezifische Klima einer Region. Die Erdoberfläche besitzt physikalische Eigenschaften, die den Energie- und Impulsaustausch mit der Atmosphäre und damit die Windgeschwindigkeit, Temperatur, Luftfeuchte, Konzentration von Schadstoffen und Wolkenbildung bestimmen. Zu diesen Eigenschaften zählen unter anderem die Reflektion von Licht, der Wassergehalt und die Wärmestrahlung (Emissivität). Wesentlich sind dabei Unterschiede zwischen Land- und Wasseroberfläche und auch Stadt und Land. Städte unterscheiden sich von natürlichen Landoberflächen vor allem durch einen geringeren Anteil von Vegetationsflächen, die Präsenz von Gebäuden sowie die Abgabe von Wärme und Schadstoffen durch Verkehr, Heizung und industrielle Produktion. Im Vergleich zur Vegetation besitzen Gebäude eine höhere Wärmespeicherkapazität, Wärmeleitfähigkeit, geringere Lichtreflektion, höhere Wärmestrahlung und ein extrem geringes Wasserspeichervermögen. Auch die Höhe der Gebäude spielt eine Rolle für die Wechselwirkungen mit der Atmosphäre.

**Jeder Körper strahlt elektromagnetische Strahlung aus, deren Intensität und Frequenz von der Temperatur und Oberflächenbeschaffenheit abhängt. Der Einfluss der Letzteren auf die Strahlungsintensität wird in der Emissivität ausgedrückt.**

In Städten wird tagsüber ein großer Teil Sonnenenergie in Gebäudewänden, Dächern und Straßen gespeichert. Weil es weniger Vegetation gibt, wird weniger Sonnenenergie für die pflanzliche und die Bodenverdunstung verbraucht, dafür mehr Wärme in Baumaterialien gespeichert. Nachts wird diese Energie durch Wärmestrahlung und Wärmeleitung wieder langsam an die Atmosphäre abgegeben. Dabei ist nicht nur die Menge der gespeicherten Wärme von Bedeutung, sondern auch die Geometrie der Gebäude. Innerhalb von Straßenschluchten ist wegen der vertikalen Ausdehnung der Gebäude die Wärmeabstrahlung in den Himmel reduziert, so dass sich die urbanen Flächen nachts langsamer abkühlen als freie Flächen. All dies führt zur sogenannten städtischen Wärmeinsel, dem wohl bekanntesten Phänomen des Stadtklimas: Die Temperaturen liegen im Vergleich zur ländlichen Umgebung höher, vor allem nachts. Dabei ist die Wärmeinsel normalerweise ausgeprägter, je dichter und höher bebaut eine Stadt ist, je mehr Menschen dort leben, je dunkler die Baumaterialien sind und je geringer der Flächenanteil der Vegetation ist. Während windstiller, klarer Sommernächte kann es im Zentrum einer Stadt bis zu 10 °C wärmer sein als in der Umgebung. Die Wärmeinsel nimmt gewöhnlich vom Zentrum mit der Dichte der Bebauung nach außen hin ab. Auch die Lufttemperaturen innerhalb der Städte können stark variieren. So ist zum Beispiel ein Stadtteil mit einem hohen Grünflächenanteil bedeutend kühler als das dicht bebaute Stadtzentrum.

Schon seit Mitte des 19. Jahrhunderts untersuchen Wissenschaftler systematisch die Besonderheiten des Stadtklimas. Dazu zählen physikalische Aspekte (z. B. Struktur der Stadt und Bebauung) genauso wie das Verständnis der Wechselbeziehungen zwischen dem Stadtklima und den sozialen, politischen, kulturellen und wirtschaftlichen Gegebenheiten und Aktivitäten der dort lebenden Menschen sowie ihrer Gesundheit und dem Wohlbefinden.

Für verschiedene Städte Mitteleuropas und Nordamerikas sprachen Beobachtungen schon im 19. Jahrhundert von einer starken Wirkung auf das Klima, im Wesentlichen in Form von

— verringerter Sonnenstrahlung und Verringerung der ausgehenden langwelligen Strahlung in Abhängigkeit von der Luftverschmutzung,
— Unterschieden in den Jahresmitteltemperaturen zwischen Stadt und ländlicher Umgebung,
— signifikanten Temperaturunterschieden innerhalb der Stadt,
— einer verminderten Luftfeuchte durch den geringeren Vegetationsanteil,
— Niederschlagsunterschieden (Schnee, Gewitter),
— Verringerung der mittleren Windgeschwindigkeit,
— Beeinflussung der atmosphärischen Grenzschicht (Emissionen von Partikeln, Ozonbildung) und damit einhergehende schlechte Luftqualität (Kratzer 1937).

Während zu Beginn der Stadtklimaforschung das Augenmerk auf den Auswirkungen der damals wesentlich stärkeren Luftverschmutzung lag, ist heute die Erforschung von Temperaturen während extremer Hitzewellen von besonderer Bedeutung. Das liegt daran, dass sich die Luftqualität aufgrund von Emissionsstandards für Industrie und Verkehr und der Einschränkung von Kohleheizungen wesentlich verbessert hat.

Aufgrund des internationalen Trends zur Verstädterung (UN 2007) und der möglichen Auswirkungen der Klimaänderung wird die Stadtklimaforschung gegenwärtig intensiviert. Dies drückt sich insbesondere darin aus, dass Wissenschaftler aus verschiedensten Fachdisziplinen (Geographie, Meteorologie, Medizin, Ökonomie, Stadtplanung, Luftchemie) verstärkt zusammenarbeiten, um die komplexen sozialen, wirtschaftlichen und klimarelevanten Zusammenhänge zu verstehen. Zunehmend untersuchen sie auch die Wechselwirkungen von physikalischen, biologischen, ökologischen und luftchemischen Prozessen, die das Klima und die Luftqualität bestimmen. Heute ist es möglich, Beziehungen in mathematische Gleichungen zu fassen und durch komplexe Computermodelle zu beschreiben. International werden solche Modelle zum Beispiel für die Wettervorhersage, Stadtplanung und Verkehrsplanung angewendet. Ein solches Modell benötigt für Prognosen zukünftigen Klimas für Städte sehr große Computerkapazitäten und wurde deshalb bisher für Klimasimulationen nur sehr begrenzt eingesetzt.

## Modellierung des Stadtklimas

Betrachten wir als Beispiel ein Modell, das die atmosphärischen Bedingungen innerhalb der Städte und der sie umgebcnden Region mit einer räumlichen Auflösung von etwa einem Kilometer abbildet. Das bedeutet, dass über jedem Quadratkilometer Erdoberfläche der Zustand der Atmosphäre in verschiedenen Höhen (bis ca. 20 km) berechnet wird. Da dies extrem leistungsfähige Rechner erfordert, können die mikroklimatischen Bedingungen wie zum Beispiel die Lufttemperatur unter einem Baum im Vergleich zu der auf einer kleinen Wiese in einem Hinterhof nicht erfasst werden. Stattdessen wird die mittlere Temperatur der ein Quadratkilometer großen Fläche berechnet.

Im Detail arbeiten die Modelle mit einem System sogenannter Differentialgleichungen. Diese beschreiben die zeitliche und räumliche Entwicklung des Zustands der Atmosphäre (Lufttemperatur, -druck und -feuchte, Windgeschwindigkeit, chemische Bestandteile) in Abhängigkeit von den großskaligen Witterungsbedingungen (z. B. Hoch- und Tiefdruckgebiete). Auch die Sonnenstrahlung und die Wechselwirkung der Atmosphäre mit der Landoberfläche spielen eine Rolle. Daher gehen die verschiedenen Typen von Landoberflächen (Wasser, unbedeckter Boden, Vegetation, Städte) in die Modellberechnungen ein. Die Beschreibung der physikalisch relevanten Eigenschaften der Landoberfläche muss so detailliert wie möglich sein.

Wie kann die Landoberfläche einer Stadt am besten repräsentiert werden? Einzelne Gebäude vermag das Modell nicht aufzulösen. Deswegen arbeiten wir mit der Vereinfachung, dass sich in diesem ein Quadratkilometer großen Gebiet eine vorherrschende Gebäudegeometrie befindet, die durch Straßenbreite, Gebäudehöhe und -breite charakterisiert ist. Dazu muss noch der Flächenanteil der Vegetation bekannt sein.

Diese Informationen werden aus Gebäude- und verwal-

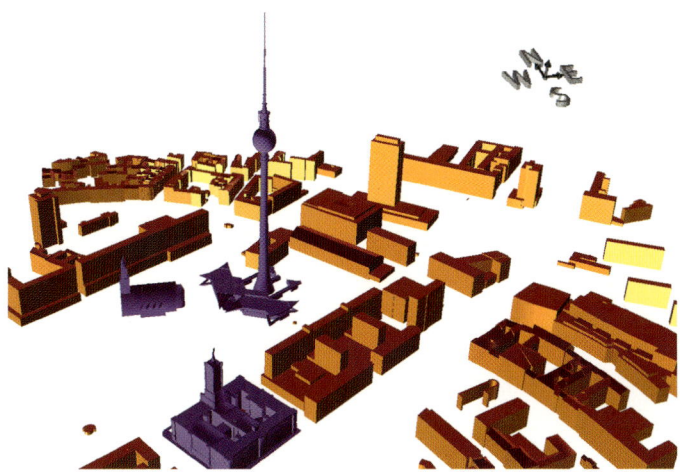

Abb. 41: Digitale Gebäudedaten für Berlin, die für die schematische Darstellung der Stadt im Klimamodell verarbeitet werden.

tungstechnischen Daten abgeleitet. Für die Stadt Berlin stehen zum Beispiel ein Gebäudedatensatz und ein Umweltatlas zur Verfügung, die es erlauben, alle für das Klimamodell notwendigen Stadtdaten abzuleiten. Abbildung 41 zeigt die vorhandenen digitalen Gebäudeinformationen für den Berliner Alexanderplatz.

Das Modell liefert stündlich die Verteilung der bodennahen Lufttemperatur über Berlin. Da es im Berliner Raum nur einige wenige meteorologische Messstationen gibt, die sich zumeist auf den Berliner Flughäfen befinden, ist die Temperaturverteilung im Zentrum der Stadt aus Beobachtungen nicht bekannt. Mit Hilfe eines Klimamodells kann man diese Temperaturen berechnen. Abbildung 42 zeigt die berechnete Verteilung der bodennahen Lufttemperatur in Berlin um fünf Uhr morgens für den 10. August im Hitzesommer 2003. Darin erkennt man deutlich eine ausgeprägte Wärmeinsel: Die Temperaturen im Stadtinneren sind bis zu vier Grad höher als in der Umgebung. Ein etwas kühleres Gebiet ist im ansonsten wärmeren Stadtzentrum zu erkennen. Dabei handelt es sich um den Berliner Tiergarten. Die beiden wärmeren Gebiete im Westen der Stadt liegen in der Nähe eines Betriebsbahnhofes in Berlin-Spandau und eines dicht bebauten und mit Parkplätzen versehenen Gebietes in Berlin-Kladow.

Berlin ist die Stadt Europas mit dem größten Grünflächenanteil. Mit dem Modell kann auch die Kühlwirkung der Vegetation innerhalb der Wohngebiete der Stadt bestimmt werden. Dazu wurde die Vegetation in jedem ein Quadratkilometer großen Gebiet, das sowohl Gebäude als auch Vegetation enthält, durch Gebäude ersetzt und berechnet, welche Temperaturverteilung sich unter diesen Umständen ergeben würde. Die Vegetation in Parks und städtischen Wäldern bleibt unverändert. Abbildung 43 zeigt die Differenz zwischen den so simulierten und den normalerweise auftretenden Lufttemperaturen für Berlin um fünf Uhr morgens, ebenfalls für den 10. August 2003. Da Gebäude mehr Wärme speichern als

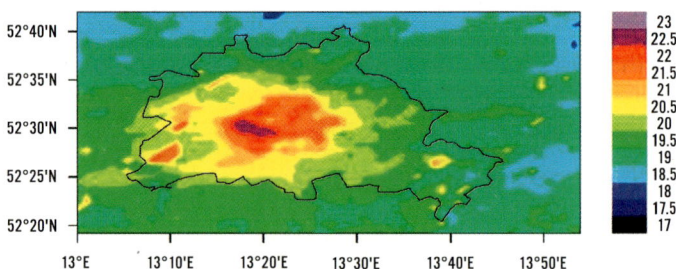

Abb. 42: Simulierte Temperaturverteilung in °C in Berlin am 10. August 2003 um fünf Uhr. Berlin ist durch die schwarze Konturlinie gekennzeichnet.

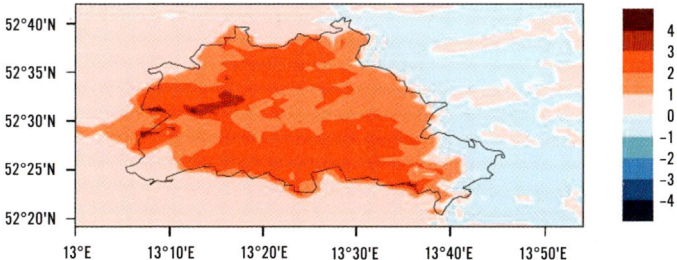

Abb. 43: Kühlwirkung der Vegetation in °C in Berlin am 10. August 2003 um fünf Uhr (Differenz der simulierten Lufttemperaturen für Berlin zwischen den Modellvarianten ohne Vegetation in Wohngebieten und dem aktuellem Stand)

Grünflächen, sind die Temperaturen zu dieser Tageszeit in den simulierten Wohngebieten um bis zu vier Grad höher. Man erkennt, dass Parks, Grünanlagen und größere Waldgebiete eine wesentliche Rolle für die Lufttemperaturen innerhalb von Berlin spielen. Die größten Temperaturänderungen treten in Wohngebieten auf, die einen großen Grünflächenanteil haben, hier im Nordwesten der Stadt.

Für Stadtplaner eignen sich solche Modelle als Werkzeug, um die Wirkung von Anpassungsmaßnahmen an das sich verändernde Klima zu testen. Sie können mit ihrer Hilfe zum Beispiel simulieren, was für Folgen die Einrichtung neuer Grünflächen oder verschiedene Bebauungstypen auf die Temperaturverteilung in der Stadt haben. Insbesondere die steigende Häufigkeit von Hitzewellen, die unser Klimaszenario für den Zeitraum 2031 bis 2050 ergibt, ist für Städte bedrohlich. Für städtische Entscheidungsträger ist es deshalb von großer Bedeutung, Anpassungsmaßnahmen an diese Witterungsbedingungen langfristig in Stadtentwicklungspläne zu integrieren.

Hier wurden lediglich mögliche Auswirkungen des Klimawandels, die unmittelbar Städte betreffen, dargestellt. Nicht betrachtet wurde, wie die Klimaänderung auf indirektem Wege – zum Beispiel über Einflüsse auf die Landwirtschaft, die im folgenden Unterkapitel dargestellt werden – auf die Stadtbevölkerung wirkt.

## 6.2  Auswirkungen auf die Landwirtschaft in Deutschland

Frank Wechsung, Andrea Lüttger und Pia Gottschalk

8. April 2011, Autobahn A19 südlich von Rostock: Es ist Freitagmittag, bei stürmischem Wetter beginnt der Wochenendverkehr. Die angrenzenden Felder werden für die Aussaat vorbereitet, es hat seit Wochen kaum geregnet. Plötzlich wehen dunkelbraune Sandwolken über den Asphalt, die Sicht wird von einem Augenblick zum anderen extrem schlecht. Innerhalb weniger Minuten krachen Dutzende von Autos und Lastwagen ineinander, mehrere Fahrzeuge fangen Feuer. Bei der durch einen Sandsturm hervorgerufenen Massenkarambolage kommen insgesamt acht Menschen ums Leben, 131 werden verletzt. Es ist einer der schwersten Verkehrsunfälle in der Geschichte Mecklenburg-Vorpommerns.

Tragisches Schicksal? Nicht nur. Der Sandsturm auf der Autobahn bei Rostock wurde als Titelbild für dieses Buch gewählt, weil er uns vor Augen führt, wie dramatisch die Folgen längerer Trockenphasen sein können. Er vereint zudem sowohl die Chancen, die ein wärmeres Klima bietet, als auch die

Gefahren der Klimaveränderung in einem Ereignis. Im Frühjahr werden die Felder für den Anbau von Kartoffeln, Sommergetreide, Zuckerrüben und Mais vorbereitet. Heute bauen Landwirte in Deutschland Mais in viel weiter nördlich gelegenen Gebieten an als früher. Möglich machen dies neugezüchtete Sorten und die bereits eingetretene Erwärmung der vergangenen Jahrzehnte. Der Maisanbau erlaubt die profitabelste Form der Biogaserzeugung. Dadurch entstanden Gebiete, wo in vorher nicht dagewesenem Ausmaß nahezu ausschließlich Mais kultiviert wird. All diese Felder liegen gleichzeitig im Frühjahr brach, was die Bodenerosion bei Trockenheit begünstigt. In dem konkreten Fall handelte es sich um einen Kartoffelschlag, von dem der Bodenabtrag ausging.

Doch wenden wir uns der produktiven Funktion der Landwirtschaft und ihrer möglichen Beeinträchtigung durch den Klimawandel zu. In der Europäischen Union ist Deutschland nach Frankreich der zweitgrößte Erzeuger landwirtschaftlicher Produkte. 2007 wurden rund 16,7 Millionen Hektar Fläche landwirtschaftlich genutzt, davon waren 11,8 Millionen Hektar Ackerland. Auf dem Ackerland wird zu fast 50 Prozent Getreide angebaut, zum größten Teil Winterweizen (BMELV 2012). Während der Anbau von Weizen schon seit langem einen hohen Stellenwert in der Landwirtschaft einnimmt, ist der Umfang des Maisanbaus vor allem in den letzten Jahren deutlich gestiegen. Im Jahr 2011 lag die Anbaufläche von Silomais bei rund 2,03 Millionen Hektar. Damit ist Mais neben Weizen mit 3,25 Millionen Hektar mittlerweile die am zweithäufigsten angebaute Ackerkultur (Statistisches Bundesamt 2012).

## Landwirtschaft im Klimawandel:
## Die Klimafolgen von morgen heute abschätzen

Klimafolgen für die Landwirtschaft können in administrativen (Landkreis, Länder) und landschaftlichen Einheiten (Naturraum, Flussgebiet) betrachtet werden. Wir nutzen im Folgenden das Flusseinzugsgebiet, um Quervergleiche zu den Darstellungen in Kapitel 4.1 zu erleichtern. Die beiden größten Flusseinzugsgebiete Deutschlands haben der Rhein im Westen und die Elbe im Osten (siehe Abb. 44).

In beiden Einzugsgebieten schwanken die Erträge der beiden wichtigsten Kulturen in einem Bereich von plus / minus 20 Prozent mit einzelnen Ausreißerjahren (siehe Abb. 45). Generell fallen die Schwankungen bei der Sommerkultur Mais deutlicher als bei der Winterkultur Winterweizen aus, und sie sind im Osten, im Einzugsgebiet der Elbe ausgeprägter als im Westen im Einzugsgebiet des Rheins. Analog zu den Schwankungsbreiten differieren die Ertragsniveaus zwischen Ost und West. Das höhere Ertragsniveau und die größere Ertragsstabilität im Westen lassen sich gut auf die generell bessere Wasserversorgung im Westen zurückführen. Hier fallen etwa 200 Millimeter Niederschlag mehr, und bei vergleichbarem Verdunstungsanspruch fällt die Wasserbilanz um circa 200 Millimeter positiver aus (siehe Tab. 3). Die höhere Variabilität der Erträge von Mais im Vergleich zu denen von Weizen ist dadurch bedingt, dass im Herbst und zeitigen Frühjahr das Wachstum von Winterweizen kaum wasserlimitiert ist und hierdurch spätere Trockenphasen nicht in dem Maße den Ertrag mindern können wie bei den Sommerkulturen.

Bei einer Erwärmung des Klimas kann tendenziell damit gerechnet werden, dass sich der Verdunstungsanspruch der

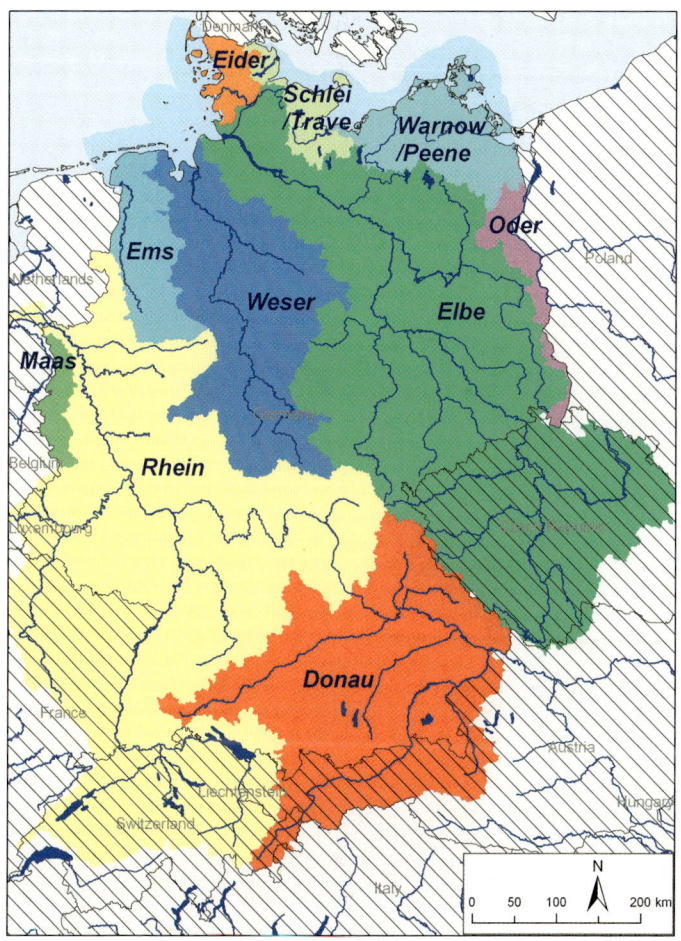

Abb. 44: Flusseinzugsgebiete in der BRD, Einzugsgebiete des
Digitalen Landschaftsmodells Wasser (DLM 1000 W, Länderarbeits-
gemeinschaft Wasser, Umweltbundesamt, Version: Juni 2004)

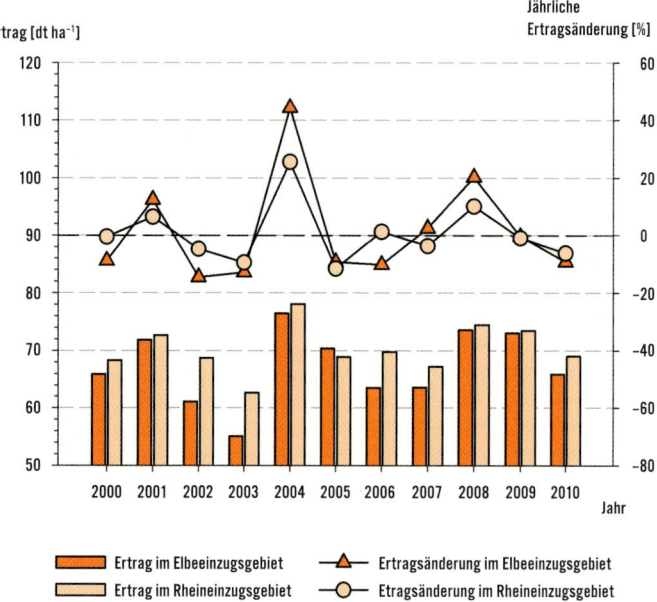

Abb. 45: Jahreserträge und jährliche Ertragsänderungen im Vergleich zum Vorjahr von Winterweizen (links) und Silomais (rechts) in den deutschen Teilen der Flusseinzugsgebiete Elbe und Rhein berechnet auf der Basis von erhobenen Kreiserträgen (in Dezitonnen pro Hektar; eine Dezitonne entspricht 100 Kilogramm)

Kulturpflanzen erhöht. Bei gleichbleibenden Niederschlägen verschlechtert sich damit die klimatische Wasserbilanz. Für Deutschland wäre nach den obigen Darstellungen zu vermuten, dass die Ertragsaussichten für den Maisanbau im Elbegebiet am stärksten negativ beeinträchtigt würden und jene für den Winterweizenanbau im Rheingebiet am wenigsten. Er-

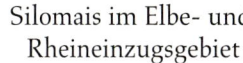

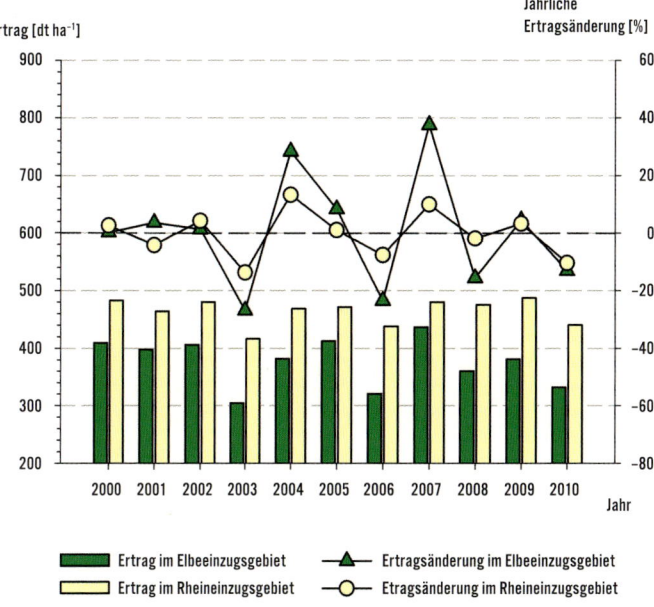

| Einzugsgebiet (EZG) | Jahrestemperatur (°C) | Jahresniederschlag (mm) | Verdunstungs- anspruch | Klimatische Wasserbilanz (mm) |
|---|---|---|---|---|
| Rhein | 8.8 | 856 | 629 | 227 |
| Elbe | 8.5 | 641 | 612 | 29 |

Tab. 3: Jahrestemperatur (°C), Jahresniederschlag (mm), Verdunstung (mm) und Klimatische Wasserbilanz im Mittel der Jahre 1951–2003 für die deutschen Gebietsanteile der Flusseinzugsgebiete Rhein und Elbe

tragsmodelle erlauben eine präzisere Abschätzung für ein konkretes Szenario. Für dieses Buch haben wir ein dynamisches Ertragsmodell (EPIC / SWIM, Rosenberg et al. 1992) ausgewählt, welches auch den Einfluss einer Erhöhung der atmosphärischen $CO_2$-Konzentration auf den Ertrag bei der Simulation berücksichtigt. Das Modell ist in der Lage, den Wachstumsverlauf landwirtschaftlicher Kulturarten und die daraus resultierenden Erträge zu simulieren. Es wurde an den beobachteten Schwankungen der Landkreiserträge getestet. Die Wirkung unterschiedlicher Wasserversorgung in den einzelnen Jahren wie beispielsweise 2003 (trocken) über 2004 (feucht) zu 2005 (trocken) auf die Erträge kann mit dem Modell gut reproduziert werden.

Dieses Modell wurde genutzt, um die möglichen Wirkungen des eingangs beschriebenen STARS-Szenarios auf die Erträge von Winterweizen und Silomais im Elbeeinzugsgebiet zu simulieren. Denn von den großen Flusseinzugsgebieten Deutschlands kann die Landwirtschaft des Elbeeinzugsgebiets unter dem Aspekt sich ändernder Wasserverfügbarkeit als besonders verwundbar angesehen werden. Die aufgrund des Klimawandels erwarteten Veränderungen der Temperatur und des Niederschlages werden im Elbeeinzugsgebiet zu deutlicheren Wirkungen auf den Ertrag landwirtschaftlicher Kulturpflanzen führen als in den westlicheren Einzugsgebieten des Rheins oder der Donau.

Obwohl das Modell EPIC / SWIM ein umfassendes Spektrum von Einflussgrößen auf den Ertrag berücksichtigt, kann es keine erschöpfende Charakterisierung der Klimawirkung auf den Ertrag der beiden Kulturen liefern. Zum einen liegt dies an der eingeschränkten Berücksichtigung wichtiger ertragsrelevanter Faktoren – die Effekte von Schaderregern und

Krankheiten werden nicht erfasst –, zum anderen beziehen sich die Modelle auf die Bewirtschaftung und Sorten der Gegenwart. Anpassungsmaßnahmen sind nicht berücksichtigt. Aufgrund dieser Einschränkungen werden wir die simulierten Ertragswirkungen noch durch qualitative Betrachtungen zu nicht modellierten Wirkungslinien und möglichen Anpassungsmaßnahmen ergänzen. Die Einschränkung der Betrachtung auf zwei Fruchtarten, eine Region und auch ein spezielleres Szenario wird dabei aufgehoben.

### Landwirtschaft 2040: Was könnte sich verändern?

Das Ausmaß der Veränderungen von Temperatur, Niederschlag, Verdunstung und klimatischer Wasserbilanz im Elbeeinzugsgebiet, wie sie hier in Szenarioform beispielhaft angenommen werden, wird in Abbildung 46 verdeutlicht. Die Abbildung zeigt die mittleren Monatswerte für die Szenarioperiode 2031 bis 2050 im Vergleich zum Klima der Periode 1991 bis 2010 (Referenzlinien). Für jedes Szenariojahr haben wir 100 verschiedene statistische Realisierungen eines STARS-Klimaszenarios analog zu dem eingangs beschriebenen berechnet. Die horizontalen Balken oberhalb und unterhalb der blauen, weißen und roten Kästchen versinnbildlichen die Spannweite zwischen den Minimal- und Maximalwerten der Realisierungen. Die Kästchen selbst beinhalten als Linie den zentralen aller hundert Werte und werden nach oben und unten durch die Werte begrenzt, die noch von 25 Prozent aller Werte über- (oben) bzw. unterschritten (unten) werden. Die Zeitskalen beginnen und enden jeweils im Herbst zu Beginn der Winterweizenentwicklung, die in Deutschland spätestens im August des Folgejahres mit der Ernte endet.

## Elbeeinzugsgebiet (2031–2050)

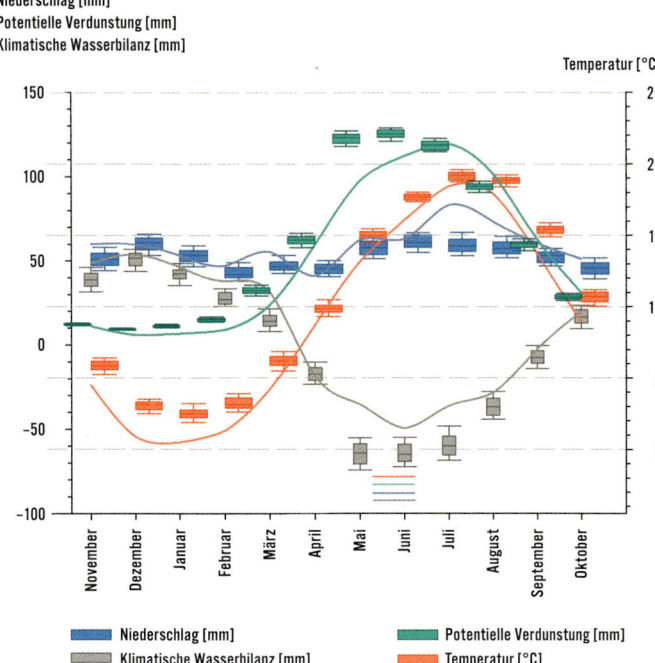

Abb. 46: Monatsabfolge von Temperatur, Niederschlag, klimatischer Wasserbilanz und potentieller Verdunstung im Elbeeinzugsgebiet. Die gemittelten Monatsverhältnisse für die Jahre 1991–2010 sind als Referenzlinien dargestellt. Das zeitlich und gebietlich gemittelte Monatsklima der 100 STARS-Realisierungen für die Periode 2031–2050 wird durch Boxen veranschaulicht. Die waagerechten Linien über und unter den Boxen repräsentieren das 95. bzw. 5 % Perzentil. Die waagerechten Begrenzungen der Boxen stehen für das 75. bzw. 25 % Perzentil und der Median (der mittlere Wert der Verteilung) wird durch die Linien in den Boxen dargestellt.

Die Szenarioperiode 2031–2050 ist 1,2 °C wärmer als das Mittel des Beobachtungszeitraums 1991–2010. Für die Vegetation bedeutsam ist die saisonale Veränderung. Im Szenario sind vor allem die Herbst- und Wintertemperaturen höher als im Vergleichszeitraum 1991–2010. Die Niederschläge im Szenario gehen gegenüber dem Vergleichszeitraum besonders deutlich in den Sommermonaten zurück. Der Verdunstungsanspruch – die potentielle Verdunstung – steigt besonders in den Vorsommermonaten April, Mai und Juni. Die Kombination der Änderungen von Niederschlag und Verdunstungsanspruch führt in den drei Monaten Mai, Juni und Juli des Szenarios zu deutlich negativeren Werten der klimatischen Wasserbilanz im Vergleich zum Zeitraum 1991–2010.

## Simulierte Folgen eines winterfeuchten und sommertrockenen Klimas auf den Ertrag von Winterweizen und Silomais im Elbeeinzugsgebiet

Die Szenariobedingungen im Zeitraum 2031–2050 führen in den Simulationen zu einem leichten Anstieg der Erträge im Vergleich zu den Jahren 1991–2010 (siehe Abb. 47 und Abb. 48). Die Erträge der Winterkultur Winterweizen profitieren von den zunehmenden Niederschlägen im Winterhalbjahr und den höheren Temperaturen, auch wenn man den $CO_2$-Düngungseffekt unberücksichtigt lässt (siehe Abb. 47). Die zunehmende Trockenheit im Frühjahr verhindert jedoch einen deutlicheren Ertragsanstieg. Bei den anderen im Elbeeinzugsgebiet angebauten Wintergetreiden und dem Raps dürften die Ertragseffekte in einer ähnlichen Größenordnung liegen. Wenn der $CO_2$-Düngungseffekt berücksichtigt wird, fällt die simulierte Ertragssteigerung deutlicher aus (siehe Abb. 47).

Eine Erhöhung der Kohlendioxidkonzentration in der Luft wirkt sich positiv auf das Pflanzenwachstum aus. Es stimuliert die Photosynthese und vermindert die zur $CO_2$-Aufnahme notwendige Öffnungsweite der Spaltöffnungen auf der Unterseite der Blätter. Durch letzteren Effekt verringert sich der Verdunstungsanspruch der Pflanzen. Hierdurch wird die Photosynthese in Trockenperioden weniger eingeschränkt. Letztlich führt dieser Effekt dazu, dass eine erhöhte $CO_2$-Konzentration die Photosynthese, das Wachstum und den Ertrag von landwirtschaftlichen Kulturpflanzen unter trockenen Bedingungen prozentual stärker steigert als bei ausreichender Wasserversorgung.

Der $CO_2$-Düngungseffekt wird im Modell durch zwei Faktoren berücksichtigt: Der $\alpha$-Faktor fasst die direkten Ertragswirkungen von einer erhöhten Kohlendioxidkonzentration über die stimulierte Photosynthese zusammen. Der $\beta$-Faktor steht für die indirekten Wirkungen von einer erhöhten Kohlendioxidkonzentration auf den Ertrag durch den verminderten Verdunstungsanspruch. Beide Faktoren können im Modell zu- oder abgeschaltet werden. Dies ist sinnvoll, da über die Größenordnung der Effekte noch eine erhebliche Unsicherheit besteht. Der $\alpha$-Faktor-Effekt ist zum Beispiel von der Stickstoffversorgung der Pflanzen abhängig. Nur bei ausreichender Düngung kann mit diesem Effekt gerechnet werden. Der $\beta$-Faktor-Effekt wiederum hängt stark davon ab, welchen Anteil die Spaltöffnungen der Pflanzen an der Regulierung des Verdunstungsstromes haben. Dieser steigt mit der Höhe der Bestände.

In Abhängigkeit von der Wirksamkeit des $CO_2$-Düngungseffektes kann im Elbeeinzugsgebiet mit einem Ertragsanstieg beim Winterweizen um bis zu 13 Prozent gerechnet werden

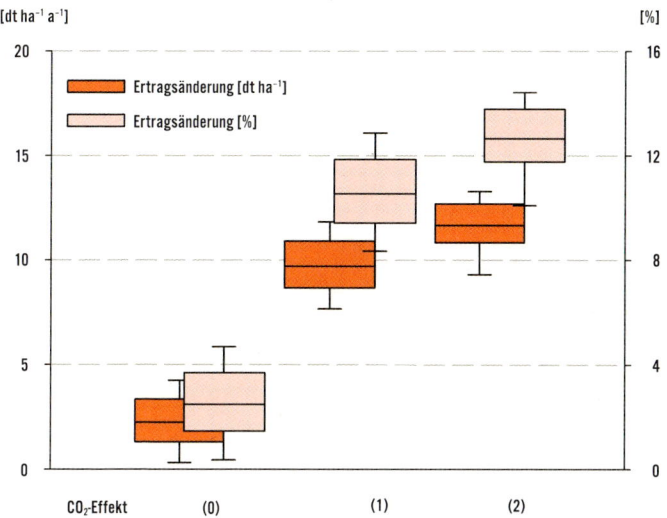

Änderung der Winterweizenerträge
(2013–50 gegenüber 1991–2010)

Abb. 47: Simulierte Änderung der mittleren Erträge von Winterweizen im Vergleich der Szenarioperiode 2031–2050 zum beobachteten Klima der Jahre 1991–2010 bei unveränderter Sortenwahl und
Anbautechnik ohne und mit zwei Varianten für die Berücksichtigung
des $CO_2$-Düngungseffektes. Dargestellt sind die Änderungsper-
zentile (5., 25., 50., 75. und 95.) der Gebiets- und Periodenmittel
für 100 Realisierungen des genutzten STARS-Szenarios.

(siehe Abb. 47). Bei den oben schon erwähnten anderen Win-
terkulturen dürfte der voraussichtliche Effekt durch ähnliche
Ansprüche an die Wachstumsbedingungen in einer jeweils
vergleichbaren Größenordnung liegen.

Die simulierten Erträge von Silomais im Elbeeinzugsgebiet gehen zur Mitte des Jahrhunderts ohne Berücksichtigung
des $CO_2$-Düngungseffektes im Mittel leicht zurück (siehe

Abb. 48). Der Rückgang würde in einem Bereich von fünf bis acht Prozent liegen und wäre vor allem durch die sich verschlechternde Wasserversorgung im Frühjahr hervorgerufen. Mais wie auch andere Sommerkulturen würden früh in Entwicklung und Wachstum gehemmt. Selbst auf den besseren Böden wären die noch in den Böden verfügbaren Wasservorräte aus dem Winter nicht ausreichend durch die jungen Pflanzen erreichbar.

Durch eine erhöhte $CO_2$-Konzentration kann der Ertragsrückgang kompensiert werden. In diesem Fall würden die Silomaiserträge bei unveränderter Sortenwahl und Anbau-

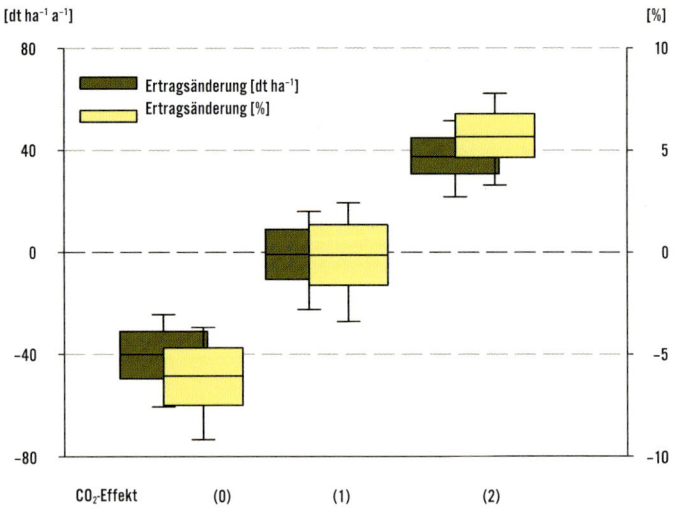

Abb. 48: Simulierte Änderung der mittleren Erträge von Silomais analog zu Abbildung 47

technik gegen Mitte des Jahrhunderts auf einem ähnlichen Niveau liegen wie in der Vergleichsperiode 1991–2010. Eine leichte Ertragssteigerung bei Silomais wäre nur bei Wirksamwerden des β-Faktor-Effektes zu erwarten (siehe Abb. 48). Analog zum Winterweizen können diese Ergebnisse zum Mais auch auf andere Kulturen übertragen werden. Das sind in diesem Fall Sommerkulturen, die von Frühjahr bis Herbst angebaut werden, wie Sommergerste, Kartoffeln oder Zuckerrüben. Trotz Unterschieden im Photosynthesetyp und der Wuchshöhe zwischen Mais und den anderen Sommerkulturen kann letztlich mit Effekten in einer ähnlichen Größenordnung gerechnet werden, wenn man nur die beiden Fälle »ohne« und »mit« (α, β) $CO_2$-Düngungseffekt betrachtet.

## Klimafolgen jenseits von Modellsimulationen und einem einzelnen Szenario

Die oben dargestellten Simulationsergebnisse stellen Idealisierungen dar. Generell können die Ertragswirkungen deutlich positiver ausfallen, wenn es den Landwirten gelingt, auf die spezifischen Herausforderungen des Klimawandels adäquat zu reagieren. Die Anpassungsmaßnahmen betreffen traditionelle Arbeitsgänge wie das Aussäen, Ernten und die Bodenbearbeitung. Zu ihnen gehören aber auch Prozesse und Techniken der modernen Landwirtschaft, wie Sortenwahl, Düngung, Beregnung und Pflanzenschutz. Neben den unberücksichtigten Potentialen von Anpassungsmaßnahmen muss jedoch auch auf negative Wirkungen verwiesen werden, die in Ertragsmodellen kaum erfasst werden können. Hierzu zählen zum Beispiel neue Schaderreger und Krankheiten.

## Pflanzenentwicklung in einem wärmeren Klima

Eine Klimaerwärmung würde den kalendarischen Beginn des Vegetationswachstums im Jahr nach vorne verschieben und die Entwicklung der Pflanzen beschleunigen. In Sachsen wurde eine Verfrühung des Schossens um fast neun Tage in den letzten 40 Jahren festgestellt. (Während des Schossens wächst der Bestand rapide in die Höhe. Es werden Halme gebildet. An den Spitzen der Halme erscheinen während des Ährenschiebens die Ähren.) Der Beginn des Ährenschiebens und der Vollblüte trat im gleichen Zeitraum acht Tage eher ein. Die Ernte konnte im Laufe der Jahre vier Tage eher stattfinden (Chmielewski et al. 2004). Diese Entwicklungen setzen sich im Szenarioklima der Elbe fort und wären auch für andere Regionen Deutschlands zu erwarten. Tendenziell tritt damit bei den Getreidearten eine Situation ein, die eher negativ für den Ertrag ist. Wachstumstage gehen verloren. Durch den Übergang zu frühreifen Sorten kann dem jedoch entgegengewirkt werden.

Am wenigsten problematisch ist eine Entwicklungsbeschleunigung für wärmeliebende Kulturen wie den Mais. Der Mais erreicht bisher vielfach temperaturbedingt nur Vorreifestadien. Daher wird er auch überwiegend siliert oder in Biogasanlagen vergoren. Bei einer weiteren Erwärmung ist in vielen Regionen zumindest eine vollständigere Ausreifung zu erwarten, was bei ausreichender Wasserversorgung den Energieertrag steigern dürfte.

## Beregnung

In einem sommertrockenen Klimaszenario steht den Pflanzen während der Hauptwachstumszeit weniger Wasser zur Verfügung. Selbst bei gleichbleibenden Niederschlägen im Sommer würde dieser Effekt aufgrund des stark steigenden Verdunstungsanspruchs bei höheren Temperaturen auftreten. Um unter diesen Bedingungen den Ertrag abzusichern, bietet sich die Beregnung an. Von den 17 Millionen Hektar landwirtschaftlicher Fläche in Deutschland werden 560 000 Hektar beregnet; und die Beregnung kann in vielen Regionen Deutschlands künftig deutlich an Stellenwert gewinnen. Das betrifft vor allem jene Gebiete, in denen heute schon nicht ausreichend Niederschlag fällt, also große Teile des Nord- und Ostdeutschen Tieflandes, Teile von Niedersachsen, die Regenschattengebiete des Harzes, aber auch den Niederrhein sowie Regionen in Hessen und Rheinland-Pfalz.

## Neue Sorten und Arten

Die erwartete weitere Temperaturerhöhung bietet die Möglichkeit, in Zukunft bisher kaum oder nur eingeschränkt angebaute Kulturarten und Sorten intensiver zu nutzen. Dies gilt unter anderem für den Anbau von Durum- oder Hartweizen-Sorten, aus denen Nudeln hergestellt werden. Sie spielen bisher in Deutschland nur eine untergeordnete Rolle. Im Jahr 2011 lag die Anbaufläche von Hartweizen bei etwa 16 000 Hektar. Sie erstreckt sich auf einzelne Regionen in Süddeutschland (Baden-Württemberg, Rheinland-Pfalz, Franken) und das südliche Sachsen-Anhalt, da bisher nur dort die gewünschte schnelle Reife in der Mehrzahl der Jahre gesichert ist.

Abb. 49: Wassermangel in einem Silomaisbestand (Brandenburg, Juli 2003), Foto: A. Lüttger

Auch für Sojabohnen werden unter Szenariobedingungen vielerorts günstigere Wachstumsbedingungen herrschen. Der bisher geringe Anbauumfang von rund 3500 Hektar ist auf einige wenige Regionen in Süddeutschland begrenzt (Oberrheinische Tiefebene zwischen Freiburg und Mainz, Neckartal zwischen Stuttgart und Heilbronn, südliches Bayern). Die Klimaerwärmung wird eine Kultur in Deutschland besonders begünstigen: den Wein. Wärmeliebende Rotweinsorten verdrängen schon heute den Weißwein aus seinen angestammten Gebieten, und dieser wandert nordwärts. Belege dieser Nordwärtswanderung sind unter anderem die in den letzten Jahren in vielen Teilen Brandenburgs erfolgten Neupflanzungen. Zusammen mit der bereits bestockten Rebfläche ergab sich 2009 eine Rebfläche von immerhin 30 ha, wobei weiße Trauben dominieren (Ministerium für Umweltschutz, Landwirtschaft und Verbraucherschutz, Brandenburg, MULV, 2009). Szenariobedingungen, wie sie in STARS-Szenarios für Deutschland postuliert werden, begünstigen eine Fortsetzung dieser Entwicklung. In diesen Szenarios geht der sommerliche Temperaturanstieg einher mit einer Zunahme der Sonnenscheindauer. Das künftige Weinwachstum profitiert dadurch doppelt. Dieser Effekt ist auch bei den oben besprochenen Kulturen Winterweizen und Mais wirksam. Die dargestellten Temperatur- und Niederschlagswirkungen fallen deshalb wahrscheinlich sogar einige Prozentpunkte zu positiv aus.

## Krankheiten und Schädlinge

Der zu erwartende Einfluss von Krankheiten und Schädlingen auf die Ertragsaussichten in einem wärmeren Klima lässt sich gegenwärtig nicht beziffern. Generell gilt, dass ein wärmeres und zugleich feuchtes Klima pilzliche Krankheiten besonders begünstigen wird, die unter trockeneren Bedingungen eher an Bedeutung verlieren. Von einer Erwärmung generell profitieren Insekten, wie z. B. die Blattläuse oder der Apfelwickler, da ihre Individualentwicklung sehr stark temperaturabhängig verläuft und dadurch mehr Generationen als heute auftreten können. Wirtschaftlich relevante Schäden infolge eines massiven Insektenauftretens werden damit wahrscheinlicher. Für die Vorsorge von besonderer Bedeutung sind die Vermeidung von Anbaukonzentrationen und ein ausreichender Fruchtartenwechsel. Hierdurch werden einerseits die Verbreitungsvoraussetzungen für Krankheiten und Schädlinge verschlechtert, und gleichzeitig wird die Abhängigkeit vom Ertrag nur weniger Kulturen vermindert.

Abb. 50: Abtrag von Boden durch starke Niederschläge (Bodenerosion), Foto: A. Lüttger

## Bodenbearbeitung

Das Lockern und Wenden des Bodens durch den Pflug gehört heute noch zu den gebräuchlichsten Bodenbearbeitungs-
maßnahmen. Seit einigen Jahren wird jedoch wasser- und
bodenstrukturschonenden Bodenbearbeitungsverfahren mehr
Aufmerksamkeit geschenkt. Sie erhalten im Unterschied zur
wendenden Bodenbearbeitung das Bodengefüge. Außerdem
verbleiben organische Restmengen ganz oder teilweise auf der
Bodenoberfläche. Dadurch erhöht sich die Aufnahmefähigkeit
der Böden für Niederschläge. Der Oberflächenabfluss und
damit auch die Bodenerosion werden vermindert. Unter trockenen Bedingungen verbessern diese Bodenbearbeitungsver-

fahren den Wasserrückhalt und bei zunehmenden Niederschlägen vermindern sie die Erosion. Ein Aussaatverfahren ohne Pflugeinsatz, bei dem die Pflanzenreste einer Zwischenfrucht oder das Stroh der Vorfrucht vor und nach der Neuaussaat die Bodenoberfläche noch bedeckt, wird als Mulchsaat bezeichnet. Der Boden wird so nachhaltig vor Erosion und Verschlämmung geschützt. Dieses Verfahren wird oft bei Frühjahrs- und bei Reihenkulturen eingesetzt. Die Bodenlockerung erfolgt durch Grubber oder Saatbeetkombinationen. Wird komplett auf die Bodenbearbeitung verzichtet, spricht man von Direktsaat.

Die Idee der nicht-wendenden Bodenbearbeitung (pfluglos oder *no till farming*) entwickelte sich ursprünglich in Südamerika. In Deutschland werden Systeme der nicht-wendenden Bodenbearbeitung wie die Mulchsaat oder die Direktsaat in den letzten Jahren zunehmend eingesetzt.

Der Klimawandel verändert die natürlichen Voraussetzungen für die Landwirtschaft in Deutschland. Berücksichtigt man die möglichen Anpassungsspielräume, erscheint ein klimatisch bedingter Rückgang der landwirtschaftlichen Produktion in Deutschland bei einem Erwärmungsszenario mit feuchteren Wintern und trockeneren Sommern aber eher unwahrscheinlich. Die Verlängerung der Vegetationszeit zusammen mit steigenden Temperaturen kann sich vielerorts positiv auf den Ertrag auswirken. Mögliche Ertragsrückgänge bei konventionellen Kulturen und Sorten können zudem absehbar durch den vermehrten Anbau neuer Arten und Sorten ausgeglichen werden. Die Ertragsaussichten werden regional beeinträchtigt, wenn es infolge zurückgehender Niederschläge zu stärkerem Wasserstress im Frühjahr und Sommer kommt. Durch Bearbeitungsverfahren, die das Bodengefüge schonen, kann dem entgegengewirkt werden. Bewährte Strategien zur Risikostreuung in der Landwirtschaft durch Vermeidung von Anbaukonzentrationen und Fruchtartenwechsel werden unter sich ändernden Klimabedingungen noch an Bedeutung gewinnen.

# 7

# Anpassung an den Klimawandel in Deutschland

Sebastian Wessels

Eingangs wurde bereits dargestellt, was unter »Anpassung« im ökologischen Sinn und im gesellschaftlichen, politischen Sinn zu verstehen ist (siehe Kapitel 1). In der Ökologie bedeutet Anpassung zunächst nur Überleben beziehungsweise Fortbestehen des Systems (»Homöostase«), aber wenn wir sagen, eine Gesellschaft »passt sich an«, oder von politischen Bemühungen um Anpassung sprechen, stellen wir höhere Ansprüche als nur das bloße »Überleben« von Menschen oder gesellschaftlichen Zusammenschlüssen. Wir denken dann nicht nur ans Überleben, sondern an den Erhalt gewisser Normen und Standards. Das heißt, es geht um planmäßige Veränderungen, die es uns ermöglichen sollen, andere Aspekte des gesellschaftlichen Lebens eben *nicht* verändern zu müssen; auf der allgemeinsten Ebene wollen wir vor allem nichts an Lebensqualität einbüßen. Bei dieser Idee einer planmäßigen Anpassung stellen sich verschiedene Probleme, die zum Teil einfach der Komplexität von sozialökologischen Systemen geschuldet

sind, zum Teil aber auch vor allem für globalisierte Industrie-
gesellschaften wie unsere charakteristisch sind.

*Gesellschaftliche Eigendynamik:* Menschen leben primär
in ihrer selbstgeschaffenen gesellschaftlichen Wirklichkeit.
Diese gesellschaftliche Wirklichkeit hat immer eine gewisse
Eigendynamik, die die jeweilige Gesellschaft von der Abstimmung mit lokalen ökologischen Bedingungen forttreiben
kann. Das Paradebeispiel ist der Prozess der Zivilisation und
Modernisierung, in dem sich Menschen immer mehr in über-
regionale und internationale Abhängigkeiten und somit in
Zwänge hineinbegeben, die zunächst einmal blind gegenüber
den vielfältigen lokalen Bedingungen und Bedürfnissen sind
(vgl. Elias 1997b: 328, 347 ff.). Anschaulich wird dies an der
Arbeitsteilung; um beispielsweise ein Auto zu produzieren,
muss eine Vielzahl unterschiedlicher Handlungen – von der
Ressourcengewinnung über deren Transport und Verarbei-
tung bis zur Montage und Auslieferung – in koordinierter
Weise ineinandergreifen. Dies ist gewissermaßen die Kehr-
seite der relativen Unabhängigkeit von den Naturzwängen,
die der technische Fortschritt uns bringt: Wir werden abhän-
giger vom Beziehungsgeflecht unserer Gesellschaft. Während
unsere Aktivitäten zum Beispiel weniger von Witterung, Tag-
Nacht-Rhythmus und Jahreszeiten abhängig und geprägt
sind, sind sie in höherem Maß abhängig und geprägt von der
menschengemachten Zeitstruktur unserer Gesellschaft: von
Uhrzeit, Wochen und Wochenenden, Urlaubszeiten und Ka-
lendern. Diese Zeiteinheiten und -strukturen sind im Grunde
beliebig; eine Woche könnte auch sechs oder acht Tage dauern.
Doch einmal etabliert, sind sie für die Aufrechterhaltung des
gesellschaftlichen Betriebs notwendig und für den Einzelnen
in höchstem Maße zwingend. Je mehr Menschen in das ar-

beitsteilige Geflecht eingebunden sind, desto mehr gewinnt dieses Geflecht an Eigendynamik, der sich Einzelne oder auch einzelne Gruppen nur bedingt entziehen oder entgegenstellen können. Auch wenn es draußen dunkel ist, regnet oder friert, muss man zu einer bestimmten Zeit zur Arbeit, und auch Antikapitalisten und -modernisten beziehen Lebensmittel und Kleidung aus Supermärkten und Kaufhäusern.

Im Zuge der Entwicklung hin zu modernen Gesellschaften findet also eine Verlagerung der Zwänge statt, denen Menschen ausgesetzt sind und die ihr Leben prägen. Die Zwänge der außermenschlichen Natur werden durch Arbeitsteilung und Technik zurückgedrängt und begegnen dem Einzelnen tendenziell gefiltert und weniger direkt. Infolge der technischen und sozialen Entwicklung ist unser Leben heute relativ wenig von Wetter, Landschaft, Jahreszeiten, Flora und Fauna unserer unmittelbaren Umgebung geprägt, weil unsere Vorfahren eine Lebenswelt geschaffen haben, die in hohem Maße auf unsere Bedürfnisse abgestimmt ist. Für den westlichen Normalverbraucher von heute kommt Wasser aus der Leitung und Strom aus der Steckdose. Die menschlichen Infrastrukturen der Energie- und Wasserversorgung machen es möglich, dass der Einzelne heute nicht viel über die nächstliegenden Gewässer, über Wärmeerzeugung und Isolation weiß, obwohl Wärme und Wasser heute nicht weniger lebenswichtig sind als früher. Wir haben uns relativ unabhängig von unserer natürlichen Umgebung gemacht, und an die Stelle von Menschen, zu deren Alltag Feuermachen und Wasserholen gehörten, traten solche, die an eine Welt der Steckdosen und Wasserhähne gewöhnt sind und die ihre Aufmerksamkeit und Fähigkeiten mehr ihren sozialen als ihren ökologischen Lebensbedingungen widmen, was so weit geht, dass die Letzteren tendenziell sogar vergessen werden. In diesem Zusammenhang ist die oft gehörte Klage zu verstehen, es mangele den Menschen an »Umweltbewusstsein«. Man hat die eigene Abhängigkeit von Naturressourcen immer weniger vor Augen, und die Abhängigkeit von den Ökosystemen in der unmittelbaren Umgebung ist durch gut ausgebaute und weitreichende Verkehrsnetze tatsächlich gesunken.

Allerdings bedeutet das nicht, dass man sich vormoderne Zeiten grundsätzlich als harmonisches Miteinander von Mensch und Natur vorstellen kann. Soziale Praktiken mit verheerender Wirkung auf Ökosysteme hat es schon immer gegeben. Ein klassisches Beispiel ist die Geschichte der Osterinsel, wo die polynesischen Siedler Holz verwendet haben müssen, um ihre gigantischen Statuen zu produzieren, und letztlich die Insel entwaldeten und ökologisch wie kulturell karg hinterließen. Ein anderes sind die Bewohner der östlichen Mittelmeerländer, deren Kultur im achten und siebten Jahrtausend vor unserer Zeit in Blüte stand, dann aber allmählich zerfiel – die Dörfer wurden kleiner und anspruchsloser oder wurden vollständig verlassen. Dies wird heute auf exzessive Nutzung der umgebenden Vegetation als Brennstoff und Viehfutter zurückgeführt, die dadurch so in Mitleidenschaft gezogen wurde, dass sie zum Unterhalt der damaligen Zivilisation nicht mehr hinreichte. Die Bewohner von Ain Ghazal im heutigen Jordanien etwa pflegten eine Weile offenbar die Praxis, nahezu jährlich den Kalkputz ihrer Häuser zu erneuern, was enorme Mengen an Brennholz erfordert haben muss, auch hier mit der Folge weiträumiger Entwaldung (Redman 1999: 107 f.). Wie Statuen und kalkverputzte Häuser können alle möglichen sozialen Praktiken eine Beharrungskraft annehmen, die von dem Wissen, dass sie letztendlich ihre eigenen Grundlagen zerstören, nicht zu erschüttern ist. Und wie die Beispiele zeigen, kann gerade diese Beharrungskraft auch zu rasantem Wandel und Umbrüchen führen.

Menschlich-gesellschaftliches Leben beruht immer zum größten Teil auf Normen und Routinen, oder, um es mit einem soziologischen Schlagwort zu sagen: auf Habitualisierung. Der Habitus ist das Ensemble des sozial gelernten Verhaltens und Empfindens, das einen Menschen auf das Leben an einem bestimmten gesellschaftlichen Ort abstimmt. Auf gesellschaftlicher Ebene erwachsen aus den zahlreichen Habitualisierungen der Einzelnen die Institutionen, worunter man Gefüge von Verhaltensweisen verstehen kann, die relativ unabhängig von bestimmten Individuen Gültigkeit besitzen (Berger / Luckmann 1980: 56 ff.). In Institutionen drückt sich aus, wie »man« etwas macht (siehe Kapitel 2.2). Wie ein einzelner Mensch in der Regel dazu neigt, am Gewohnten festzuhalten, so lange es möglich ist, so neigen auch Institutionen zur Dauerhaftigkeit, auch wenn sie ihre ursprüngliche Funktion eingebüßt haben. Eine wichtige Rolle bei der Beharrungskraft von Institutionen spielt neben der Habitualisierung die Herausbildung von sozialen Positionen. Menschen und Gruppen, die in einer bestimmten Sozialstruktur gesicherte Positionen besetzen, werden sich tendenziell gegen jede gesellschaftliche Veränderung sträuben, die diese Positionen gefährdet – laut Bateson ein plausibler Grund für die Polizei, die Prohibition aufrechtzuerhalten (siehe Kapitel 1). Je größer die Macht, die sich mit sozialen Positionen verbindet, desto stärker der Widerstand gegen Veränderungen, die diese Positionen gefährden könnten.

Zur Beharrungskraft pluralistischer Millionengesellschaften trägt außerdem der Umstand bei, dass sich kaum je auf gesamtgesellschaftlicher Ebene ein Interessenkonsens finden lässt. Politiker oder politische Kommentatoren sprechen gerne von einem »Wir«, das bestimmte Dinge tun oder lassen müsse. In der gesellschaftlichen Wirklichkeit hat ein solches allumfassendes »Wir« jedoch nur wenig Entsprechung. Tatsächlich gibt es zahlreiche kleinere »Wirs« und »Ichs« mit verschiedensten und vielfach gegensätzlichen Interessen. Wenn eine Gesellschaft sich nicht gerade im Umbruch befindet, halten sich diese gegensätzlichen Interessen und Machtzentren mehr oder weniger die Waage. Planmäßige kollektive Veränderungen kommen nur in dem seltenen Fall zustande, wenn ein Anliegen artikuliert wird, das genug Konsensfähigkeit und Integrationskraft entfaltet, um ein neues, vergleichsweise starkes Machtzentrum um sich herum zu bilden.

*Ungewissheit:* Die Komplexität von Ökosystemen und Gesellschaften stellt Menschen heute vor große Herausforderungen, vor allem, was das Eintreten unbeabsichtigter und unvorhergesehener Nebenfolgen von Eingriffen angeht. Gerade diese scheinbar chaotischen Nebenfolgen bekannter Veränderungen sind im Fall des Klimawandels virulent. Wenn es nur darum ginge, dass es eben im Durchschnitt zwei Grad wärmer wird und sonst alles beim Alten bliebe, bräuchte einen das kaum zu beunruhigen – und weil man es sich vielfach so vorstellt, beunruhigt es viele tatsächlich kaum. Es sind vielmehr die nichtlinearen, von einem komplexen Geflecht von Ursachen und Wirkungen geprägten ökologischen Veränderungen, die Anlass zur Sorge geben – die Zunahme von Extremwetterereignissen, die Zu- oder Abnahme der Wasserverfügbarkeit, das Einwandern neuer Tier- und Pflanzenarten und das Aussterben anderer, die gesundheitlichen Folgen nicht nur von höheren Temperaturen, sondern auch von vermehrtem Pollenflug in Zusammenhang mit der Feinstaubbelastung in Städten, von der möglichen Einwanderung neuer Krankheiten usw. Das heißt, selbst wenn gesellschaftliche Eigendynamik und Beharrungskraft kein Problem wären und man über Nacht kollektiv die Entscheidung treffen könnte, zur Anpassung an ein verändertes Klima gezielt bestimmte Veränderungen an der gesellschaftlichen Organisation vorzunehmen, wäre nicht bis ins Detail klar, was für Veränderungen das sein müssten. Gleichzeitig muss man es als wahrscheinlich ansehen, dass großangelegte infrastrukturelle Anpassungen wiederum unvorhergesehene Folgen nach sich ziehen.

Im letztgenannten Punkt, also bei der Ungewissheit, wird ein Problem deutlich, durch das sich die Anpassung an den Klimawandel von herkömmlichen Nachhaltigkeitsdiskussionen unterscheidet. Die Forderung der Nachhaltigkeit will auf eine Art der Naturbewirtschaftung hinaus, die nicht ihre eigenen Grundlagen untergräbt – also etwa nicht mehr abzuholzen und zu fischen, als Bäume und Fische nachwachsen, und nicht mehr Abfall und Emissionen zu produzieren, als lebenswichtige Ökosysteme verkraften können. Dieser Art sind auch viele Forderungen, die heute vor allem unter dem Schlagwort »Mitigation« im Zusammenhang mit dem Klimawandel erhoben werden.

## 11    Mitigation und Adaptation

Bei der gesellschaftlichen und wissenschaftlichen Bearbeitung des Klimawandels wird in der Regel zwischen »Mitigation« und »Adaptation« unterschieden. Dabei bezieht sich Mitigation auf den Klimaschutz, also auf technische und politische Maßnahmen zur Reduktion der Treibhausgasemissionen, um den anthropogenen Klimawandel abzumildern (IPCC

2007: 818). Unter Adaptation hingegen versteht man die Anpassung von natürlichen oder menschlichen Systemen an Klimaänderungen. Dabei lassen sich verschiedene Arten von Anpassung unterscheiden, »darunter vorausschauende und reaktive, private und öffentliche, autonome und geplante Anpassung« (WBGU 2007: 253). Während die Anpassung von natürlichen Systemen – wie Ökosystemen – lediglich auf tatsächliche klimatische Veränderungen erfolgt, umfasst die Adaptation von menschlichen Systemen auch die Anpassung an erwartete Änderungen (IPCC 2011: 3).

Bei der »Anpassung« oder »Adaptation« an den Klimawandel geht es aber vor allem um die Zukunft. Während Nachhaltigkeit bedeutet, die heute vorhandenen Naturressourcen für die Zukunft zu erhalten, geht es bei der Anpassung darum, bereits heute Veränderungen in die Wege zu leiten, die zukünftig zu erwartende Entwicklungen vorwegnehmen. Es geht also nicht nur, wie bei der Nachhaltigkeit, um eine bessere Abstimmung auf eine Natur, wie sie heute ist, sondern um eine Abstimmung auf eine Natur, wie sie voraussichtlich in Zukunft sein wird. So gehen nun etwa Erwartungen künftiger klimatischer Verhältnisse ins Baurecht ein, und in der Deutschen Anpassungsstrategie wird Versicherungen »prospektives« statt »retrospektives Underwriting« empfohlen – also die »Einbeziehung künftiger Schadenstrends in die Festsetzung der Versicherungsprämie statt deren Ermittlung allein aus der Schadenvergangenheit« (BMU 2008: 36). Dass das Problem der Ungewissheit bei der Anpassung an zukünftige Verhältnisse besonders schwer wiegt, ist nicht überraschend – und kommt etwa darin zu Ausdruck, dass im deutschen »Aktionsplan Anpassung« die Punkte »Wissen bereitstellen« bzw. »Wissensbasis erweitern« vor allen anderen Maßnahmen als Erstes aufgeführt sind (BMU 2011b: 16 ff.). Die vom Bund im

Rahmen der Initiative »KLIMZUG – Klimawandel in Regionen zukunftsfähig gestalten« geförderten regionalen Anpassungsprojekte sind dementsprechend im Wesentlichen Forschungsprojekte.

Anpassung an den Klimawandel in Deutschland wie anderswo kann auf ganz verschiedenen gesellschaftlichen Ebenen stattfinden – und muss es auch, wenn sie erfolgreich sein soll. Zuallererst ist das individuelle Verhalten von Bedeutung, sei es im Privatleben oder als Akteur in Institutionen. Auch institutionelle, gesellschaftliche und politische Veränderungen kommen nur zustande, wenn Individuen ihr Verhalten ändern. Eine Schlüsselfrage ist daher, wie Menschen Gefahren wahrnehmen und darauf reagieren.

Zweitens spielt sich vieles von dem, was heute als Anpassungsprojekt bezeichnet wird, auf lokaler und regionaler Ebene ab. Damit sind Gebiete gemeint, die sich durch gemeinsame ökologische und infrastrukturelle Bedingungen auszeichnen. So drohen in der Region Berlin-Brandenburg Trockenheit und Waldbrände, aber auch lokale Hochwasser bei Starkniederschlägen; an der Nord- und Ostsee ist Küstenschutz eine Daueraufgabe, die mit dem steigenden Meeresspiegel umso wichtiger wird; in Städten und Ballungsräumen ist mit einer gesteigerten Gesundheitsbelastung durch Hitze zu rechnen; im Rheineinzugsgebiet muss man sich bereits heute vor regelmäßigen Hochwassern schützen usw. Hier geht es also nicht mehr nur um Anpassung von Individuen, sondern von Kollektiven und Strukturen verschiedener Form und Größe. Dabei kommen Probleme der Koordination und Organisation sowie Interessenkonflikte ins Spiel.

Dem Staat schließlich auf der höchsten Ebene, die hier betrachtet wird, kommt die Aufgabe zu, den Fortbestand der Gesellschaft zu sichern, und so ist er auch in diesem Zusammenhang gefordert, sofern er das gesellschaftliche Leben durch den Klimawandel in irgendeiner Form bedroht sieht. Hierfür steht unter anderem die schon genannte Deutsche Anpassungsstrategie. Staatliches Handeln ist jedoch wesentlich dadurch begrenzt, dass Regierungen eine einheitliche Politik für zahlreiche verschiedene lokale Bedingungen und Probleme finden und darüber hinaus im Rahmen eines internationalen Geflechts politischer, sozialer und ökonomischer Abhängigkeiten agieren müssen. Dass der Staat mit der Aufgabe weit überfordert wäre, sich aller regionalen und lokalen Probleme selbst anzunehmen, spiegelt sich in Deutschland im Föderalismus, also in der Aufteilung Deutschlands in Bundesländer und dem Beitrag der Landesregierungen zur Politik, und dann noch einmal in den kommunalen Regierungen und Verwaltungen, die indes auch nicht alles kontrollieren, sondern viele Aspekte des Zusammenlebens der gesellschaftlichen Selbstregulierung überlassen. Aufgrund regionaler Verschiedenheiten und der differenzierten Aufteilung von Verantwortlichkeiten, von Macht und Einfluss in einer Demokratie unter verschiedensten Akteuren auf allen Ebenen sind die Steuerungsmöglichkeiten des Staates begrenzt.

Im Folgenden werden beispielhaft Perspektiven und Probleme der Anpassung an den Klimawandel in Deutschland entlang dieser drei Ebenen dargestellt.

## 7.1    Gefahrenwahrnehmung und Bedingungen des Handelns

Wie sich das Problem der Anpassung an Folgen des Klimawandels auf individueller Ebene darstellt, ist in zweifacher Hinsicht relevant. Zum einen haben Individuen mehr oder weniger zahlreiche Möglichkeiten, sich persönlich vor Risiken des Klimawandels zu schützen, entstehende Nachteile abzumildern oder auch von Klimawandelfolgen zu profitieren. Gegen Hitze kann man sich durch gute Raumisolation, entsprechende Kleidung und entsprechendes Verhalten schützen. Die meisten können Warnungen des Deutschen Wetterdienstes und der Behörden beherzigen, Eigenheimbesitzer in überschwemmungsgefährdeten Gebieten können ihre Keller absichern und Elektroinstallationen in einer Höhe anbringen, die diese vor Überflutung schützt. Ein erheblicher Teil der Gefahren, die aus der Klimaveränderung entstehen, kann durch solche Maßnahmen auf individueller Ebene abgefedert werden – wenn auch die Chancen dazu mit der sozialen Stellung stark variieren (siehe Kapitel 5.3) und all dies eine gewisse soziale Stabilität voraussetzt.

Menschliche Individuen sind aber zugleich auch Akteure in Institutionen – Verwaltungsangestellte, Politiker, Geschäftsführer von Unternehmen etc. –, und ihre Wahrnehmung von Risiken, Gefahren und Chancen liegt nicht nur ihrem privaten Handeln zugrunde, sondern auch dem innerhalb ihrer gesellschaftlichen Funktion. Und es gibt Gefahren, denen nur kollektiv begegnet werden kann. Schäden an Infrastrukturen durch Hitzewellen, Stürme oder Hochwasser, oder auch die Gesundheitsbelastung durch Krankheiten, Schädlinge und Luftverschmutzung kann niemand im Alleingang abwenden. Mit etwas Glück kann man sich mehr oder weniger selbst schützen, aber von den Schäden für die Volkswirtschaft bei-spielsweise, die wiederum die öffentlichen Haushalte oder auch das Gesundheitssystem belasten, sind indirekt wieder alle betroffen. Dies ist ein wesentlicher Unterschied zwischen Klima*schutz* (Mitigation), der entweder auf globaler Ebene greift oder gar nicht, und Anpassung (Adaptation), die im Unterschied dazu praktisch auf jeder Ebene bis hinab zur individuellen möglich ist.

Wenn man Anpassung, sei es als Person oder als Repräsentant einer Institution, als mehr oder weniger planmäßige Verhaltensänderung versteht, braucht es zunächst einmal einen Anlass für eine solche Verhaltensänderung; psychologisch gesprochen: eine Motivation. Dies kann die Wahrnehmung eines Risikos oder einer Gefahr sein, oder auch das Erkennen einer Chance, von absehbaren Veränderungen zu profitieren. Eine Verhaltensänderung kann dann darauf abzielen, die Gefahr auszuschließen oder die Chance zu nutzen. Geht es um kollektive Anpassung auf regionaler oder auch staatlicher Ebene, kommt bereits an diesem Punkt eine wesentliche Schwierigkeit ins Spiel: Die vielen beteiligten Akteure und Institutionen stehen verschiedenen Gefahren und Chancen gegenüber, was die Frage aufwirft, wie sich erst einmal gemeinsame Ziele und Prioritäten finden lassen, in denen alle beteiligten Interessen und Sichtweisen annähernd abgebildet sind.

Für einen einzelnen Menschen besteht dieses Problem noch nicht. Er oder sie kann relativ autonom definieren, welche Gefahren er oder sie auf sich zukommen sieht und vermeiden will. Allerdings ist Gefahr oder Risiko in der subjektiven Perspektive eines einzelnen Menschen etwas anderes als in den theoretischen Modellen von Wissenschaftlern und Experten.

Technisch kann man Risiko definieren als die Wahrscheinlichkeit, mit der ein Ereignis eintritt, multipliziert mit dem erwarteten Schaden, wenn es eintritt. Beide Größen lassen sich auf Grundlage der Erfahrungen mit vergleichbaren Ereignissen in der Vergangenheit mathematisch berechnen.

Intuitiv nehmen Menschen Gefahr aber anders wahr, nämlich wesentlich über sogenannte psychologische »Heuristiken«. Heuristik heißt so viel wie »auffinden«, »entdecken« oder die Kunst, mit wenig Informationen zu einer Problemlösung zu kommen. Damit ist gemeint, dass man nicht alles, wozu man sich ein Urteil bildet, auf Herz und Nieren prüft, sondern meist mehr intuitiv anhand von direkt wahrnehmbaren Oberflächenmerkmalen zu seiner Einschätzung kommt.

Am bedeutsamsten im Zusammenhang mit der öffentlichen Gefahrenwahrnehmung ist die sogenannte Verfügbarkeitsheuristik, die sozusagen die gefühlte Wahrscheinlichkeit von befürchteten Ereignissen erhöht oder senkt. Der Eintritt eines Ereignisses wirkt subjektiv wahrscheinlicher, wenn die Vorstellung von diesem Ereignis psychologisch leicht verfügbar ist, wenn es also leichtfällt, sich diese Vorstellung ins Bewusstsein zu rufen. Dies ist zum Beispiel der Fall, wenn man eindrückliche, drastische Bilder vor Augen hat, die sich mit einem solchen Ereignis verbinden. Deswegen überschätzen beispielsweise viele Menschen in der westlichen Welt die Gefahr von Flugzeugabstürzen oder auch Terroranschlägen – gemessen an deren statistischer Häufigkeit – bei weitem (Sunstein 2003). Das Wort »Bilder« muss noch nicht einmal im Sinne von Foto- oder Filmaufnahmen verstanden werden. So führte Ungar (2000) die Tatsache, dass die Berichterstattung über das Ozonloch relativ schnell öffentliche Besorgnis auslöste, dies beim Klimawandel aber vergleichsweise lange dauerte, unter

anderem darauf zurück, dass die Vorstellung eines »Schutz-
schildes«, der die Erde vor gefährlichen, Hautkrebs auslösen-
den Strahlen schützt und nun ein »Loch« hat, anschaulicher ist
und leichterfällt als die eines Treibhauseffekts durch Kohlendioxid. Auch der »Rhein-Atlas« der Internationalen Kommission zum Schutz des Rheins (IKSR) macht sich die psychologische Wirkung von Bildhaftigkeit und Anschauung zunutze,
wenn er eine »Sensibilisierung« der Bevölkerung für Hochwassergefahr oder das »Hochwasserbewusstsein« erhöht, indem er »Karten der möglichen Schäden bei Extremhochwasser«
zeigt und damit »potenziell Betroffenen die Hochwassergefahr und mögliche persönliche Hochwasserschäden vor Augen« führt. Dadurch, so eine Bilanz der IKSR für die Jahre
1995–2005, wachse »das Verständnis für Schutzmaßnahmen«
und werde »die Eigeninitiative angestoßen« (IKSR 2007: 10).

## 12 Hochwasser am Rhein

Nach Starkniederschlägen im Dezember 1993 erreichte der Rhein am
Messturm »Kölner Pegel« einen Wasserstand von 10,69 Metern und stand
damit 7,5 Meter über dem Durchschnitt. Dieses sogenannte Weihnachtshochwasser brachte den höchsten Wasserstand des Rheins im 20. Jahrhundert. Die Gesamtschäden beliefen sich auf ca. 2,1 Milliarden D-Mark. In
Koblenz war knapp ein Viertel der Stadtfläche überflutet, aber auch in Köln
standen mehrere Straßenzüge unter Wasser. Hier wurden 3,4 Kilometer
Stege aufgebaut, bis zu 2000 Hilfskräfte und mehrere Dutzend Boote waren
im Einsatz. 4500 Haushalte waren direkt von Hochwasserschäden betroffen. Bereits 1995 folgte das nächste extreme Hochwasser des Rheins, wiederum mit Köln als Brennpunkt. Doch obwohl dessen Ausmaß dort ähnlich
groß war, war die Stadt nach den Erfahrungen von 1993 nun weitaus besser
vorbereitet, so dass nur knapp halb so viele Schäden anfielen wie 1993 (Undine 2012; KHR 1999: 101–114).

Die Hochwassermarke I am Kölner Pegel liegt bei 6,20 Meter. Steigt der Rhein auf diese Höhe, dürfen Schiffe nur noch mit niedriger Geschwindigkeit und im mittleren Stromdrittel fahren. Bei Erreichen der Hochwassermarke II, die bei 8,30 Meter liegt, wird der Schiffsverkehr eingestellt. Bei den jüngsten Hochwassern stieg der Rhein am Kölner Pegel im Jahr 2003 auf 9,71 Meter, 2004 auf 7,95 Meter, 2011 auf 8,91 Meter und 2012 auf 7,78 Meter (Stadtentwässerungsbetriebe Köln 2012).

Die psychologische Verfügbarkeit eines möglichen Ereignisses kann auch einfach dadurch erhöht sein, dass so etwas in jüngerer Vergangenheit vorkam und deshalb noch gut im Gedächtnis ist. Die rechnerische Wahrscheinlichkeit eines Ereignisses ist natürlich nicht höher, nur weil sich ein Beispiel dafür in jüngerer Vergangenheit findet – oder weil man zufällig davon in der Zeitung gelesen hat –, aber subjektiv erscheint es so. Und während Klimaforscher sagen würden, dass ein einzelnes Wetterereignis niemals als Beleg für den Klimawandel gelten kann, widmen sich Journalisten dem Thema Klimawandel häufiger, wenn es heiß ist. Die Hitze macht die Vorstellung einer globalen Erwärmung – für die Journalisten und spätestens dann auch für ihr Publikum – psychologisch »verfügbarer« (Shanahan und Good 2000). Das Umweltbundesamt empfiehlt deshalb, Extremwetterereignisse als »Aufmerksamkeitsfenster« zu nutzen, »um für Anpassungsmaßnahmen an den Klimawandel zu werben« (UBA 2005a: 171).

Die Wahrnehmung gesellschaftlich bedingter Umweltrisiken ist außerdem von der sozialen und politischen Position der Betreffenden abhängig. So zeigte Slovic (2000: 395 ff.) für die USA, dass insbesondere weiße Männer das Risiko von Naturkatastrophen wesentlich geringer einschätzen als schwarze Männer und Frauen. Slovic führt dies auf Unterschiede im

Vertrauen in bestehende Institutionen und Autoritäten zurück, die für den Schutz der Bevölkerung vor Gefahren zuständig sind oder diese Gefahren selbst erzeugen, etwa die Umweltverschmutzung durch die Industrie. Wer den herrschenden Institutionen in seiner sozialen Stellung näher ist, identifiziert sich stärker mit ihnen und hat mehr Vertrauen in sie. Dem entspricht die Beobachtung, dass sich hierzulande die Umweltschutz- oder auch Anti-AKW-Bewegung eher aus der politischen »Linken« rekrutiert, die sich traditionell mit gesellschaftlich benachteiligten Gruppen identifiziert und (Herrschafts-)Institutionen kritisch gegenübersteht.

Wie Grothmann und Patt (2005) zeigten, spielt neben der Wahrnehmung eines Risikos aber auch die Einschätzung eigener Fähigkeiten eine bestimmende Rolle für unsere Reaktionen auf Gefahr. So ergreifen Menschen eher Maßnahmen zum eigenen Schutz, wenn sie erstens wissen oder glauben, dass eine Minderung des Risikos durch eigenes Handeln möglich ist, sie sich zweitens persönlich zu solchem Handeln in der Lage sehen und drittens die Kosten oder den Aufwand solchen Handelns für bewältigbar halten (Grothmann und Reusswig 2006: 106). Waldbrände etwa werden heute oft sehr schnell von Spaziergängern mit Mobiltelefonen gemeldet – für die Forstämter ein Grund, Wälder bei Brandgefahr nicht zu sperren. »Die vielen Spaziergänger sind eine Art flächendeckende Meldestation«, fasste ein Mitarbeiter des Berliner Landesforstamts dies zusammen (Berliner Zeitung, 7. 08. 2003). Hier kann man auf Eigeninitiative setzen, weil die Spaziergänger wissen, was zu tun ist, und es sie praktisch nichts kostet.

Ohne ein Bewusstsein von den Chancen wirksamen eigenen Handelns neigt man eher zu Reaktionen, die psychologisch gesehen durchaus Anpassungen sind, aber de facto nicht vor den materiellen Gefahren schützen, etwa Verleugnung der Gefahr, Wunschdenken oder Fatalismus (Grothmann und Patt 2005: 203). Hier kommt das verbreitete psychologische Phänomen zum Tragen, dass Menschen die eigene Gefährdung geringer einschätzen als die durchschnittliche – das bekannte Prinzip »mich wird es schon nicht treffen« (ebd.: 205). So wussten im Rahmen einer britischen Studie befragte über 75-Jährige durchaus, dass im Durchschnitt Menschen ihrer Altersgruppe am meisten durch Hitzewellen gefährdet sind, fühlten sich selbst aber nicht gefährdet (Wolf u. a. 2009: 187). Außerdem wird man weniger zu Anpassungsmaßnahmen greifen, wenn man darauf vertraut, dass das Nötige schon auf gesellschaftlicher und politischer Ebene getan wird. Beim Hochwasserschutz am Rhein zeigt sich der in diesem Sinn interessante Effekt, dass Fortschritte in eingedeichten Gebieten deutlich langsamer zustande kommen, weil man sich hinter den Deichen sicher fühlt. Im Fall eines extremen Hochwassers, das von den Deichen nicht abgehalten wird, wären in Deichgebieten somit größere Schäden zu erwarten, weil dort weniger vorgesorgt wurde (IKSR 2007: 6). Weniger von Vertrauen geprägt, aber ebenso von der Auffassung, dass die Verantwortung für Klimaanpassung eher auf politischer Ebene liegt, war das Ergebnis einer Bevölkerungsbefragung in der Emscher-Lippe-Region (Ruhrgebiet) aus dem Jahr 2010. Dort gaben 79 Prozent der Befragten an, dass sie den Klimawandel für »bedeutsam« oder »sehr bedeutsam« für ihre Region halten und dabei besonders Hitze und Starkregen befürchten. Gut 83 Prozent halten klimabezogene Umweltpolitik für »wichtig« bis »sehr wichtig«. Gleichzeitig fühlten sich nur knapp 19 Prozent von Politik und Verwaltung gut über den Klimawandel informiert, und insgesamt zeigten sich nur knapp

5 Prozent mit den Leistungen der Bundesregierung zufrieden. Die Landesregierung schnitt nicht besser ab. Demgegenüber war stets nur eine Minderheit zu eigenem Handeln bereit. Gut 40 Prozent etwa bejahten: »Wenn es geht, lasse ich den PKW stehen und fahre mit dem ÖPNV zu meinem Ziel« – wobei man »wenn es geht« natürlich beliebig eng oder weit auslegen kann. Zu einem Wohnortwechsel aus Umweltgründen erklärten sich 20 Prozent bereit. Immerhin schalten mehr als 80 Prozent das Licht nur an, wenn es dunkel ist. Rund 70 Prozent meinten, beim Umweltschutz komme »nur auf Initiative und Druck der Bevölkerung etwas zustande« (Grunow u. a. 2011: 11 ff.). Hier mag man eine eigene Handlungsbereitschaft der Befragten herauslesen, doch dieses Handeln zielt lediglich darauf, Regierungen zum Handeln zu drängen, bei denen man recht eindeutig die Hauptverantwortung sieht. Ganz ähnlich kam eine Befragung in der Region Bremen-Oldenburg zu dem Befund, »dass die Verantwortung für Anpassungsmaßnahmen vor allem bei der Politik – und etwas weniger stark – bei der Wirtschaft gesehen wurde. Für das eigene Alltagshandeln auf individueller Ebene sahen die Befragten dagegen keine Anpassungsnotwendigkeit und -möglichkeit« (Weller u. a. 2010: 6).

Wie die Befragungen zeigen, liegt das Fehlen eigener Handlungsbereitschaft zum Teil daran, dass Klimaschutz und -anpassung (siehe Kasten 11 auf Seite 233 f.) häufig nicht klar unterschieden werden; zum Teil auch in der Forschung nicht. Es ist verständlich, dass man auf individueller Ebene wenig Handlungsmöglichkeiten sieht, wenn man vor allem die globale Verursachung des Klimawandels vor Augen hat. Zum Klimaschutz auf globaler Ebene kann man als Einzelner tatsächlich nicht in einem Maß beitragen, das an der eigenen

Betroffenheit von Klimawandelfolgen viel ändern könnte. Während der globale Klimaschutz zweifellos ein unterstützenswertes Anliegen ist, drohen bei dieser Aufmerksamkeitsausrichtung Maßnahmen vernachlässigt zu werden, die man selbst zum eigenen Schutz treffen könnte. Die Folge ist in diesem Fall die Verschiebung der Verantwortung auf die Politik.

Das heißt, Anpassungsbemühungen sind am ehesten dort zu erwarten, wo man direkt von Klimawandelfolgen betroffen ist oder sich betroffen fühlt, sich zum Handeln in der Lage sieht und eine hinreichend genaue Vorstellung davon hat, was zu tun ist. Dass erst eine eigene Betroffenheit gegeben sein oder jedenfalls deutlich wahrgenommen werden muss, bedeutet natürlich eine Schwierigkeit für die Perspektive vorsorgender Anpassung an absehbare Veränderungen in künftigen Jahrzehnten. Es dürfte eher die Ausnahme sein, dass Menschen jetzt und hier Kosten und Belastungen auf sich nehmen, um Schäden zu vermeiden, die zunächst nur als ferne Möglichkeit am Horizont erscheinen. Die Ungewissheit künftiger Entwicklungen verschärft dieses Problem auf allen Ebenen. Ein einzelner Bürger kann sich ebenso wenig auf Risiken einstellen, von denen er nur ein ungefähres Bild hat, wie eine Region oder ein Staat. Hierdurch entsteht eine enge Verzahnung von Politik, Öffentlichkeit und Wissenschaft, in der die Letztere gefordert ist, ein möglichst genaues Bild der Risiken zu zeichnen, mit denen man es zu tun hat, und geeignete Vorsorgemaßnahmen zu entwickeln und zu prüfen. Dass Menschen auf Klimawandelfolgen reagieren, um sich vor ihren Gefahren zu schützen, ist vor allem dann zu erwarten, wenn sie schon einmal direkt und erheblich von ihnen betroffen waren. In Köln beispielsweise gründeten vom »Weihnachtshochwasser«

1993 Betroffene die »Bürgerinitiative Hochwasser in Köln-Rodenkirchen«, die sich bis heute für einen Ausbau des Hochwasserschutzes einsetzt. Außerdem zeigte sich in der Domstadt, dass nach den Erfahrungen dieses extremen Hochwassers nicht nur auf politischer, sondern auch auf individueller und zivilgesellschaftlicher Ebene die Hochwasservorsorge erheblich verbessert worden ist (siehe Kasten 12 auf Seite 240 f.). Hochwasservorsorge kann darin bestehen, dass Materialien für den Ernstfall bereitgehalten werden, wie Batterien, stromunabhängige Kochstellen, Holz zum Bau von Stegen und Abdichten von Türen, Schlauchboote und anderes mehr. Auf längere Sicht können regelmäßig auftretende Hochwasser schon bei der Planung von Häusern berücksichtigt werden. Wenn dagegen noch keine direkte Betroffenheit gegeben ist, kommt es wesentlich in zweierlei Hinsicht auf Informationen an: erstens über künftig zu erwartende Gefahren und zweitens über die Möglichkeiten, sich zu schützen. Eine Informationsbroschüre der Stadt Bonn betont, wie wichtig es »gerade für Neubürger« ist, »Ratschläge zur jeweiligen örtlichen Situation von hochwassererfahrenen Nachbarn zu bekommen« (Bundesstadt Bonn 2004: 3).

Den größten Anteil hat der individuelle Selbstschutz bei den Gefahren für die Gesundheit, die aus dem Klimawandel entstehen. Hier können und müssen vor allem Staat und Behörden Informationen bereitstellen und gegebenenfalls Warnungen aussprechen. Eine Studie des Umweltbundesamtes (UBA 2009b) vermittelt einen Eindruck von der Mammutaufgabe, alle Bedrohungen der Gesundheit, die durch den Klimawandel entstehen oder sich verschärfen können, im Blick zu haben und über sie zu informieren. Von der Überwachung der Trinkwasser- und Lebensmittelqualität sowie der Verbreitung von Infektionskrankheiten und ihrer Überträger wie Mücken, Nagetiere und Zecken, über das Monitoring von Hautkrebs- und Allergieerkrankungen bis hin zur Messung von UV-Strahlung und Vorhersage von Hitze, Ozonbelastung und Pollenflug sind auch zur Ermöglichung individuellen Selbstschutzes in vielen Fällen umfangreiche Infrastrukturen der Wissensgewinnung und Kommunikation nötig. Und auch wenn diese Strukturen einmal zur Verfügung stehen, müssen die jeweiligen Informationen und Warnungen vom Einzelnen auch wahrgenommen und verstanden werden, um Wirkung zu zeigen. Dies wiederum wird durch die Vielzahl der Gefahren und Warnungen nicht erleichtert. So geben Gesundheitsexperten zu bedenken, dass die Hitzewarnungen des Deutschen Wetterdienstes häufig nicht ernst genommen werden und vielen älteren Menschen noch nicht einmal bekannt sind (BMU 2011a: 8, 14). Grundsätzlich sind die entsprechenden Überwachungs- und Warnsysteme aber vorhanden oder im Aufbau. Welche Handlungsmöglichkeiten es gibt, ist natürlich von Fall zu Fall unterschiedlich. Als Einzelner hat man zum Beispiel kaum Möglichkeiten, sich an einen starken Befall eines Waldes mit giftigen Eichenprozessionsspinner-Raupen »anzupassen«, außer den Wald zu meiden oder eine allergische Reaktion zu riskieren, wobei beides eine Einbuße an Lebensqualität bedeutet. Für Reaktionen auf gesellschaftlicher Ebene wie das Versprühen von Insektiziden oder die Sperrung von Waldgebieten, wie sie heute üblich sind (Welt, 12.08.2008; LFB 2012), gilt dasselbe. Nachhaltigere Abhilfe gegen Massenausbreitungen von bestimmten Insektenarten ist von einem Umbau hin zu Mischwäldern zu erwarten, wie sie derzeit auch betrieben wird. Dies nimmt jedoch einige Jahre in Anspruch.

Dabei gilt auch für die Mitarbeiter öffentlicher Verwaltungen, dass die bloße Wahrnehmung einer Gefahr noch nicht unbedingt zum Handeln führt, weil dazu auch bekannt sein muss, was für ein Handeln überhaupt geeignet wäre, um Abhilfe zu schaffen. Entsprechend sind möglichst konkrete und anwendungsbezogene Auskünfte von der Wissenschaft gefordert, die diese aber oft nicht in dem Maß liefern kann, wie es für die unmittelbare Praxis nötig wäre (Stelljes 2012: 26 f.).

Die Verbreitung konkreter, bildhafter Gefahrenszenarios, etwa mit den genannten Hochwasserkarten oder der Verwendung von Extremwetter als »Aufmerksamkeitsfenster« (s. o.) kann die Handlungsbereitschaft erhöhen. Sie setzt aber ein hohes Maß an Vertrauen in die jeweiligen Experten voraus, die solche Strategien entwickeln und einsetzen. Die Verwendung von Schreckensszenarios zu politischen Zwecken ist eine zweischneidige Sache. Sie erscheint berechtigt, wenn eine reale Gefahr gegeben ist, die nicht hinreichend wahrgenommen wird. Gleichzeitig kann diese Strategie aber auch propagandistisch missbraucht werden. Außerdem kann sie ihre Wirkung verlieren, wenn zu oft Warnungen laut werden, die im Rückblick übertrieben erscheinen. Im letzteren Fall droht nicht nur eine Entwertung von Warnungen mit der gefährlichen Folge, dass sie nicht mehr ernst genommen werden, wenn es darauf ankommt, sondern auch ein Vertrauensverlust in Wissenschaft und Politik.

## 7.2 Unternehmen als Akteure

In zweiter Reihe nach den einzelnen Menschen, die relativ autonom ihre Interessen und Ziele bestimmen können, ist dies für Unternehmen und vergleichbare Institutionen auch noch relativ einfach möglich. Für Firmen ist klar, dass sie vor allem fortbestehen und profitabel bleiben wollen, was auch unabhängig vom Klimawandel einschließt, mögliche Veränderungen ihrer jeweiligen Marktsituation vorherzusehen und darauf zu reagieren, sei es durch eine Umstellung auf andere Werkstoffe, Veränderungen in der Logistik oder auch eine Umgestaltung der Produktpalette. Solche Anpassungen können relativ systematisch geplant und umgesetzt werden, weil das Ziel klar ist und von einer Geschäftsführung geradlinig verfolgt werden kann, die sich darüber einig ist und die nötige Entscheidungsmacht besitzt. Um sich von möglichen zukünftigen Entwicklungen ein Bild zu machen, verwenden Firmen Szenarios, in denen mögliche Zukünfte skizziert und nach ihrer Relevanz und Eintrittswahrscheinlichkeit abgestuft werden; ein Verfahren, das auch für die vorausschauende Anpassung an ein verändertes Klima geeignet ist (Meyr und Günther 2011). Wenn ein Unternehmen beispielsweise einmal von Sturm-, Hochwasser- oder Hagelschäden betroffen ist, wird sich die Geschäftsführung darüber Gedanken machen, wie entsprechende Schäden künftig vermieden oder begrenzt werden können. Dabei ist zu beachten, dass auch die Maßnahmen der Schadensvermeidung nicht kostenlos sind. Allgemein gesprochen, lohnen sich Anpassungsmaßnahmen nur dann, wenn ihre Kosten nicht höher ausfallen als die Schäden, die entstehen, wenn keine Anpassung stattfindet. Auch in diesem Kalkül ist die Zukunftsorientierung von Klimaanpassung ein

Problem, denn die Kosten für Anpassungsmaßnahmen fallen an, sobald sie umgesetzt werden; die Ersparnisse durch abgewendete Schäden erst in ungewisser Zukunft (Wuppertal Institut 2008: 8 f.).

Auf eigene Betroffenheit von Klimawandelfolgen reagieren Unternehmen eher mit Anpassungs- als mit Klimaschutzbemühungen (vgl. Kasten 11 auf Seite 233 f.). Zum unmittelbaren Schutz des Unternehmens vor drohenden Schäden sind Letztere ungeeignet. Mögliche unternehmerische Motive für Klimaschutzbemühungen sind daher von direkten eigenen Betroffenheiten abgekoppelt und reichen von staatlicher Regulierung über unternehmerische Verantwortung bis hin zu Geschäftschancen, die sich durch den Klimaschutz auftun (Chrischilles und Mahammadzadeh 2012: 18 f.).

Aufgrund ihrer besonderen Abhängigkeit von Wetter und Klima widmen insbesondere landwirtschaftliche Betriebe den zu erwartenden und schon eingetretenen klimatischen Veränderungen besondere Aufmerksamkeit, ohne dass es dazu größerer Abstimmungsprozesse oder Forschungsarbeiten bedürfte. Sie sind zum einen besonders betroffen, haben zum anderen aber auch eine relativ große Flexibilität, sich etwa durch Verwendung anderen Saatguts an ein verändertes Klima anzupassen (Infras / Ecologic 2009: 48). Chancen werden außerdem in der Züchtung an veränderte Bedingungen angepasster Pflanzen gesehen. Das Bundesministerium für Ernährung, Landwirtschaft und Verbraucherschutz fördert derzeit entsprechende Pflanzenzuchtprojekte (BMELV 2009: 7), und neben Fördergeldern winken den Züchtern hier Geschäftschancen. So resümierte das Pflanzenzüchtungs- und Biotechnologieunternehmen KWS Saat nach einer Fachtagung zum Klimawandel im Dezember 2011, der »Schlüssel

zum Erfolg« werde »in der Pflanzenzüchtung liegen. Die Zukunft haben an den Klimawandel angepasste Sorten, die mit
Hitze, Trockenheit, Sturm und Starkniederschlag besser auskommen als die heutigen« (KWS Saat 2011).

Hier zeigt sich noch einmal, was im Abschnitt über »Gewinner und Verlierer« des Klimawandels (Kapitel 5.3) gesagt
wurde: Schäden – und auch die bloße Befürchtung von Schäden – sind für andere gleichzeitig Chancen und Gewinne. In
der Regel verlangen Anpassungsmaßnahmen nach Unternehmen, die sie umsetzen oder dazu benötigtes Material liefern.
Dass aber auch eine Katastrophe von den Ausmaßen der Elbeflut 2002 positive Wachstumseffekte zeitigen kann, und allgemein, dass Schäden und Gewinne sich die Waage halten
können, bedeutet natürlich nicht, dass im Ergebnis gar keine
Schäden entstanden sind. Denn zum einen ist natürlich der
Umstand, dass die Schäden des einen und die Gewinne des
anderen sich in der Gesamtschau der deutschen Volkswirtschaft aufwiegen, kein Trost für den Geschädigten. Und zum
zweiten sagen Bruttoinlandsprodukt, Gewinne und Verluste
nicht viel über Lebensqualität oder die Sinnhaftigkeit der
entsprechenden Wirtschaftstätigkeit aus. Geschäfte werden
beispielsweise auch mit Klimaanlagen gemacht. Diese lösen
aber nur einen kleinen Teil des Hitzeproblems und können es
durch ihren Energieverbrauch und den damit verbundenen
$CO_2$-Ausstoß sogar verschärfen. Ob die Gesellschaft nun bei
zwei Grad mehr und flächendeckender Ausstattung von Gebäuden mit Klimaanlagen genauso gut dasteht, wie wenn es
keinen Klimawandel dieses Ausmaßes gäbe, ist eine Frage kul-
tureller Werte und lässt sich nicht an volkswirtschaftlichen
Zahlen ablesen. Die Aussicht auf Gewinne kann sogar dazu
führen, dass nicht die am besten geeigneten Maßnahmen er-

griffen werden, sondern eben die gewinnträchtigsten. So kritisierte der BUND im Jahr 2007, der Hochwasserschutz an der Elbe werde »als Maßnahme zur Ankurbelung der Bauwirtschaft verstanden« (BUND 2007: 3). Zudem können natürlich auch die Beschäftigten in der Bauwirtschaft zu Hochwasseropfern werden. Auch sie kann man also in diesem Zusammenhang nicht ohne Einschränkung als »Gewinner« bezeichnen. Geht es um Lebensqualität, lassen sich Klimaschäden und Geschäftsgewinne nicht gegeneinander aufrechnen.

## 7.3 Interessenvielfalt und -konflikte

Wie in Kapitel 1 ausgeführt, bedeutet Anpassung im hier gemeinten Sinn die Verwirklichung von Sollzuständen oder Zielen und setzt voraus, dass man solche Ziele oder Sollzustände überhaupt festlegen kann. Je größer nun die Anzahl beteiligter Menschen und je komplexer die Abhängigkeiten zwischen ihnen, umso schwieriger wird es, weil aufgrund unterschiedlicher Interessen und Sichtweisen gemeinsame Ziele erst einmal gefunden und ausgehandelt werden müssen. Dies erschwert die Szenariobildung und das koordinierte Handeln (Hutter et al. 2012: 5). Nicht zuletzt deshalb erwarten heute 90 Prozent deutscher Gemeinden und Städte, im Jahr 2030 negativ vom Klimawandel betroffen zu sein – aufgrund der Akteursvielfalt ist ihre Anpassungsflexibilität deutlich geringer als die von Unternehmen (Chrischelles und Mahammadzadeh 2012: 22). Als wesentliche Akteure, die für größere infrastrukturelle Veränderungen an einem Strang ziehen müssen, gelten vor allem Politik, Verwaltung, Wirtschaft, Medien, Zivilgesellschaft, Wissenschaft und Bildung (Hutter et al. 2012: 5). Als Schwerpunkt heutiger Anpassungsbemühungen wird daher regelmäßig »Netzwerkbildung« genannt, also der Versuch, eine Reihe öffentlicher und privater Akteure zusammenzubringen und zu einem gemeinsamen Ziel zu verpflichten (vgl. Knierim et al. 2009: 10). Neben gemeinsamen Interessen fehlen oft auch Strukturen, deren man sich bei einer Zusammenarbeit bedienen könnte. Funktionierende kooperative Strukturen sind normalerweise über größere Zeiträume gewachsen und lassen sich nicht auf Zuruf etablieren.

So kann schon eine im Prinzip einfache und begrenzte Zusammenarbeit von Pflegediensten scheitern, bevor sie überhaupt beginnt. Eine der Gefahren für Menschen, die von Stürmen, Hochwasser und anderen Naturereignissen ausgeht, besteht darin, dass sie Straßen unpassierbar machen können und Hilfebedürftige dann für Rettungs- und Pflegekräfte schwer zu erreichen sind. Eine Befragung von Fachpersonal in der Altenpflege in Hessen ergab, dass die befragten Leitungs- und Pflegekräfte sich kaum des Problems zusammengebrochener Verkehrsverbindungen bewusst waren und über keinerlei Notfallpläne für solche Fälle verfügten, obwohl sie es durchaus für geboten hielten, solche zu erstellen (Georgy u. a. 2012: 17). Ideen für eine Aufrechterhaltung der Versorgung im Katastrophenfall gibt es durchaus. Zum Beispiel können Angehörige, Freunde oder Nachbarn einspringen, gegebenenfalls mit telefonischer Anleitung. Diese müssten aber vorab entsprechend informiert und eingewiesen werden (ebd.: 16). Eine andere Möglichkeit wäre eine Kooperation zwischen Pflegediensten, die einander vertreten könnten, wenn eine pflegebedürftige Person für den anderen Dienst leichter erreichbar ist. Allerdings wurde eine solche Kooperation von den befragten Pflegepraktikern »aufgrund der Konkurrenz der Dienste (…) als eher unrealistisch betrachtet« und eine Kooperation von gemeinnützigen mit gewerblichen Diensten sogar »nahezu vollständig ausgeschlossen« (ebd.: 17). Aus der Distanz erscheint die Idee einer Zusammenarbeit vernünftig und unproblematisch. Erst wenn man den ersten Schritt zu einer Umsetzung geht, nämlich mit den Beteiligten darüber zu sprechen, wird sichtbar, dass sie mit den etablierten Sozialstrukturen zunächst unvereinbar ist. Bei anspruchsvolleren Projekten größeren Umfangs stellt sich eine Vielzahl von Problemen dieser Art.

Dass die Pflegekräfte auf der einen Seite einhellig zustimmen, dass Handlungsbedarf bestehe, auf der anderen Seite aber nicht erkennbar handeln – der Newsletter-Service des Deutschen Wetterdienstes, der Unwetterwarnungen herausgibt, war in den befragten Pflegediensten unbekannt –, ist im Licht des oben über Gefahrenwahrnehmung Gesagten nicht überraschend. Extremwetter sind relativ selten, der Klimawandel ist abstrakt. Deshalb werden beide oft nicht in einem Maß als Gefahren empfunden, das Verhaltensänderungen bewirken würde.

Je mehr Menschen an einem Arbeitszusammenhang beteiligt sind, desto stärker kommt auch eine Art von Verantwortungsdiffusion ins Spiel. Dies ist ein gut erforschtes sozialpsychologisches Phänomen, bei dem sich, einfach gesagt, jeder Einzelne fragt, warum er tun sollte, was genauso gut jeder andere tun könnte. Nicht nur in Pflegediensten, auch in Behörden, Verwaltungen und Regierungen haben Beschäftigte ein bestimmtes Tagesgeschäft zu erledigen und nehmen zusätzliche Probleme und Aufgaben gewöhnlich nur auf sich, wenn sie dringende Gründe dafür haben. Es fehlen »Kümmerer«, so ein Mitarbeiter der öffentlichen Verwaltung an der deutschen Ostseeküste über Klimaanpassungsbemühungen: »Das wäre gut, wenn da ein Motor vorhanden wäre, der das Ganze auch immer wieder vorantreibt. Das ist natürlich schwierig, wenn man das nur nebenbei macht und wenn das ein Thema von vielen ist, die man zu beackern hat« (Stelljes 2012: 14). Wenn es solche »Kümmerer« nicht gibt und außerdem der Eindruck verbreitet ist, dass das jeweilige Anliegen in der aktuellen politischen Führung keine hohe Priorität genießt, bleibt es eher liegen (ebd.: 25).

Relativ unproblematisch sind bauliche und infrastrukturelle Anpassungen nur dann möglich, wenn man dabei auf bewährte Strukturen und Techniken zurückgreifen kann und psychologische Umorientierungen oder sozialer Wandel nicht notwendig sind. Zum Beispiel können Waldbrandschäden durch technische Überwachungssysteme begrenzt werden, weil diese dabei helfen, Waldbrände früher zu erkennen und zu bekämpfen. Mit der Einrichtung des Waldbrand-Früherkennungssystems »Fire Watch«, das seit 2003 in Brandenburg verwendet wird, war sogar ein erwünschter »sozialer Wandel« verbunden: die Einsparung von Arbeitskräften und somit von Kosten. Bis dahin hatten bei Trockenheit und Waldbrandgefahr Mitarbeiter der Forstämter auf 133 Wachtürmen mit Ferngläsern Ausschau nach Waldbränden halten müssen. Im Jahr 2000 hatten die Forstämter gewarnt, dass sie dies bei weiteren Personaleinsparungen nicht mehr würden bewältigen können; schon damals habe man »die Jobs ehrenamtlich zum Beispiel durch Rentner machen lassen«, wird aus dem Umweltministerium berichtet; das aber könne »schon aus arbeitsrechtlichen Gründen keine Dauerlösung sein« (Tagesspiegel, 4. 7. 2007). Nun suchen optische Sensoren auf Wachtürmen und Mobilfunkmasten den Wald nach Rauchwolken ab. Zwar muss jede Brandmeldung des Systems von Menschen begutachtet werden, weil pro Tag und Turm zwischen 90 und 120 Fehlalarme in der Zentrale eingehen, die vor allem durch Windräder und aufgewirbelten Staub ausgelöst werden. Dennoch konnte das Personal in der Waldbrandfrüherkennung um zwei Drittel reduziert werden (Engel 2009: 633). Auch für das Unternehmen, das »Fire Watch« auf Grundlage eines Patents des Deutschen Zentrums für Luft- und Raumfahrt entwickelt hat, ein gutes Geschäft – das System erfreut sich reger Nachfrage aus brandgefährdeten Regionen in aller Welt (Tagesspiegel 4. 07. 2007).

Ein anderes Beispiel für technische Lösungen ist der Ausbau von Deichen in Schleswig-Holstein und Mecklenburg-Vorpommern, mit dem der erwartete Anstieg des Meeresspiegels abgefedert werden soll. Da das Ausmaß des künftigen Anstiegs nicht genau bekannt ist, werden Deiche zum Teil von vornherein so angelegt, dass sie weitere Erhöhungen zulassen (Stelljes 2012: 17 f.). Mit dieser Variante kann man in Zukunft relativ leicht auf einen Anstieg des Meeresspiegels reagieren, hat aber nichts verloren, wenn der Meeresspiegel nicht so stark ansteigt wie befürchtet und kein weiterer Deichausbau nötig wird (Hofstede 2011: 13). Um auch der erwarteten Wechselhaftigkeit des Wetters etwas entgegenzusetzen, experimentiert man an der Ostseeküste mit sogenannten Beach Lounges – gastronomische Betriebe auf den Außenseiten der Deiche, die bei ungünstiger Wetter- bzw. Wasserstandslage ab- und später wieder aufgebaut werden können (Stelljes 2012: 18 f.). Solche Maßnahmen, mit denen man im Grunde nichts falsch machen kann, werden gelegentlich als »No-

Regret«-Maßnahmen bezeichnet. Was allerdings auf dem Papier als »No-Regret«- oder auch als rein »technische« Maßnahme erscheint, stellt sich in der Realität meist komplizierter dar und kann Konfliktstoff bergen. Die Einrichtung von Überflutungsräumen zum Beispiel ist nach Einschätzung eines Raumplaners des Schleswig-Holsteinischen Küstenschutzes »das allerheikelste Spiel, da es ja um Eigentum und Besitz geht« (Stelljes 2012: 23). Eine Analyse des Wuppertal Instituts über Risiken und Chancen deutscher Unternehmen in der Klimaanpassung empfiehlt etwa die Einrichtung von Wasserreservoirs für trockene Zeiten und Rückhaltebecken für Extremniederschläge, Investitionen in wetterresistente Infrastrukturen, den Bau von Deichen und Dämmen sowie die Anlage von Überflutungsgebieten gegen Hochwasser, die Ausweitung von Grünflächen in Städten gegen den Hitzeinseleffekt und ähnliches mehr. Das Resümee: »Ein großer Teil der Anpassung wird in der Anwendung technologischer und baulicher Maßnahmen liegen« (Wuppertal Institut 2008: 23). Doch bei Bauprojekten größeren Umfangs stellt sich immer die Frage, wessen Land, wessen Landnutzung, wessen Eigentum betroffen ist und wer die Kosten trägt. Ein Deichbau oder -ausbau zum Beispiel ist technisch kein Problem, kann aber aufgrund von Interessenkonflikten zum Problem werden. So etwa, wenn befürchtet wird, dass er den regionalen Tourismus beeinträchtigt.

Der Ausbau des Küstenschutzes in den Gemeinden Timmendorfer Strand und Scharbeutz an der Schleswig-Holsteinischen Ostsee ist so ein Fall. Er gilt als Musterbeispiel für erfolgreiche Bürgerbeteiligung und lokale Klimaanpassung. Gleichzeitig zeigt die Langwierigkeit und Kompliziertheit des dort verwendeten Verfahrens, wie schwierig kollektive Anpas-

sungsbemühungen aufgrund der Interessen- und Akteursvielfalt sein können, wenn man sich vor Augen hält, dass es
sich bei diesen Gemeinden mit ihren rund 9000 bzw. rund
11 000 Einwohnern noch um relativ kleinformatige Projekte
mit wenig Beteiligten handelt.

Das Problem widerstreitender Interessen und Gefahrenbe-
wertungen besteht dort bereits seit Jahrzehnten. Schon 1961
bezeichnete die staatliche Küstenschutzbehörde den Hochwasserschutz in Timmendorfer Strand und Scharbeutz als
mangelhaft und schlug zur Abhilfe den Bau von Deichen vor.
Diese und ähnliche Initiativen in späteren Jahren wurden von
den Gemeinden aber immer wieder zurückgewiesen, weil man
dort befürchtete, dass Deiche die touristische Attraktivität der
örtlichen Strände gefährden würden (EUCC 2005). Aus der
Sicht von Gemeinden, die wesentlich vom Tourismus leben,
ein berechtigter Einwand. Gleichzeitig waren jedoch noch im
Jahr 2000 bis zu 24 Prozent der Landesfläche im Fall einer extremen Sturmflut überschwemmungsgefährdet – und damit
die Häuser von knapp 350 000 Einwohnern und Sachwerte in
Höhe von 47 Milliarden Euro (Hofstede und Hamann 2000:
106). Das Problem verschärft sich dadurch, dass im Zuge des
Klimawandels ein weiterer Anstieg des Meeresspiegels erwartet wird – für die Ostsee geht der Schleswig-Holsteinische
»Generalplan Küstenschutz« von einem zusätzlichen Anstieg
um 30 cm bis zum Ende des Jahrhunderts aus (MLR 2001:
28 f.). Auf Initiative des damaligen Landesministeriums für
ländliche Räume, Landwirtschaft, Ernährung und Tourismus
(MLR) vereinbarten Gemeinden und Küstenschutzbehörden
im Jahr 2000, ein Konzept zu erarbeiten, das von allen Beteiligten mitgetragen würde. Die Einbeziehung der lokalen
Bevölkerung und eine softwaregestützte sogenannte Sensiti-

vitätsanalyse auf der Grundlage von Bürgergesprächen bildete das Kernstück des Verfahrens. In einer Reihe von großen Gesprächsrunden und kleineren Arbeitsgruppentreffen von lokalen Einwohnern unter Leitung neutraler Moderatoren wurden lokale Zusammenhänge, Werte, Interessen und Wechselwirkungen in einem Modell abgebildet. Dazu wurde zunächst ein »Variablensatz« erarbeitet, der die wichtigsten Aspekte des örtlichen sozialen Systems enthielt, beispielsweise die lokale Wirtschaftskraft, die Attraktivität der Tourismusangebote, die Erwerbssicherheit, die Zahl der Einwohner und Urlaubsgäste und einige mehr. Anschließend wurde in einer »Wirkungsmatrix« dargestellt, welche dieser Aspekte einander beeinflussen und wie stark. Beispielsweise hat die Gästezahl eine hohe Wirkung auf den Grad der Erwerbssicherung in den Orten, aber nur eine geringe auf die örtliche Lebensqualität und gar keine auf die Küstensicherung. Das Ergebnis war ein Systemmodell der örtlichen Verhältnisse, an dem nun anhand verschiedener Szenarios durchgespielt werden konnte, welche Maßnahmen zu welchen Folgen führen würden. Es dauerte zehn Jahre, bis schließlich doch Deiche gebaut waren. Um dem lokalen Interesse am Tourismus gerecht zu werden, war im Ergebnis nicht nur Hochwasser-, sondern auch Erosionsschutz berücksichtigt, damit die Strände als Touristenattraktion erhalten blieben. Außerdem wurde die Höhe der Deiche begrenzt, um den Seeblick nicht zu sehr zu behindern. Von vornherein waren Landschaftsarchitekten an der Planung der Baumaßnahmen beteiligt, um den Anspruch an eine weiterhin attraktive Landschaft umzusetzen, etwa durch die Einplanung und den Bau einer Strandpromenade. Regelmäßig wurden die lokalen Einwohner in anstehende Entscheidungen einbezogen und über den aktuellen Stand informiert. Gebaut wurde von 2006 bis 2011 – mit Rücksicht auf die sommerliche Urlaubssaison aber nur im Winter (Lehners 2011: 19).

Die Stärken eines solchen Verfahrens sind, dass Baumaßnahmen dadurch genau auf lokale Interessen und Bedürfnisse abgestimmt sind und infolge durchgehender Bürgerbeteiligung eine hohe Akzeptanz genießen. Zu den Schwächen zählt unter anderem die Angewiesenheit auf freiwillige Teilnehmer aus den betreffenden Orten, deren »Interessenverlust während der Sitzungen« und die »ermüdende und zeitaufwendige Prozedur« (Hofstede 2004: 240). Außerdem kosten die besonderen Anforderungen, die an einen solchen Kompromiss gestellt werden, natürlich Geld. Der Großteil der Kosten wurde in diesem Fall vom Land Schleswig-Holstein übernommen.

Das Beispiel veranschaulicht die Schwierigkeit, auf gesellschaftlicher Ebene gemeinsame Ziele zu definieren und sich kollektiv auf eine Strategie zu einigen. Bei Anpassungsproblemen und -projekten in größerem Maßstab sind die Schwierigkeiten entsprechend größer, weil tendenziell mehr verschiedene Interessen im Spiel sind und eine derart umfassende Beteiligung der Betroffenen an Entscheidungen immer weniger möglich ist. Diese Interessen können durchaus auch schwerer wiegen als die Erfahrungen einer Katastrophe in unmittelbarer Vergangenheit. Zehn Jahre nach der verheerenden Elbeflut im Jahr 2002 kritisierte der WWF, dass die Politik fast ausschließlich mit der Erhöhung und Verstärkung von Deichen reagiert habe, obwohl gerade diese Strategie dafür mitverantwortlich sei, dass Hochwasser so verheerende Folgen habe. Nur auf einer Strecke, die zusammen ein Prozent der damaligen Überschwemmungsgebiete ausmache, seien Deiche ins Landesinnere zurückverlegt worden, um der Elbe bei Hochwasser mehr Raum zu geben. Grund dafür seien nicht zuletzt die »Konflikte mit anderen Landnutzern und Interessensverbänden, vor allem der Landwirtschaft«. Daher müssten »ökonomisch und ökologisch tragfähige Bewirtschaftungskonzepte mit der Landwirtschaft erarbeitet«, also Kompromisse gefunden werden (WWF 2012).

Der Hinweis auf Interessenvielfalt und -konflikte als Hemmschuh für Klimaanpassung und notwendigen sozialen Wandel überhaupt könnten den gefährlichen Schluss nahelegen, dass Fortschritt hier eher in einer autoritären Gesellschaftsform zustande käme, in der Regierende sich eher über Partikularinteressen hinwegsetzen können – Stichwort »Öko-Diktatur«. Dies ist jedoch aus zwei wesentlichen Gründen ein Trugschluss. Zum einen ist natürlich auch ein autoritäres Regime nicht unabhängig von den Interessen mächtiger Gruppen und Wirtschaftssektoren in der Gesellschaft. Ein autoritäres Regime, das ökologischen Erwägungen eine höhere Priorität zuschreibt als dem eigenen Machterhalt, hat die Welt noch nicht gesehen, und der eigene Machterhalt beruht wesentlich auf der Loyalität oder zumindest Gefolgschaft mächtiger Gruppen, neben Militär und Polizei vor allem aus der Wirtschaft. Gleichzeitig können auch die Interessen der weiteren Bevölkerung nicht ignoriert werden, wenn es nicht zu Unruhen und Aufständen kommen soll. Keine Herrschaft kann es sich leisten, die in der Gesellschaft maßgeblichen Interessengruppen nicht einzukalkulieren.

Außerdem speisen Demokratie und Pluralismus nicht nur Interessen in politische Entscheidungen ein, sondern vor allem auch Wissen. Dies wird am dargestellten Beispiel des Küstenschutzes an der Ostsee deutlich. Die lokalen Einwohner wurden nicht nur nach ihren Interessen befragt, sondern ihre

Partizipation war die Voraussetzung dafür, überhaupt zu einem differenzierten Bild der örtlichen Verhältnisse zu gelangen. Das beschriebene Grundproblem moderner Gesellschaften, dass Zentralregierungen längst nicht über alle komplexen Zusammenhänge in ihrem Staatsgebiet Kenntnis haben und informierte Entscheidungen treffen können, würde sich in einer Gesellschaft mit weniger Partizipation nicht auflösen, sondern im Gegenteil verschärfen.

## 7.4　Der staatliche Rahmen

Wie bundesweite politische Rahmensetzung und kommunale Maßnahmen, technisch-wissenschaftliche Probleme und individuelles Verhalten aufeinandertreffen, zeigt etwa das Problem der Feinstaubbelastung, das für die Gesundheit der Bevölkerung relevant und deshalb eine Staatsaufgabe ist, aber auf lokaler Ebene entsteht und variiert. Im Zuge der Umsetzung einer EU-Richtlinie hierzu hat der Bund Kommunen und Bezirksregierungen im Jahr 2002 verpflichtet, Pläne und Maßnahmen zur Verbesserung der Luftqualität vorzulegen. Als eine solche Maßnahme richteten 2008 zunächst Berlin, Hannover und Köln sogenannte Umweltzonen ein (UBA 2008), in denen Autos mit starkem Schadstoffausstoß je nach aktueller Belastung nur eingeschränkt fahren dürfen; bis 2011 sind ihnen etwa 50 weitere Städte und Gemeinden darin gefolgt, allerdings noch mit eher laxen Fahrbeschränkungen. Nach ersten Erfahrungen halten Experten die Umweltzonen für geeignet, die Feinstaubbelastung zu senken. Allerdings geschah das bisher nur in der Größenordnung von bis zu zehn Prozent (UMID 2011: 7 f.), weil nur ein Teil des Feinstaubs aus dem lokalen Straßenverkehr stammt und andere Faktoren in die jeweilige Konzentration einfließen – etwa Emissionen aus Industrie, Privatheizungen und Landwirtschaft (UBA 2012a). In Berlin schlugen sich im vergangenen Jahr sogar Waldbrände in der Russischen Föderation in der Feinstaubbilanz nieder (FAZ, 10. 01. 2012).

Dass in den vergangenen Jahren die Gesamtbelastung seit Einführung der Umweltzonen nicht in großem Umfang gesunken ist, nährte in der Bevölkerung wieder Zweifel an deren Sinn und Zweck. »Kurioserweise ziehen Autofahrerlobby und Umweltverwaltung aus derselben Ausgangslage gegensätzliche Schlüsse«, schrieb der Berliner Tagesspiegel am 16. März 2010: Die Zahlen, die besagen, dass die Feinstaubbelastung insgesamt nicht gesunken ist, sind unumstritten, und ebenso, dass der Straßenverkehr nur eine von vielen Quellen ist, aus denen der Feinstaub kommt. Während nun aber viele Autofahrer mit dem ADAC (2009) die Wirkungslosigkeit von Umweltzonen bestätigt sehen, wird aus Sicht des Umweltschutzes argumentiert, dass alle Erzeuger ihren Beitrag zur Reduzierung der Luftbelastung leisten müssten, und sehen den Beitrag der Umweltzonen zwar als relativ gering, aber als Schritt in die richtige Richtung an (UBA 2012a, BUND 2009).

Der Konflikt um die Umweltzonen ist in vielerlei Hinsicht beispielhaft für Konflikte um Umwelt- und Klimaschutz, aber auch Klimaanpassung, soweit es sich um Maßnahmen handelt, die auf Expertenwissen beruhen und von Verwaltungen und Regierungen beschlossen werden. Zunächst einmal bedeuten solche Maßnahmen für den Einzelnen erzwungene Verhaltensänderungen und Einschränkungen im persönlichen

Komfort. Letztere entstehen natürlich auch durch die Gesund-
heitsbelastungen aufgrund des Feinstaubs, aber deren Zusammenhang mit der Entstehung der Luftverschmutzung, dass
also die Allergie oder Atemwegsbeschwerden einer Person
durch die Mobilitätsgewohnheiten auch dieser Person mitver-
ursacht sind, entzieht sich der direkten Wahrnehmung. Zwar
sind auch Einschränkungen der Gesundheit konkret spür-
bar, aber ihre Verursachung durch Umweltverschmutzung beziehungsweise Klimawandel ist es nicht. Diese Verursachung
muss häufig erst durch Experten in Wissenschaft und Politik
aufgezeigt und verdeutlicht werden, die sich natürlich auch ir-
ren und von verschiedensten Interessen geleitet sein können,
und bleibt selbst, wenn diese Experten ein hohes Maß an Vertrauen genießen, gegenüber den persönlichen Einschränkungen, die einem abverlangt werden, relativ abstrakt. In dieser
Hinsicht verhalten wir uns alle ein wenig wie Raucher, für die
der gegenwärtige Komfort des Rauchens eine stärkere Motivation erzeugt als die daraus entstehende Gesundheitsgefahr,
die ernst und erheblich ist, aber zunächst nur als abstraktes
Wissen um eine mögliche Zukunft wahrnehmbar wird.

Im Jahr 2007 traten Forscher der Universität Bonn mit
einem ungewöhnlichen Lösungsvorschlag für das Feinstaub-
problem an die Öffentlichkeit. Wie Labortests ergeben hatten,
so teilten sie mit, können natürliche Moose große Mengen an
Feinstaub binden. Eine Moosfläche von 1 m$^2$, so seinerzeit der
Biologe Marko Sabovljevic, hätte im Labor binnen weniger
Stunden 20 g Feinstaub aufgenommen – 6 g mehr als an einer
vielbefahrenen Straße auf derselben Fläche pro Jahr zu Boden
fallen (VBIO 2007). Solche Lösungen sind vor allem deshalb
so verführerisch, weil sie ermöglichen würden, dass wir unsere Gewohnheiten nicht ändern müssten; es würde genügen,

wenn die öffentlichen Verwaltungen in stark belasteten Gebieten Moosstreifen anlegen würden. Das würde eine doppelte psychologische Entlastung bedeuten. Die diffuse Besorgnis über den Feinstaub wären wir ebenso los wie ein eventuelles Schuldgefühl beim Autofahren. Gegenüber anderen im engeren Sinn »technischen« Lösungen, für die im Prinzip dasselbe gilt, ist diese sogar noch einmal charmanter, weil Moos etwas Natürliches ist.

Das Verführerische des Vorschlags zeigt sich darin, dass sich das Umweltbundesamt im Jahr 2010 zu einer Art Gegendarstellung genötigt sah. Beim Amt seien »zahlreiche Anfragen von kommunalen Vertretern, aber auch von Bürgerinnen und Bürgern« eingegangen, die durch »Pressemitteilungen, Fernsehinterviews, Internet-Foren-Beiträge und dergleichen« von den Moosmatten gehört hatten und hofften, auf »einschneidende Maßnahmen der Luftreinhalteplanung, wie Umweltzonen, Dieselpartikelfilter oder Durchfahrtsverbote« könne nun verzichtet werden. Eine solche Aussicht ist dabei nicht nur verführerisch für Autofahrer, sondern setzt zugleich die kommunalen Behörden gegenüber den Einwohnern unter Rechtfertigungsdruck. Wenn es so einfache Lösungen gibt, warum werden sie dann nicht umgesetzt und den Bürgern stattdessen Umweltzonen aufgebürdet? Ohne wissenschaftliche Expertise aber können kommunale Behörden und Regierungseinrichtungen eine solche Frage gar nicht beantworten. Es entsteht also eine komplizierte Gemengelage von individuellen Interessen und Ansprüchen von Bürgern, zum Teil vertreten durch Verbände (z. B. den ADAC) und Medien, politischen Verantwortlichkeiten auf verschiedenen Ebenen und wissenschaftlichen Unklarheiten, deretwegen nun das Umweltbundesamt eine Klarstellung für nötig hielt. Der Ansatz sei »kontraproduktiv«, so das Amt weiter, weil einmal freigesetzter Staub »nicht in nennenswertem Umfang ›eingefangen‹ werden« könne; die Laborbedingungen seien nicht auf die freie Atmosphäre übertragbar, und an dem Bonner Autobahnstück, wo zu Testzwecken 150 m Moosmatten ausgelegt worden waren, finde gar keine Überwachung der Feinstaubbelastung statt – getestet werde dort nur die Handhabbarkeit der Matten, jeder Nachweis ihrer Wirksamkeit unter Realbedingungen fehle. Der Feinstaub müsse weiterhin »an der Quelle seiner Entstehung gemindert werden« (UBA 2010d).

In diesem Beispiel zeigen sich zwei wesentliche Arten, auf die der Staat zur Klimaanpassung beitragen kann. Er kann erstens Probleme benennen, dazu Forschung durchführen (lassen) und Informationen bereitstellen. In diesem Fall geschah dies durch das Umweltbundesamt, das mit großem Aufwand die Luftqualität überwacht und zu diesem Thema forscht und informiert. Zweitens kann er gesetzliche Rahmen vorgeben, etwa in Form von Richtlinien, Grenzwerten und Sicherheitsstandards. Das war in diesem Fall die Feinstaubrichtlinie und die Aufforderung an die Kommunen, die Luftqualität zu verbessern.

Diese zwei Schwerpunkte werden beispielsweise an dem Aktionsplan deutlich, der 2011 von der Bundesregierung beschlossen wurde, um die »Deutsche Anpassungsstrategie« zu konkretisieren. Dieser Aktionsplan ist in vier Säulen gegliedert (BMU 2011b: 2). Die erste, überschrieben mit »Wissen bereitstellen, informieren, befähigen«, bezieht sich auf die Unsicherheiten bezüglich künftiger Entwicklungen und der angemessenen Reaktionen darauf. Hier geht es im weitesten Sinn um Investitionen des Bundes in Forschung und Information. Weil bezüglich Klimawandelfolgen auf vielen Gebieten noch erheblicher Forschungsbedarf besteht, ist dies »die am stärksten ausdifferenzierte Säule des Aktionsplans« (ebd.: 19). Ein wesentlicher Aspekt dieser Säule besteht darin, Geld bereitzustellen – etwa für die genannten regionalen »KLIM-ZUG«-Projekte (www.klimzug.de) oder die Informationsplattform »KomPass« (www.anpassung.net). Die zweite Säule, »Rahmensetzung durch die Bundesregierung«, beinhaltet Gesetzgebung, Regulierung und Förderung von Anpassungsprojekten. Die dritte, »Aktivitäten in direkter Bundesverantwortung«, ist weniger umfangreich und widmet sich Infrastrukturen, die direkt dem Bund unterstehen, wie Wasserstraßen und Immobilien oder Wälder in öffentlichem Besitz. Die vierte Säule, »Internationale Verantwortung«, verweist auf eine wesentliche Grenze staatlicher Handlungsspielräume – denn der Staat ist in internationale Abhängigkeiten eingebunden und muss diesen Rechnung tragen. Dabei geht es wiederum zum einen um finanzielle Verpflichtungen und zum anderen um gesetzliche Rahmen, etwa in Form der Umsetzung von EU-Richtlinien in deutsches Recht. Gleichzeitig steht der Staat natürlich unter dem Druck von Interessengruppen und Wählern. Sein Handlungsspielraum ist also von außen und innen begrenzt. Der Kurs, den Regierungen einschlagen, wird sich daher nicht allzu weit von jenem mittleren Kurs, der sich aus den inner- und zwischenstaatlichen Kräfteverhältnissen ergibt, entfernen. Dies umso mehr, da in Bezug auf all jene Handlungsfelder, in denen Klimaanpassung stattfinden kann, bereits eine Politik existiert – also zum Beispiel eine Landwirtschafts-, Forst-, Gesundheits-, Verkehrs- oder Umweltpolitik. Man stößt hier auf einen ähnlichen Befund wie zahlreiche westliche Regierungen in den 1990er Jahren, als das Schlagwort der »Nachhaltigkeit« Konjunktur hatte:

Mit einem zusätzlichen Nachhaltigkeitsressort oder -beauf-
tragten lässt sich Nachhaltigkeit nicht erreichen; dazu müssten vielmehr die schon vorhandenen Ressorts ihre Politik
entsprechend ändern. So auch bei der Anpassung. Die bestehenden Ressorts, formuliert der deutsche »Aktionsplan«
unverbindlich, sind »angehalten, bei relevanten Rechtset-
zungsvorhaben [...] zu prüfen, ob es sachlich erforderlich und
angemessen ist, Klimafolgen bzw. Anpassungserfordernisse
als Ziel, Grundsatz oder auch als Abwägungsaspekt aufzuneh-
men« (ebd.: 30).

Der Aktionsplan verweist deutlich darauf, dass der Bund
nur begrenzt als zuständig angesehen wird. Anpassungsmaßnahmen sollten »gemäß dem Subsidiaritätsgrundsatz auf der
jeweils am besten dafür geeigneten Entscheidungsebene beschlossen und umgesetzt werden«. Vielfach werde dies »die
lokale oder regionale Ebene sein«. Und schließlich liege die
Verantwortung für die Anpassung an den Klimawandel »im
Wesentlichen bei Bürgern und Unternehmen selbst« (ebd.: 9).
Durch Rahmensetzung und Förderung von Forschung und In-
formationsaustausch wirkt der Staat dennoch erheblich darauf ein, wie Klimawandel und Anpassung in der Gesellschaft
wahrgenommen und angegangen werden. Eakin u. a. (2009)
unterscheiden drei dominierende Herangehensweisen an Klimaanpassung, die alle bestimmte Stärken und Schwächen,
Vor- und Nachteile haben. Der erste Ansatz ist der risiko-
basierte. Man identifiziert bestimmte Gefahren und darauf
zugeschnittene Abhilfemaßnahmen, die dann umgesetzt werden, sofern das Verhältnis von Aufwand und Nutzen günstig
ist. Dieser Ansatz dominiert die deutsche Strategie. Das wird
deutlich, wenn es im Aktionsplan heißt, zunächst sei eine
»sektor- und handlungsfeldübergreifende, einheitliche Bewer-

tung« von Klimarisiken und -folgen nötig, um Handlungser-
fordernisse zu erkennen und die dringendsten priorisieren zu
können. Der Schwerpunkt des Plans auf Forschung und Wis-
sensvermittlung wird vor diesem Hintergrund damit begründet, dass eine solche umfassende Analyse noch nicht vorliege
(BMU 2011b: 12). Diese Herangehensweise ist offensichtlich
rational, gut begründbar und berechenbar. Sie hat aber auch
Nachteile. Zum einen geht bei dem Bestreben, Handlungser-
fordernisse für ein Land insgesamt zu priorisieren, einiges an
Komplexität verloren. Vom Hochwasserschutz etwa sind zahlreiche Interessen und auch Ökosysteme betroffen. Legt man
ein vereinfachtes Bild von Handlungsbedarf und Lösung zugrunde, wird man in der Regel immer unbeabsichtigte Nebenfolgen der eigenen Eingriffe zu gewärtigen haben. Zum
zweiten besteht bei der Priorisierung von Handlungsbedarf
die Gefahr, dass vor allem die Interessen machtstarker Gruppen Eingang in die Strategie finden, weil diese sich besser Ge-
hör verschaffen können. Und zum dritten steht der risikoba-
sierte Ansatz auf Kriegsfuß mit der Ungewissheit künftiger
Entwicklungen. Problemorientierte technische Maßnahmen
können genaugenommen nur funktionieren, wenn Klarheit
über das jeweilige Problem besteht, was hinsichtlich der Zukunft eher die Ausnahme ist. Auch daraus begründet sich der
Schwerpunkt des Aktionsplans auf Forschung – und ebenso
der Vorzug, den er den sogenannten *no-regret*-Maßnahmen
gibt.

Der zweite Ansatz orientiert sich an der Vulnerabilität von
Akteuren und sozialen Einheiten. Er ist wesentlich moralisch
begründet und sieht vor, besonders betroffene Gruppen zu
identifizieren und bei ihnen für Abhilfe zu sorgen. Dieses
Prinzip kommt beispielsweise immer dann zum Tragen, wenn

Bund oder auch Länder den Geschädigten eines Sturms oder Hochwassers finanziell aushelfen. Der moralische und politische Sinn dieses Ansatzes liegt auf der Hand. Doch auch er setzt an der Gegenwart und scheinbar isolierbaren Problemen an. Zudem ist er in vielen Fällen als bloße Symptombekämpfung anzusehen, mit der die zugrundeliegenden Probleme nicht gelöst werden, aber permanent Kosten entstehen und Mittel gebunden werden.

Eine entschiedene Zukunftsorientierung hat im Grunde nur der dritte Ansatz, der auf die Erhöhung der gesellschaftlichen Resilienz zielt. In einem sozialökologischen Zustand, der von sich aus widerstandsfähiger gegen Störungen ist, wird eine genaue Prognose künftiger Entwicklungen nicht benötigt. In diese Richtung gehen Pläne wie die Kultivierung von Mischwäldern, die verschiedenste Störungen besser bewältigen können, die Renaturierung von Flüssen und Auen, die vor Hochwasser schützt und Flussökosysteme aufwertet, und die Stadtbegrünung, die nicht nur kühlt, sondern auch günstig auf die biologische Vielfalt und städtische Lebensqualität wirkt. Theoretisch gesprochen, ist der Resilienzansatz am ehesten ideal und wünschenswert, aber in der Praxis wird gerade seine Zukunftsorientierung zum Problem, weil sie oft im Konflikt mit Interessen der Gegenwart steht.

Eakin u. a. empfehlen, diese Unterschiede der Herangehensweisen, die meist nicht ausgesprochenen Annahmen, die ihnen zugrunde liegen, und die damit gesetzten Prioritäten deutlicher zu benennen und zum Teil der öffentlichen Diskussion über Klimawandel und -anpassung zu machen. Denn so oder so sind die Entscheidungen, die in dieser Frage zu treffen sind, nicht nur technischer und volkswirtschaftlicher Art, auch wenn man sie als solche behandelt. Ihnen liegen immer auch gesellschaftliche Werte – eingangs sprachen wir von »Sollwerten« – und Zielvorstellungen zugrunde. Es geht, anders ausgedrückt, nicht nur darum, welche Maßnahme zu welchem Zweck geeignet ist und wie viel sie kostet, sondern vor allem auch darum, in was für einer Gesellschaft wir leben wollen.

# 8

# Deutschland 2040:
# Zwei Varianten der Zukunft

Bernd Sommer und Sebastian Wessels

Deutschland, August 2040. Seit etwa 14 Tagen werden fast flächendeckend in Deutschland Temperaturen von über 35 °C gemessen. In den Großstädten im Südwesten Deutschlands, entlang des Rheins, im Ruhrgebiet sowie in Berlin und München
verzeichnen die Wetterstationen sogar 40 °C oder mehr. Erhöhte Nachttemperaturen machen die Hitze dort zur Dauer-
belastung. Bauarbeiten wurden ausgesetzt, Firmen und andere Einrichtungen ohne Klimatisierung haben den Betrieb
heruntergefahren oder ganz eingestellt. Auf den Straßen ist
es ruhiger als sonst im Sommer; viele bleiben zu Hause, sind
verreist oder halten sich an überfüllten Badeseen, in Freibä-
dern und anderen Naherholungsgebieten im Grünen auf. Die
Möglichkeiten sind jedoch begrenzt. Immer wieder müssen
Waldgebiete wegen Insektenbefalls, Versprühen von Insektiziden oder Waldbrandgefahr gesperrt werden. Kaum jemand
hat noch den Überblick, aus welchen Gründen gerade gesperrt
und welches Insekt bekämpft wird. Schon nach dem Orkan

»Gerald« im Februar waren viele Waldgebiete vor allem im Nordwesten Deutschlands gesperrt gewesen, zunächst während der Aufräumarbeiten, dann wegen der Anwendung von Insektenvertilgungsmitteln gegen eine befürchtete Massenausbreitung des Nachtfalters Nonne, welche die sturmgeschädigten Wälder in Mitleidenschaft zu ziehen drohte. An die häufiger gewordenen allergischen Reaktionen und Entzündungen, die durch Kontakte mit Insekten zustande kommen, hat man sich mittlerweile gewöhnt; sie verlaufen meist unproblematisch. Schwerere Erkrankungen, die von Insekten, Nagetieren oder Pflanzen herrühren, sind immer noch relativ selten. Deswegen sind die Waldsperrungen für die meisten mehr Ärgernis als Grund zur Sorge. Dass man seit einigen Jahren immer mehr Moskitonetze an Fenstern und Balkontüren sieht, liegt eher daran, dass das generell erhöhte Insektenvorkommen lästig ist, als dass man Angst davor hätte.

Überall in den Städten unterbieten Plakatwände einander mit Billigpreisen für Fernreisen. Nachdem zu Anfang und Mitte der 2020er Jahre die Erwartungen bezüglich des künftigen globalen Temperaturanstiegs wiederholt nach oben korrigiert wurden und Wissenschaftler in neuer Deutlichkeit vor möglichen Kipppunkten warnten, war eine Regierungskoalition mit starkem ökologischem Schwerpunkt gewählt worden. Diese hatte unter anderem gegen heftige Proteste von Wirtschaftsverbänden, Touristikunternehmen und Teilen der Bevölkerung eine Kerosinsteuer eingeführt. Die verbreitete ökologische Besorgnis war jedoch wieder abgeebbt, nicht zuletzt weil vor allem die steigende Arbeitslosigkeit und Staatsverschuldung wieder in den Vordergrund rückten. So wurde diese Steuer infolge des extrem heißen Sommers 2031 und vor dem Hintergrund von Diskussionen um ein »Recht auf Reisen«

und die deutsche Wettbewerbsfähigkeit wieder gekippt, was zusammen mit der starken Nachfrage nach erschwinglichen Reisen schließlich eine Renaissance der Billigflüge ermöglicht hat.

Die deutschen Küsten sind derweil längst ausgebucht und mit dem Besucheransturm überfordert. Dort wird vielfach wild gecampt. Nach Sperrungen einzelner Strände wegen Blaualgenbefalls ist die Stimmung in den Urlaubsgebieten angespannt. Teilweise werden die Badeverbote ignoriert. Lokale Einwohner, Polizei, Ärzte und Krankenhäuser in den Küstenorten, traditionell eher auf ältere Bade- und Kurgäste eingestellt, stehen vor neuen Herausforderungen. Scharfe Kritik richtet sich gegen die Politik, die sich in der Vergangenheit zu wenig um Lebensqualität und Naherholungsgebiete in Ballungszentren gekümmert habe. Medienberichte über ihren tatsächlichen oder vermeintlichen Luxus-Urlaub im Norden, während Deutschland unter der Hitze ächzt, wollen sie nicht riskieren. Politische Kommentatoren erwarten nach der Sommerpause eine weitere Eskalation des politischen Streits. Vor zwei Jahren hatte die Staatsverschuldung wieder einmal die Marke von 100 Prozent des Bruttoinlandsprodukts gerissen, und die Koalition hatte verlautbart, sich daran messen lassen zu wollen, sie in der laufenden Legislaturperiode »deutlich« zu senken. Bislang ist allerdings nicht erkennbar, wie sie das erreichen will. Die letzten Parlamentsdebatten vor der Sommerpause waren heftig ausgefallen. Auf Videoplattformen im Internet wurde ein Clip zum »Sommerhit«, der zeigte, wie der Bundestagspräsident nach einer Reihe energischer Ordnungsrufe selbst die Fassung verliert. Bereits seit einigen Jahren zeichnet sich der Trend ab, dass immer mehr junge Leute die deutschen Küsten als Urlaubsort für sich entdecken, auch wenn es noch nie so viele waren wie in diesem Jahr. Wildcampen oder auch konventionelles Campen in Verbindung mit Sonderangeboten der Deutschen Bahn ist für viele die günstigste oder auch die einzig bezahlbare Möglichkeit, Urlaub am Meer zu machen. Gleichzeitig ist für sozial Benachteiligte vielfach der Leidensdruck in der Stadthitze am größten – in den ärmeren Stadtteilen sind die Gebäude schlecht gedämmt, Klimaanlagen kann man sich nicht leisten, und mangels Grün- und Wasserflächen steigen die Temperaturen dort am höchsten. Zudem liegen attraktive Naherholungsgebiete für gewöhnlich nicht in ihrer Nähe, und die Verkehrsanbindung ist schlecht.

Die Dauer und Intensität der Hitze setzen besonders alten und kranken Menschen zu. In den Notaufnahmen muss im Vergleich zu normalen Sommertagen ein Vielfaches an Patienten behandelt werden, die über Atemnot klagen oder aufgrund von Flüssigkeitsmangel oder Kreislaufschwäche zum Teil einfach auf offener Straße zusammenbrechen. Allein im Juli und August werden bereits mehrere Tausend Todesfälle der Hitze in Verbindung mit Smog zugeschrieben. Zwar hat sich die durchschnittliche Luftqualität in den vergangenen Jahrzehnten langsam verbessert, aber zeitlich oder räumlich begrenzte hohe Schadstoffkonzentrationen kommen immer wieder vor – teils aufgrund von Versäumnissen der Stadtplanung, teils aufgrund finanziell bedingter Handlungsunfähigkeit von Kommunen und teils einfach aufgrund der Tatsache, dass ein Großteil des Personen- und Güterverkehrs immer noch auf Straßen stattfindet und eine Entlastung von Verkehrsknotenpunkten mangels Alternativen nicht möglich ist. Nachdem nahezu jeder PKW mit einer Klimaanlage ausgestattet ist, haben Autobesitzer einen zusätzlichen Anreiz, ihre

Wege mit dem Auto zurückzulegen – für viele ist das Auto in der Stadthitze ein Ort, an dem sie sich im Alltag wenigstens vorübergehend von der Hitze erholen können.

Nach dem sprunghaften Anstieg der Todesfälle seit Beginn der Hitzewelle sind in einigen Städten die Leichenhallen überfüllt. Lebensmittel-Kühlhäuser werden – wie bereits im Hitzesommer 2003 in Frankreich – zu Leichenhallen umfunktioniert. Nachdem sich Fälle häufen, in denen Hitzetote und andere Verstorbene ohne Angehörige erst Tage nach dem Ableben mit Einsetzen des Verwesungsgeruchs in ihren Wohnungen entdeckt werden, entbrennt in Politik, Feuilletons und Talkshows eine Debatte über den Zustand der Gesellschaft. Eine große deutsche Boulevardzeitung spricht vom »Horror-Sommer« und macht die Leichenfunde mehrmals zur Titelgeschichte. Die Bundespräsidentin hält eine vielbeachtete Rede über den Verlust an Achtsamkeit und Mitmenschlichkeit im 21. Jahrhundert und spricht von einer »Kulturkrise«, in der man sich daran erinnern müsse, wie wichtig der soziale Zusammenhalt sei. Ihre Initiative findet viel Zuspruch, aber ruft auch Kritik hervor – die soziale Vereinzelung insbesondere von älteren Menschen und ihre Gründe seien doch seit langem bekannt, aber immer ignoriert worden. Das Gleiche gelte für die wachsende soziale Ungleichheit. Auch jetzt bleibe es aber bei gutgemeinten Appellen. Die Bundesregierung fordert die Bevölkerung auf, besonders auf kranke und ältere Menschen in der Nachbarschaft zu achten. Das Gesundheitsministerium richtet eine Hotline für Beratung und Nothilfe ein und stellt in Broschüren und per Internet Informationen über Hitzegefahren, Warnzeichen und Möglichkeiten, zu helfen, bereit.

Die Krisenstimmung verschärft sich dadurch, dass mit dem mehrwöchigen Ausbleiben des Niederschlags in zahlreichen

Großstädten vom angesammelten Unrat in der Kanalisation ein Modergeruch ausgeht, der von vielen irrtümlich für Leichengeruch gehalten wird. Die Verlautbarungen der zuständigen Behörden, dass die Anzahl der Leichenfunde relativ zur Gesamtbevölkerung verschwindend gering ist, kommen kaum gegen die aufgeregte Medienberichterstattung an. Einzelne Fälle von Lebensmittelvergiftungen, wie sie bei extremer Hitze vorkommen können, wenn Lebensmittel bei Transport oder Lagerung unzureichend gekühlt werden, schüren Angst vor Epidemien, welche zusätzlich zur sommerlichen Stadtflucht beiträgt.

Etwa eine Woche nach Einsetzen der Hitzewelle sind schwere Waldbrände ausgebrochen – insbesondere im nordöstlichen Tiefland und im südwestdeutschen Mittelgebirge – und haben bereits mehrere tausend Hektar Wald zerstört. Die Löscharbeiten erschwert, dass aufgrund der desolaten Lage der öffentlichen Haushalte in den vergangenen Jahren sowohl bei der Feuerwehr als auch beim Technischen Hilfswerk wiederholt die Finanzmittel gekürzt wurden. Offiziell wurde dies damit gerechtfertigt, dass Brände durch »Fire Watch« und ähnliche Überwachungssysteme heute so schnell erkannt würden, dass zum Löschen weniger Einsatzkräfte nötig seien als früher. Beim gleichzeitigen Ausbruch von Bränden an verschiedenen Orten aber fehlen nun häufig sowohl Personal als auch Ausstattung, um alle Brände effektiv zu bekämpfen. Die Waldbrände verbreiten sich vielerorts umso rasanter, da die Wälder noch von »Gerald« geschädigt sind. In Brandenburg ist außerdem das Löschwasser knapp. Die Reserven, die jedes Jahr für den Fall eines trockenen Sommers angelegt werden, hatte man bereits Anfang August in dem Bemühen aufgebracht, einen totalen Ernteausfall zu verhindern. Dank der Lieferung von

Wasser aus benachbarten Bundesländern ist die Trinkwasserversorgung nicht gefährdet, aber alle anderen Nutzungsarten leiden erheblich unter der Knappheit – auch die Feuerwehr. Behörden und Landesregierung richten dringende Appelle an die Bevölkerung, Wasser zu sparen.

Angesichts der Trockenheit hatte man bereits im Frühsommer mit landwirtschaftlichen Ertragseinbußen gerechnet, doch nun ist fraglich, ob ein regionaler Totalausfall der Ernte noch abgewendet werden kann. Trotz verschiedener Anläufe ist es in Deutschland bislang nicht gelungen, eine staatlich bezuschusste Versicherung gegen Ernteausfälle aufzubauen, wie sie seit langem in den USA existiert. Wegen der Nutzungskonkurrenz beim Wasser und – wie Kritiker behaupten – der Lobbyarbeit von Biotechnologiekonzernen hatten Bundes- und Landesregierungen sich immer wieder dagegen gesperrt, den Ausbau von Beregnungsanlagen zu unterstützen, und stattdessen auf Zucht und Anbau angepasster Arten gedrängt. In Jahren mit durchschnittlicher Witterung zeigt diese Strategie durchaus Erfolge, doch eine extreme Hitze und Trockenheit wie diese ist auch für die genügsamste Kulturpflanze nicht zu bewältigen. Der deutschen Landwirtschaft drohen Ernteverluste in zweistelliger Milliardenhöhe.

Infolge der Hitze und Trockenheit sinken Donau, Rhein und andere Flüsse auf die niedrigsten Pegelstände in ihrer Geschichte. Kraftwerke und Industrieanlagen, denen das Kühlwasser fehlt, stellen die Produktion ein. Auch die Schifffahrt ist stark eingeschränkt, einige Kanäle sind komplett für den Schiffsverkehr geschlossen. Hinzu kommt, dass die von »Gerald« verursachten Schäden an Straßen und Schienenwegen aufgrund der angespannten Situation der öffentlichen Haushalte noch nicht gänzlich behoben wurden. Nun, da auch der

Schiffsverkehr zum Erliegen kommt, verzögert sich bei unzähligen Produktionsbetrieben die Lieferung von Werkstoffen. Kleinere Unternehmen mit geringen Rücklagen stehen vor dem Aus. Das Finanzministerium korrigiert bereits das erwartete Steueraufkommen für das laufende Jahr nach unten. Noch in der Sommerpause stellt die Bundesregierung vage einen Hilfsfonds für betroffene Unternehmen in Aussicht.

Auch in der Bevölkerung wächst die Unzufriedenheit mit den politischen Entscheidungsträgern und Behörden. Seit den schweren Finanz- und Währungskrisen zu Beginn des Jahrhunderts hatten sich deutsche Bundesregierungen leidlich bemüht, die Neuverschuldung zu begrenzen, doch ein Abbau der angehäuften Schuldenlast war nie gelungen. Immer wieder war auch die verfassungsrechtlich verankerte »Schuldenbremse« umgangen worden – häufig im Zusammenhang mit Naturkatastrophen wie den schweren Hochwassern an Rhein und Oder 2017, 2028 und 2030, Stürmen, Hagelfällen und eben Hitzewellen. Immer wieder war in der Politik heftig darüber gestritten worden, ob eine Naturkatastrophe denn ein Blankoscheck für ungezügeltes Schuldenmachen sein könne und ob der Begriff nicht auf solche Ereignisse eingeschränkt werden solle, die auch bei einer vorausschauenden und wissenschaftlich fundierten Politik nicht vorhersehbar und handhabbar seien. So führten Kritiker der Regierungspolitik die deutschen Hochwasser-, Hitze- und Sturmschäden der vergangenen Jahre, die verschiedenen Anläufen zu einer Konsolidierung der Finanzpolitik einen Strich durch die Rechnung gemacht hatten, vor allem auf Planungsversäumnisse zurück. Regierungen umgekehrt nutzten diese Lesart wiederholt, um nicht nur für Schadensbehebung, sondern auch für Investitionen die Schuldenbremse außer Kraft zu setzen. Erstmals hatte 2022 das Bundesverfassungsgericht darüber zu entscheiden, ob eine staatliche Förderung von wassersparenden Umlaufkühlsystemen für Industrieanlagen und Kraftwerke mit Berufung auf den Katastrophenfall durch Neuverschuldung finanziert werden dürfe. Schließlich ging es dabei nicht um die Bewältigung einer aktuellen Hitzewelle, sondern um die Erwartung zukünftiger. Verschärfend kam der seinerzeit oft gehörte Vorwurf hinzu, eigentlich handele es sich bei der Förderinitiative schlicht um eine kaum versteckte Subvention für Kohlekraftwerke.

Die sozialen Probleme zusammen mit dem verbreiteten Eindruck, dass sich in der Politik ebenso das Chaos einschleicht wie auf den Straßen der Großstädte und an den Küsten, geben wieder einmal den Rechtspopulisten Aufwind. Auch dies sehen viele in Hinblick auf die Möglichkeit vorgezogener Neuwahlen mit Sorge. Der Rücktritt des Innenministers war so gesehen ein riskanter Schritt, nährte er doch die Zweifel an der Stabilität der Koalition. Sein designierter Nachfolger ist weitgehend unbekannt; niemand weiß, was von ihm zu erwarten ist. Die meisten hoffen jedenfalls, dass der Regierung im September ein paar kluge Entscheidungen gelingen – und vor allem, dass es bald abkühlt und regnet.

Deutschland, August 2040. Seit etwa 14 Tagen werden fast flächendeckend in Deutschland Temperaturen von über 35 °C gemessen. In den Großstädten im Südwesten Deutschlands, entlang des Rheins, im Ruhrgebiet sowie in Berlin und München verzeichnen die Wetterstationen sogar 40 °C oder mehr. Die Situation ist allerdings weit weniger ernst als bei der großen Hitzewelle im Jahr 2031. Mit Hilfe staatlicher Förderung von dämmenden Baumaterialien sowie Begrünung von Wänden und Dächern ist die thermische Belastung von Gebäuden erheblich reduziert worden. Außerdem wurden in den Städten die Grünflächen ausgebaut, die eine Kühlwirkung für die Stadt insgesamt haben, aber in Hitzeperioden auch attraktive Aufenthaltsorte bieten. Davon profitieren nicht zuletzt die Bewohner ärmerer Stadtteile, deren Häuser erst mit Verzögerung auf den neusten Stand gebracht werden.

Die Hitze macht besonders den Älteren und Kranken zu schaffen. Doch auch hier hat man aus vergangenen Hitzewellen gelernt, und in den vergangenen zwei Jahrzehnten wurde auch unabhängig von Klima und Wetter die Isolation von älteren Menschen und die allgemeine soziale Vereinzelung stärker als Problem erkannt und ernst genommen. Seither haben sich in allen größeren Städten Projekte formiert, die Mehrgenerationenhäuser und Seniorenwohngemeinschaften unterstützen und dabei mit Krankenkassen und Pflegediensten zusammenarbeiten. Diese Initiativen gingen vorwiegend von Akteuren der Zivilgesellschaft selbst aus, denen es darauf ankam, die Lebensqualität möglichst vieler Menschen zu steigern. Darüber hinaus hatte sich aber gezeigt, dass durch diese neuen Formen des Zusammenlebens auch Krankheitskosten gespart wurden und sich das soziale Engagement der Beteiligten auch auf die jeweiligen Nachbarschaften ausdehnte. Das aufmerksamere Zusammenleben ging mit einem Absinken von Kriminalität und Vandalismus einher, was wiederum Kommunen und Länder entlastete.

Die Reaktionen auf die zunehmenden Wetterschwankungen hatten auch in anderen Lebensbereichen immer wieder gezeigt, dass von zivilgesellschaftlichen Initiativen dieser Art, die aus bestimmten Problemlagen heraus entstehen, zahlreiche positive Nebeneffekte ausgehen können. So spielen selbstorganisierte Bürgerinitiativen etwa seit längerem eine wichtige Rolle beim Hochwasserschutz, indem sie in den betroffenen Gebieten auf Treffen und über elektronische Medien die Anwohner und vor allem neu Zugezogene informieren, für die Behörden wichtiges Erfahrungswissen bereitstellen, kontinuierlich auf eine nachhaltige Gewässerpolitik drängen und nicht zuletzt Netzwerke gegenseitiger Hilfe bilden, die sich als höchst effektiv erwiesen haben. Wenn das Wasser etwa an Rhein und Elbe steigt, werden alle Betroffenen per Handy auf dem Laufenden gehalten und sind dank Vorsorge mit dem Wissen und den Materialien ausgestattet, um sofort reagieren zu können, wenn der Wasserstand bedrohlich wird. Für die meisten betroffenen Wohngebiete sind Hochwasser daher zwar immer noch eine Belastung, aber kaum mehr eine Katastrophe. Unvorhergesehene Großschäden, tödliche Unfälle oder dramatische Verluste von Hab und Gut sind daher die Ausnahme. In den 2020er Jahren hatten einige dieser Bürgerinitiativen selbstverwaltete Hochwasserfonds eingerichtet, die über Jahre als eine Art genossenschaftliche Hochwasserversicherung funktionierten. Einfach gesagt, zahlten alle Beteiligten regelmäßig in einen Topf ein, und im Ernstfall wurde anhand eines festgelegten Kriterienkatalogs in einem demokratischen Verfahren entschieden, welche schwer Geschädigten Hilfe aus diesem Topf bekamen. Nachdem Versicherungsgesellschaften darauf aufmerksam wurden, dass es den Einwohnern vielfach gelungen war, Hochwasserschäden durch Vorsorge berechenbarer zu machen und vor allem zu begrenzen, wurden auch reguläre Hochwasserversicherungen erschwinglich, wobei die günstigeren Tarife allerdings an den Nachweis der Vorsorge gebunden waren. Aufgrund dieser Nachweispflicht waren manchen Bürgern weiterhin die selbstverwalteten Fonds lieber.

Gleichzeitig wirkten diese Initiativen belebend auf lokale Gemeinschaften. Die gemeinsame Sorge um den heimischen Stadtteil, die Wahrnehmung einer geteilten Gefahr und die praktische Zusammenarbeit zu ihrer Bewältigung stärkten den sozialen Zusammenhalt. Mit der Erfahrung, das Schicksal in die eigenen Hände nehmen zu können, wuchs das demokratische Selbstbewusstsein. Ähnliches spielte sich nicht nur im Zusammenhang mit der Hochwassergefahr ab, sondern etwa auch bei der Pflege von Wäldern, dem Wassermanagement in trockenen Gebieten, zahlreichen Projekten der Energiegewinnung, der Bildung von Fahrgemeinschaften, des ökologischen Anbaus von regionalem Obst und Gemüse und vielen anderen mehr. Das Verhältnis von Bürgern und Regierenden hatte dadurch eine andere Gestalt angenommen. Erst im Februar, als die Schäden des Orkans »Gerald« aufgrund guter Kooperation und hohen Engagements aller Beteiligten glimpflich ausfielen und schnell behoben wurden, hatte die Bundespräsidentin diesen Wandel in einer vielbeachteten Rede gewürdigt. Auf der einen Seite war das neue Selbstbewusstsein der Bürger für Politiker und Behörden unbequem – man forderte mehr Mitsprache und war weniger bereit, Entscheidungen über die eigenen Köpfe hinweg zuzulassen. Es kam weitaus schneller zu Protesten als früher, die dank digitaler Vernetzung auch sofort bundesweit wahrnehmbar waren und oft schnell Nachahmer fanden. Diesem neuen Selbstbewusstsein der Zivilgesellschaft wurde nicht zuletzt zugeschrieben, dass dem Trend zu wachsender sozialer Ungleichheit Einhalt geboten wurde. Denn dank einer breiten gesellschaftlichen Unterstützung, die sich in vielfältigen Kampagnen und Aktionsformen ausdrückte, war es – nach Jahrzehnten vergeblicher Versuche – der Regierung endlich gelungen, ein gerechteres Steuersystem sowie eine solidarische Bürgerversicherung einzuführen.

Auf der anderen Seite ergaben sich für Regierende auch Erleichterungen, da besagte Initiativen und Nichtregierungsorganisationen eben nicht nur in Form von Protest von sich hören ließen, sondern vor allem auch den politischen Prozess mit Wissen und Ideen bereicherten und lokal entwickelte Lösungsstrategien vorschlugen, die sie zu guten Teilen gleich selbst umsetzten. Für die öffentlichen Kassen brachte die Belebung kommunaler Gemeinschaften in vielen Fällen sogar erhöhte Steuereinnahmen. So lag es nahe, einen Teil der freigewordenen Mittel gezielt für die Förderung zivilgesellschaftlicher Initiativen zu verwenden, wo dies notwendig war.

Nachdem schon der Frühling 2040 außergewöhnlich trocken war, ist im August die Waldbrandgefahr zusätzlich erhöht. Die meisten deutschen Wälder sind aber mittlerweile mit elektronischen Überwachungssystemen ausgestattet. In Wäldern mit hohem Besucheraufkommen bieten deren Augen, Ohren und Mobilfunkgeräte zusätzliche Sicherheit. Per Tastendruck ist ein Brand sofort gemeldet und auch genau geortet. Sperrungen von Wäldern sind kaum mehr üblich – die Bereitschaft der allermeisten Spaziergänger, ohne Zögern die Feuerwehr zu rufen, wiegt das Risiko vereinzelter Fahrlässigkeiten und Brandstiftungen auf. Je weiter der Umbau zu Mischwäldern voranschreitet, desto weniger kommt es zu Insektenplagen, so dass auch diese selten ein Grund für Sperrungen sind. Täglich aktualisierte Allergiekarten und -warnungen, die in Zusammenarbeit von Betroffenen, Ärzten und Kommunen erstellt und über Aushänge an Wäldern und Parks sowie übers Internet publik gemacht werden, ermöglichen einen besonnenen Umgang mit den Risiken der veränderten und im wärmeren Klima besonders lebhaften Flora und Fauna. Auch dies ist eine Investition, die sich rechnet, da durch sie Behandlungs- und Medikamentenkosten sowie Arbeitsausfälle gespart werden.

Auch die Landwirtschaft leidet unter der großen Hitze. Darum hat sich ausgehend vom nord- und ostdeutschen Tiefland, das schon länger unter Wassermangel leidet, in den vergangenen Jahren der Einsatz von Beregnungsanlagen durchgesetzt, welche die Ernteausfälle in Grenzen halten. In trockeneren Gebieten mussten dazu vormals landwirtschaftliche Flächen für Wasserreservoirs bereitgestellt werden. Nach Vermittlung durch Bund und Länder wurde mit Landwirten und anderen Wassernutzern ein differenziertes Finanzierungsmodell entwickelt, das die Landwirte in dem Maß für das abgegebene Land entschädigt, in dem andere vom vorgehaltenen Wasser profitieren, seien es Kraftwerke oder kommunale Wasserversorger. Überdies erhielten Landwirte als Entschädigung Unterstützung für die Umstellung auf angepasste Arten, die zusammen mit dem wärmeren Klima bereits erhebliche Produktivitätssteigerungen erbracht hat. Ganz vermeiden lassen sich Einbußen bei der Ernte in einem Jahr wie diesem jedoch nicht immer. Deswegen haben sich nach erheblichen Ernteausfällen in der Vergangenheit Vertreter der Landwirtschaftsverbände, des Staates und der Versicherungswirtschaft schließlich auch in Deutschland auf die Einführung einer staatlich bezuschussten Versicherung gegen Ernteausfälle einigen können, welche die voraussichtlichen Schäden im Hitzesommer 2040 kompensiert.

Auch die Industrieproduktion in Deutschland ist von der Hitzewelle betroffen. Bereits jetzt – und nicht erst wie mit der Energiewende vorgesehen im Jahr 2050 – stammen 80 Prozent des Stroms aus erneuerbaren Energien. Zwar kommt die Stromversorgung in der anhaltenden Windflaute an ihre Grenzen, doch dank fortgeschrittener Speicherungstechniken sowie des umfassenden Ausbaus der Stromnetze kann das System solche Schwankungen ausgleichen, so dass plötzliche Produktionsausfälle wie früher nicht mehr vorkommen, als aus Mangel an Kühlwasser ganze Kraftwerke abgeschaltet werden mussten. Aufgrund des Niedrigwassers in den deutschen Flüssen verzögern sich Waren- und Rohstofflieferungen und damit vielfach auch die Produktion. In den vergangenen Jahrzehnten haben sich die produzierenden Unternehmen aber auf vermehrte Klimaschwankungen eingestellt und halten zunehmend bewusst Puffer und Reserven vor. Dies macht Produkte für die Verbraucher etwas teurer. Gleichzeitig sind aber die meisten Gebrauchsgüter heute langlebiger, nachdem sich Wirtschaft und Verbraucher seit etwa 20 Jahren allmählich vom Wegwerf-Prinzip verabschieden und – auch dank Nachhelfen des Gesetzgebers – Hersteller schon beim Design immer mehr Wert auf Nachhaltigkeit legen. So werden die höheren Verbraucherpreise von der längeren Nutzungsdauer der Produkte aufgefangen, und ein kleiner Aufschlag fürs Abfedern von Produktionsschwankungen fällt kaum mehr ins Gewicht. Zudem hat sich insbesondere bei der Herstellung von Lebensmitteln der Trend zur Regionalisierung der Produktion in den vergangenen Jahren fortgesetzt. Die Lebensmittel in den Supermärkten sind zu einem großen Anteil regionale Erzeugnisse, so dass sich die Beeinträchtigung der Mobilitätsinfrastruktur nicht negativ auf die Versorgungssicherheit auswirkt. Die Verzögerungen beim An- und Abtransport von Waren stellen insgesamt nur noch wenige Unternehmen vor unüberbrückbare Herausforderungen.

Angesichts der häufigeren Schwankungen im Wetter und
den Ökosystemen allgemein haben die Deutschen mittlerweile ohnehin einige Erfahrung damit, dass der gewohnte Ab-
lauf des Alltags gelegentlich an der einen oder anderen Stelle
beeinträchtigt ist. Daher bringen sie kleinere Unregelmäßig-
keiten im gesellschaftlichen Betrieb, bei denen niemand ernsthaft zu Schaden kommt, kaum noch aus der Ruhe. Ein be-
rühmtes und vieldiskutiertes Buch hatte dies im Jahr 2035,
als die Schäden der Hitzewelle von 2031 allmählich überwun-
den waren, unter dem Titel »Die neue Gelassenheit« auf den
Punkt gebracht. Darin war im Detail ausbuchstabiert worden,
dass es keinen Verlust an Lebensqualität bedeutet, nicht immer jedes Produkt und jede Dienstleistung rund um die Uhr
sofort zu bekommen und nicht alles auf die Sekunde genau
planen zu können – und zu müssen. Ein Leben in engerer
Verbindung mit den Mitmenschen und der Ökologie, so das
Argument, erhöht das individuelle Wohlbefinden. Natürlich
können sich im Einzelfall Ärgernisse daraus ergeben – aber
auch glückliche Fügungen wie ein unverhoffter freier Tag,
der Zeit für andere Beschäftigungen eröffnet. Dass mal etwas
nicht nach Plan geht, so der Autor, eröffnet Spielräume für
Kreativität, Spontaneität und Erfindungsreichtum. Das frühere Ideal einer Stärke, die darin besteht, alles kontrollieren zu
können, ist der Einsicht gewichen, dass auch die Souveränität,
nicht alles kontrollieren zu *müssen*, eine Stärke ist – und dass
ein Land wie Deutschland diese Souveränität, die gelegentlich
auch als »Resilienz« bezeichnet wird, in vielerlei Hinsicht besitzt und noch weiter ausbauen kann. In der Tat hatte man gelernt, dass die Welt nicht untergeht, wenn ein paar Tage keine
Flugzeuge fliegen, keine Schiffe fahren und der neue Computer erst nächste Woche geliefert wird. Mit einer bekannten

Formel gesprochen, hatten die Deutschen gelernt, mit Gelassenheit hinzunehmen, was sie nicht ändern können, und einen gewissen Mut entwickelt, zu ändern, was sie ändern können. Und die Weisheit, zwischen beidem zu unterscheiden, muss man sich angesichts neuer Probleme sowieso immer wieder neu erarbeiten.

Die hier skizzierten Folgen einer Hitzewelle im Jahr 2040 zeigen noch einmal verdichtet, wie entsprechend dem in diesem Buch diskutierten Klima- und gesellschaftlichen Folgenszenario die Situation in Deutschland 2040 beschaffen sein *kann*. Die Ausführungen unterstreichen, dass ein und dasselbe Wetterereignis gesellschaftlich höchst unterschiedlich wirken kann: Im ersten Fall führt die Dauer und die Intensität der Hitze zu gesellschaftlichen Bedingungen, die wir für gewöhnlich als »Naturkatastrophe« bezeichnen. Im zweiten beschriebenen Fall stellt die Extremhitze die Individuen und sozialen Infrastrukturen zwar vor immense Herausforderungen; sie sind aber dazu in der Lage – als Einzelne und gemeinschaftlich – diese Situation einigermaßen glimpflich zu bewältigen. Zum Teil bietet die notwendige Veränderung etablierter sozialer Praktiken sogar die Möglichkeit zur allgemeinen Verbesserung der Lebensqualität. Welche Variante für eine historisch einmalige Hitzeperiode im Jahr 2040 die wahrscheinlichere wäre, hängt von vielen Entscheidungen ab, die bis dahin getroffen werden müssen – einige davon bereits heute.

Zwar beruhen die beiden verdichteten Szenarios auf plausiblen Annahmen, die auf Basis der heutigen gesellschaftlichen Bedingungen getroffen werden, doch enthalten sie auch eine gehörige Portion soziologischer Phantasie – es könnte auch ganz anders kommen. Die Komplexität und Eigendynamik gesellschaftlicher Entwicklungen lässt einen aber nicht ohne diesen Rückgriff auskommen, denn auch mit den besten Modellen und Rechnern ließe sich ein Gesellschaftsszenario für das Jahr 2040 nicht in dem Detailgrad beschreiben, wie dies für das Klima möglich ist (siehe auch Kapitel 1.2). In den Gesellschaftsszenarios beschreiben wir einige Entwicklungen, die möglich, aber nicht vorhersagbar sind, gerade um deutlich zu machen, dass mit unvorhersehbaren Entwicklungen zu rechnen ist. Beispielszenarios wie diese können die Phantasie bezüglich solcher Entwicklungen und das Nachdenken über eigene Fähigkeiten und Handlungsspielräume anregen.

Nicht sehr realistisch sind die hier beschriebenen Gesellschaftsszenarios auch deshalb, weil sie von weitgehenden internationalen Verflechtungen Deutschlands absehen. *Beide* Szenarios sind in dieser Hinsicht eher optimistisch. Indirekte Auswirkungen des globalen Klimawandels sind ebenso ausgeblendet wie die Folgen, die unzählige andere mögliche Konflikte und Umbrüche in der internationalen Arena für Deutschland haben können. Wir wissen aber, dass die Wirkungen des Klimawandels in anderen Teilen der Welt sehr viel dramatischer ausfallen dürften (oder bereits ausfallen) als in Deutschland. Was dies dann für einen Staat in Zentraleuropa bedeutet, dessen Wirtschaft in einem hohen Maße von Exporten und einer florierenden Exportwirtschaft abhängt, und vor allem für die Betroffenen selbst, steht auf einem anderen Blatt.

Zu berücksichtigen ist auch, dass der Klimawandel in Deutschland im Jahr 2040 nicht bei zwei Grad plus haltmachen wird. Dies ist lediglich die Entwicklung, die aufgrund der bisherigen Emissionen mehr oder weniger vorgezeichnet und nicht mehr abzuwenden ist. Danach wird sich das Klima weiter erwärmen – abhängig von unseren Emissionen um drei, vier oder mehr Grad in den kommenden 100 Jahren. Dass unter diesen Bedingungen noch Anpassung möglich ist, wie sie für einen moderaten Klimawandel in diesem Buch beschrieben werden, kann bezweifelt werden. Gesellschaften sind also gut beraten, weiterhin die anthropogenen Ursachen des Klimawandels zu bekämpfen, und damit zu versuchen, innerhalb eines klimatischen Korridors zu verbleiben, der die Aufrechterhaltung eines gesellschaftlichen Zustands ermöglicht, den wir als lebenswert erachten.

# Literatur

3sat nano, 20. 06. 2011: Wassermangel im Kanal, Online unter: http://www.3sat.de/page/?source=/nano/technik/155087/index.html. Abgerufen am 05. 07. 2012.

Ärzte Zeitung (2012): Diabetes-Risiko aus dem Auspuff? 18. 05. 2012 Online unter: http://www.aerztezeitung.de/medizin/krankheiten/diabetes/article/813572/diabetes-risiko-auspuff.html. Abgerufen am 22. 07. 2012.

Allgemeiner Deutsche Automobil Club (ADAC) (2009): ADAC-Untersuchung: Wirksamkeit von Umweltzonen. Online unter: http://www.adac.de/_mmm/pdf/umweltzonen_wirksamkeit_bericht_0609_43574.pdf. Abgerufen am 05. 07. 2012.

Altenkirch, W., Majunke, C., Ohnesorge, B. (2002): Waldschutz auf ökologischer Grundlage. Stuttgart, Germany, Eugen Ulmer.

Altemeyer, B. (1996): The Authoritarian Specter. Harvard University Press: Cambridge und London.

Arminger, G., Bonne, T. (1999): Einfluss der Witterung auf das Unfallgeschehen im Straßenverkehr. ATZ – Automobiltechnische Zeitschrift 101, 9: 675–678.

Bateson, G. (1985): Auswirkungen bewusster Zwecksetzung auf die menschliche Anpassung. In: Ökologie des Geistes. Anthropologische, psychologische, biologische und epistemologische Perspektiven. Frankfurt/M.: Suhrkamp: S. 566–575.

BBSR (2012). Online unter: http://www.bbsr.bund.de/cln_032/
nn_487428/BBSR/DE/RBAlt/Werkzeuge/Raumabgrenzungen/
StadtGemeindetyp/StadtGemeindetyp.html#doc94482bodyText1.
Abgerufen am 13.07.2012.

Berger, P. L. und Luckmann, T. (1980): Die gesellschaftliche Konstruktion
der Wirklichkeit. Frankfurt/M.: Fischer.

Berlemann, M. und Vogt, G. (2007): Kurzfristige Wachstumseffekte von
Naturkatastrophen. Diskussionspapier/Fächergruppe Volkswirtschafts-
lehre No. 69: Helmut-Schmidt-Universität Hamburg. Online unter:
http://hdl.handle.net/10419/23718. Abgerufen am 03.07.2012.

BMELV (2005): Die zweite Bundeswaldinventur. Der Inventurbericht.
BMELV. Berlin.

BMELV (2012). Online unter: http://berichte.bmelv-statistik.de/SJT-
1000200-0000.pdf. Abgerufen am 08.08.2012.

Böhm, U., Kücken, M., Ahrens, W., Block, A., Hauffe, D., Keuler, K.,
Rockel, B., Will, A. (2006): CLM – The climate version of LM: Brief
description and long-term application. Proceedings from the COSMO
General Meeting 2005. COSMO Newsletter, 6, p. 225–235. Online
unter: http://www.cosmo-model.org. Abgerufen am 01.08.2012.

Institut für Meteorologie (BOKU-Met), Department Wasser – Atmosphäre – Umwelt, Universität für Bodenkultur Wien (2009): Abschätzung
der Auswirkungen von Hitze auf die Sterblichkeit in Oberösterreich.
BOKU-Met Report 13. Online unter: http://www.boku.ac.at/met/
report/BOKU-Met_Report_13_online.pdf. Abgerufen am 15.07.2012.

Bolte, G. und Mielck, A. [Hg.] (2004): Umweltgerechtigkeit. Die soziale
Verteilung von Umweltbelastungen. Weinheim: Juventa.

Bräsicke, N., Wulf, A. (2011): Die Waldschutzsituation 2010 in der Bundesrepublik Deutschland. Journal für Kulturpflanzen 63(3), S. 61–68.

Bronstert, A., Ghazi, A., Hladny, J., Kundzewicz, Z., Menzel, L. (1998):
The Odra/Oder flood in summer 1997. PIK Report 48, p. 8.

Chmielewski F., Müller, A. und Küchler, W. (2004): Mögliche Auswirkungen klimatischer Veränderungen auf die Vegetationsentwicklung in Sachsen, Sächsisches Landesamt für Umwelt und Geologie, Abschlussbericht zum Forschungsprojekt.

CIPRA (2004): Künstliche Beschneiung im Alpenraum, Ein Hintergrundbericht, alpmedia.net. Online unter: http://www.cipra.org/de/alpmedia/dossiers/11/. Abgerufen am 06. 08. 2012.

Cotton, W. R. and Pielke, R. A. Sr. (2007): Human Impacts on Weather and climate. Cambridge, 308pp.

Infras/Ecologic (2009): Klimawandel: Welche Belastungen entstehen für die Tragfähigkeit der öffentlichen Finanzen? Endbericht. September 2009. Online unter: http://ecologic.eu/download/projekte/1850-1899/1865/Endbericht_FINAL_Klimawandel.pdf. Abgerufen am 06. 07. 2012.

Bundesministerium für Ernährung, Landwirtschaft und Verbraucherschutz (BMELV) (2009): Programm zur Innovationsförderung. Online unter: http://www.ble.de/SharedDocs/Downloads/03_Forschungs foerderung/01_Innovationen/ProgrammInnovationsfoerderung.pdf?__blob=publicationFile. Abgerufen am 07. 08. 2012.

Bundesministerium für Ernährung, Landwirtschaft und Verbraucherschutz (BMELV) (2010): Die deutsche Landwirtschaft. Leistungen in Daten und Fakten. Ausgabe 2010. Online unter: http://www.bmelv.de/SharedDocs/Downloads/Landwirtschaft/DieDeutscheLandwirtschaft.pdf. Abgerufen am 10. 4. 2012.

Bundesministerium der Finanzen (2011): Dritter Bericht zur Tragfähigkeit der öffentlichen Finanzen. Berlin.

Bundesministerium für Umwelt, Naturschutz und Reaktorsicherheit (BMU) (2008): Deutsche Anpassungsstrategie an den Klimawandel. Langfassung, barrierefrei. Online unter: http://www.bmu.de/klimaschutz/downloads/doc/42783.php. Abgerufen am 10. 4. 2012.

Bundesministerium für Umwelt, Naturschutz und Reaktorsicherheit (BMU) (2009): Tiere als Krankheitsüberträger. Online unter: http://www.bmu.de/gesundheit_und_umwelt/klimawandel/tiere/doc/44292.php. Abgerufen am 01. 07. 2012.

Bundesministerium für Umwelt, Naturschutz und Reaktorsicherheit
(BMU) (2011a): Klimawandel, Extremwetterereignisse und Gesundheit.
Konferenzbericht. Online unter: http://www.bmu.de/files/pdfs/
allgemein/application/pdf/konferenzbericht_bf.pdf. Abgerufen am
05. 06. 2012.

Bundesministerium für Umwelt, Naturschutz und Reaktorsicherheit
(BMU) (2011b): Aktionsplan Anpassung der Deutschen Anpassungsstrategie an den Klimawandel. Online unter: http://www.bmu.de/
files/pdfs/allgemein/application/pdf/aktionsplan_anpassung_
klimawandel_bf.pdf. Abgerufen am 12. 3. 2012.

Bundesregierung (2002): Daten und Fakten zur Flutkatastrophe. Online
unter: http://archiv.bundesregierung.de/Content/DE/Archiv16/
Artikel/2002/09/2002-09-26-daten-und-fakten-zur-flutkatastrophe.html.
Abgerufen am 01. 07. 2012.

Bundeszentrale für Politische Bildung (BPB) (2002): Zeiten des Wandels:
Große Koalition und Außerparlamentarische Opposition. 05. 04. 2002.
Online unter: http://www.bpb.de/izpb/10098/grosse-koalition-und-
ausserparlamentarische-opposition?. Abgerufen am 12. 07. 2012.

Bund für Umwelt und Naturschutz (BUND) (2007): Hochwasserschutz
an Donau, Elbe und Oder – aus den Fehlern nichts gelernt? Eine Bilanz
des BUND im August 2007. Online unter: http://www.bund.net/
fileadmin/bundnet/publikationen/wasser/20070812_wasser_
hochwasser_bilanz.pdf. Abgerufen am 18. 08. 2012.

Bund für Umwelt und Naturschutz (BUND) (2009): Wirksamkeit von
Umweltzonen. BUND-Hintergrund, 04. 11. 2009, Berlin: BUND. Online
unter: http://www.bund.net/fileadmin/bundnet/pdfs/verkehr/
schadstoffe/20091111_verkehr_schadstoffe_umweltzone_wirksamkeit.pdf.
Abgerufen am 21. 08. 2012.

Bund für Naturschutz in Bayern (2007): Der künstliche Winter. Mit
Schneekanonen gegen den Klimawandel. Salto Mortale in die Vergangenheit. München. Online unter: http://www.bund-naturschutz.de/file
admin/download/alpen/BN_Hintergrund_Schneekanonen_190307.pdf.
Abgerufen am 05. 07. 2012.

Chrischelles, E. und Mahammadzadeh, M. (2012): Klimaanpassung aus Sicht der kommunalen Verwaltung und der Wirtschaft. In: Mahammadzadeh, Mahammad und Chrischilles, Esther (Hg.): Klimaanpassung als Herausforderung für die Regional- und Stadtplanung. Erfahrungen und Erkenntnisse aus der deutschen Anpassungsforschung und -praxis. Klimzug Working Paper. Köln: Institut der deutschen Wirtschaft.

Christmann, G., Ibert, O., Kilper, H. und Moss, T. (2011): Vulnerabilität und Resilienz in sozio-räumlicher Perspektive. Begriffliche Klärungen und theoretischer Rahmen. Working Paper. Erkner: Leibniz-Institut für Regionalentwicklung und Strukturplanung.

Deutsche Bahn (DB) (2009): Die Folgen des Klimawandels auf die Infrastruktur, in: Nachhaltigkeitsbericht 2009, Online unter: http://www.deutschebahn.com/site/nachhaltigkeitsbericht__2009/de/unsere__umwelt/klima/klimawandel__infrastruktur/klimawandel__infrastruktur.html. Abgerufen am 25. 07. 2012.

Deutscher Bauernverband (DBV) (2011): Situationsbericht 2011/12. Trends und Fakten zur Landwirtschaft. Online unter: http://www.situations-bericht.de/pdf2012/Kap_01.pdf. Abgerufen am 10. 4. 2012.

Deutscher Wetterdienst (DWD) (2010): Wettervorhersage. Messen – Berechnen – Interpretieren. Online unter: http://www.dwd.de/bvbw/generator/DWDWWW/Content/Presse/Broschueren/Wettervorhersage__PDF,templateId=raw,property=publicationFile.pdf/Wettervorhersage_PDF.pdf. Abgerufen am 03. 07. 2012.

Deutscher Wetterdienst (DWD) (ohne Datum): Gefühlte Temperatur, Schwüle und Wind Chill. Online unter: http://www.deutscher-wetterdienst.de/lexikon/download.php?file=Gefuehlte-Temperatur.pdf. Abgerufen am 12. 07. 2012.

Deutsches Institut für Wirtschaftsforschung (DIW) (2007): Klimawandel kostet die deutsche Volkswirtschaft Milliarden. DIW Wochenbericht 11, 14. 03. 2007. Berlin: Deutsches Institut für Wirtschaftsforschung.

Dietz, K. (2006): Vulnerabilität und Anpassung gegenüber Klimawandel aus sozial-ökologischer Perspektive. Diskussionspapier 01/06 des Projektes »Global Governance und Klimawandel«. Berlin.

Dietz, K. (2011): Der Klimawandel als Demokratiefrage, Bd. 11. 1. Aufl. Münster: Westfälisches Dampfboot.

Eakin, H., Tompkins, E. L., Nelson, D. R. und Anderies, J. M. (2009): Hidden costs and disparate uncertainties: trade-offs in approaches to climate policy, in: W. Neil Adger, Irene Lorenzoni und Karen L. O'Brien: Adapting to Climate Change: Thresholds, Values, Governance. Cambridge: University Press, S. 212–226.

Ehmer, P. und Heymann, E. (2008): Klimawandel und Tourismus: Wohin geht die Reise?. Deutsche Bank Research. Aktuelle Themen 416. Frankfurt am Main.

Elias, N. (1991): Die Gesellschaft der Individuen. Frankfurt/M.: Suhrkamp.

Elias, N. (1995): Soziale Prozesse, in: Bernhard Schäfers (Hg.): Grundbegriffe der Soziologie. 4. Auflage. Opladen: Leske & Budrich, S. 243–249.

Elias, N. (1997a): Über den Prozess der Zivilisation. Soziogenetische und psychogenetische Untersuchungen. Erster Band. Wandlungen des Verhaltens in den weltlichen Oberschichten des Abendlandes. Frankfurt/M.: Suhrkamp.

Elias, N. (1997b): Über den Prozess der Zivilisation. Soziogenetische und psychogenetische Untersuchungen. Zweiter Band. Wandlungen der Gesellschaft. Entwurf zu einer Theorie der Zivilisation. Frankfurt/M.: Suhrkamp.

Engel, R. (2009): Waldbrandfrüherkennung: Brandenburg setzt flächendeckend auf »Fire Watch«, AFZ – Der Wald, 12: 632–634.

EUCC – Die Küsten Union Deutschland (2005): Anlass für die Bürgerbeteiligung in der Küstenniederung Timmendorfer Strand/Scharbeutz, Online unter: http://www.ikzm-d.de/main.php?page=16,290. Abgerufen am 30.07.2012.

Falkenmark und Lindh (1976), quoted in UNEP / WMO. »Climate Change 2001: Working Group II: Impacts, Adaptation and Vulnerability«. UNEP. Retrieved 2009–02–03.

Feemers, M., Blaschke, M., Skatulla, U., Gulder, H. (2003): Klimaveränderungen und biotische Schäden im Wald. LWF aktuell (37), S. 19–22.

Frank, C., Grebhan, K., Kottmeier, C., Kunz, M., Lux, R., Mayer, H., Mohr, S., Rauthe, M., Ruck, B., Schindler, D., Schönborn, J. (2010): Strategien zur Reduzierung des Sturmschadensrisiko für Wälder (Verbundprojekt RESTER) innerhalb des Forschungsprogramms Herausforderung Klimawandel Baden-Württemberg. Meteorologisches Institut der Albert-Ludwigs-Universität Freiburg Institut für Meteorologie und Klimaforschung, Karlsruher Institut für Technologie, Laboratorium für Gebäude- und Umweltaerodynamik, Institut für Hydromechanik, Karlsruher Institut für Technologie.

Frankfurter Allgemeine Zeitung (FAZ) (2012): Belastung weiter gestiegen. Trotz Umweltzonen mehr Feinstaub, 10. 01. 2012, Online unter: http://www.faz.net / aktuell / wirtschaft / wirtschaftspolitik / belastung-weiter-gestiegen-trotz-umweltzonen-mehr-feinstaub-11600853.html. Abgerufen am 27. 07. 2012.

Fröhlich, D. (2011): Stürmische Gesellen: Lothar, Kyrill & Co. Zur Problematik, die künftige Entwicklung von Winterstürmen abzuschätzen. LWF aktuell (80), S. 38–40.

Focus 26. 11. 2009: Inselstaaten vor dem Untergang, Online unter: http://www.focus.de / wissen / klima / klimapolitik / klimawandel-inselstaaten-vor-dem-untergang_aid_457567.html. Abgerufen am 01. 07. 2012.

Forschungsverbund Berlin (2003): Warum die Spree rückwärts fließt. Pressemitteilung vom 25. 08. 2003. Online unter: http://idw-online.de / pages / de / news68121. Abgerufen am 11. 07. 2012.

Frevel, B. (2004): Schicksal? Chance? Risiko? – Herausforderungen demografischer Wandel! In: Herausforderung demografischer Wandel, 1. Aufl., Hrsg. Bernhard Frevel, 7–13. Wiesbaden: VS Verlag.

Friedrichs, J., und Triemer, S. (2009): Gespaltene Städte? Soziale und ethnische Segregation in deutschen Großstädten. Wiesbaden: VS Verlag.

Gabler Verlag (Hg.) (2012a): Gabler Wirtschaftslexikon, Stichwort: Just in Time (JIT), Online unter: http://wirtschaftslexikon.gabler.de/Archiv/57306/just-in-time-jit-v6.html. Abgerufen am 28.07.2012.

Gabler Verlag (Hg.) (2012b): Gabler Wirtschaftslexikon, Stichwort: Lean Production, Online unter: http://wirtschaftslexikon.gabler.de/Archiv/72970/lean-production-v6.html. Abgerufen am 28.07.2012.

Gabriel, K. (2009): Gesundheitsrisiken durch Wärmebelastung in Ballungsräumen, Eine Analyse von Hitzewellen-Ereignissen hinsichtlich der Mortalität im Raum Berlin-Brandenburg, Dissertation an der Humboldt-Universität zu Berlin, Fach Geographie, Berlin.

GDV (2012) Gesamtverband der Deutschen Versicherungswirtschaft e.V.: Naturgefahrenreport 2012. Naturgefahren und versicherte Schäden in Deutschland – eine statistische Übersicht von 1970 bis 2011. Abrufbar unter www.gdv.de/Klimawandel.

Georgy, S., Blättner, B., Grewe, H. A. (2012): Ambulante Pflege bei Extremwettern aufrechterhalten: Anpassung an den Klimawandel, in: Pflegewissenschaft 14/1, S. 12–19.

Germanwatch (2002): Der Globale Klimawandel: Das perfekte Verbrechen?, Online unter: http://germanwatch.org/de/2833. Abgerufen am 01.07.2012.

Gesamtverband der Deutschen Versicherungswirtschaft – GDV (2011): Schadensszenario bis zum Jahr 2010. Online unter: http://www.gdv.de/2011/11/schadenszenarien-bis-zum-jahr-2100/. Abgerufen am 20.08.2012.

Gesundheitsberichterstattung des Bundes (GBE Bund) (2012): Krankheitskosten in Mio. € für Deutschland. Gliederungsmerkmale: Jahre, Alter, Geschlecht, ICD10. Online unter: http://www.gbe-bund.de/oowa921-install/servlet/oowa/aw92/dboowasys921.xwdevkit/xwd_init?gbe.isgbetol/xs_start_neu/&p_aid=i&p_aid=30001230&nummer=553&p_sprache=D&p_indsp=-&p_aid=87488136. Abgerufen am 30.07.2012.

Giddens, A. (2009): The Politics of Climate Change. Cambridge / Malden: Polity Press.

Granier, A., Reichstein, M., Breda, N., Janssens, I. A., Falge, E., Ciais, P., Grunwald, T., Aubinet, M., Berbigier, P., Bernhofer, C., Buchmann, N., Facini, O., Grassi, G., Heinesch, B., Ilvesniemi, H., Keronen, P., Knohl, A., Kostner, B., Lagergren, F., Lindroth, A., Longdoz, B., Loustau, D., Mateus, J., Montagnani, L., Nys, C., Moors, E., Papale, D., Peiffer, M., Pilegaard, K., Pita, G., Pumpanen, J., Rambal, S., Rebmann, C., Rodrigues, A., Seufert, G., Tenhunen, J., Vesala, T., Wang, Q. (2007): Evidence for soil water control on carbon and water dynamics in European forests during the extremely dry year: 2003. Agricultural and Forest Meteorology 143(1–2), 123.

Greschik, Stefan (1998): Das Chaos und seine Ordnung. Einführung in komplexe Systeme. München: Deutscher Taschenbuch Verlag.

Grothmann, T., Daschkeit, A., Felgentreff, C., Görg, Ch., Hostmann, B., Scholz, I. und Tekken, V. (2011): Anpassung an den Klimawandel – Potenziale sozialwissenschaftlicher Forschung in Deutschland, in: GAIA 20/2 (2011): 84–90.

Grothmann und Reusswig (2006): People at Risk of Flooding: Why Some Residents take Precautionary Action While Others do not, Natural Hazards, 38, 101–120.

Hamburger Abendblatt 14. 7. 2010: Drei Badestellen wegen Blaualgen geschlossen, Online unter: http://www.abendblatt.de/region/article1567565/Drei-Badestellenwegen-Blaualgen-geschlossen.html Abgerufen am 19. 7. 2012.

Handelsblatt 11. 08. 2003: Trotz Hitzewelle am Netz. Auflagen für Atomkraftwerke gelockert, Online unter: http://www.handelsblatt.com/politik/deutschland/trotz-hitzewelle-am-netz-auflagen-fueratomkraftwerke-gelockert/2264812.html. Abgerufen am 10. 07. 2012.

Harlan, S. L., Brazel, A. J., Jenerette, G. D., Jones, N. S., Larsen, L., Prashad, L. und Stefanov, W. L. (2008): In the shade of affluence: The inequitable distribustion of the urban heat island. In Equity and the environment, 1. Aufl., Hrsg. Wilkinson, R. C. und Freudenburg, W. R., 173–202. Amsterdam; Boston: Elsevier JAI.

Hartmann, G., Nienhaus, F., Butin, H. (1995): Farbatlas Waldschäden: Diagnose von Baumkrankheiten. Stuttgart, Ulmer.

Hattermann, F. F., Wattenbach, M., Krysanova, V., Wechsung, F. (2005): Runoff simulations on the macroscale with the ecohydrological model SWIM in the Elbe catchment – validation and uncertainty analysis. Hydrological Processes (19), S. 693–714.

Hattermann, F. F., Weiland, M., Huang, S., Krysanova, V., Kundzewicz, Z. W. (2011): Model-supported Impact Assessment for the Water Sector in Central Germany under Climate Change – a Case Study. Water Resour Manage (2011) 25:3113–3134.

Hattermann, F. F., Kundzewicz, Z. W., Huang, S., Vetter, T., Kron, W., Burghoff, O., Hauf, Y., Krysanova, V., Gerstengarbe, F.-W., Werner, P., Merz, B., and Bronstert, A. (2012a): Flood risk in holistic perspective – observed changes in Germany. In: Changes of flood risk in Europe (ed. by Z. W. Kundzewicz), IAHS Press, Wallingford (angenommen).

Hattermann, F. F., Huang, S., Koch, H. (2012b): Climate change uncertainty and impacts on hydrology and hydropower production in Germany. Hydrological Science Journal. In review.

Helmholtz Zentrum München (2009): Klimawandel und allergische Erkrankungen. FLUGS Fachinformationsdienst. Online unter: http://www.helmholtz-muenchen.de/fileadmin/FLUGS/PDF/Themen/Allergien/Klimawandel_und_Allergien.neu.pdf. Abgerufen am 10.07.2012.

Heuer, E. (2009): Studie bestätigt: Deutsche Wälder sind wichtige Kohlenstoffsenke. AFZ-DerWald(20), 1068–1069.

Hofstede, J. (2004): Timmendorfer Strand und Scharbeutz: zwei Ostseegemeinden schützen sich vor Klimaänderungen. Online unter: http://www.hochwasser-nord.de/site/downloads/192_32_K_K_Hofstede.pdf. Abgerufen am 30.07.2012.

Hofstede, J. (2011): Adapting to climate change – coastal risk management in the German state of Schleswig-Holstein, in: Coastal & Marine: Coastal Climate Change. Protecting and adapting maritime regions, Vol. 3.

Hofstede, J., Hamann, M. (2000): Wertermittlung sturmgefährdeter Gebiete in Schleswig-Holstein, Mitteilungen des Franzius-Instituts für Wasserbau und Küsteningenieurwesen, 85: 106–112, Online unter: http://www.ikzm-d.de/infos/pdfs/16_Wertermittlung_SH.pdf. Abgerufen am 30.07.2012.

Huang, S., Krysanova, V., Österle, H., Hattermann, F. (2010): Simulation of spatiotemporal dynamics of water fluxes in Germany under climate change. Hydrological Processes, 24(23): 3289–3306. DOI: 10.1002/hyp.7753.

Huang, S., Krysanova, V., Hatterman, F. (2012), Projection of low flow conditions in Germany under climate change by combining thre RCMs and a regional hydrological model, Acta Geophysica, accepted.

Hutter, G., Müller, B., Rößler, S. und Herlitzius, L. (2012): Räumliche Planung und Klimaanpassung – Steuerung durch informelle Prozesse oder Verankerung in Plänen? Das »Integrierte Regionale Klimaanpassungsprogramm« im Modellprojekt REGKLAM als Beispiel. In: Mahammadzadeh, Mahammad und Chrischilles, Esther (Hg.): Klimaanpassung als Herausforderung für die Regional- und Stadtplanung. Erfahrungen und Erkenntnisse aus der deutschen Anpassungsforschung und -praxis. Klimzug Working Paper. Köln: Institut der deutschen Wirtschaft.

Internationale Kommission zum Schutz des Rheins (IKSR) (2007): Aktionsplan Hochwasser 1995–2005 – Handlungsziele, Umsetzung und Ergebnisse. Online unter: http://www.iksr.org/fileadmin/user_upload/Dokumente_de/Broschueren/Bilanz_APH_2005_DE.pdf. Abgerufen am 01.08.2012.

IPCC TGICA Expert Meeting (2007): »Integrating Analysis of Regional Climate Change and Response Options«, Denarau Island. Nadi, Fiji, 20–22, June 2007, 279 p.

Intergovernmental Panel on Climate Change – IPCC (2007): IPCC Glossary Working Group III. Online unter: http://www.ipcc.ch/pdf/glossary/ar4-wg3.pdf. Abgerufen am 15.08.2012.

Intergovernmental Panel on Climate Change – IPCC (2011): IPCC SREX Summary for Policymakers. Online unter: http://www.ipcc-wg1.unibe.ch/srex/downloads/SPEX-SPM_FINAL.pdf.Abgerufen am 24.11.2012.

Internationale Kommission für die Hydrologie des Rheingebietes (1999): Eine Hochwasserperiode im Rheingebiet. Extremereignisse zwischen Dezember 1993 und Februar 1995. Bericht Nr. I-17 der KHR. Online unter: http://www.chr-khr.org/files/RapportI-17.pdf. Abgerufen am 14. 08. 2012.

Jacob D., Tomassini L. (2009): Spatial analysis of trends in extreme precipitation events in high-resolution climate model results and observations for Germany. Journal of Geophysical Research – Atmospheres (114).

Jennings, Tori L. (2009): Exploring the invisibility of local knowledge in decision-making: the Boscastle Harbour flood disaster. In: W. Neil Adger, Irene Lorenzoni und Karen L. O'Brien: Adapting to Climate Change: Thresholds, Values, Governance. Cambridge: University Press, S. 240–254.

JKI (2011): Eichenprozessionsspinner. Bundesforschungsinstitut für Kulturpflanzen. Online unter: http://www.jki.bund.de/fileadmin/dam_uploads/_veroeff/faltblaetter/Eichenprozessionsspinner.pdf. Abgerufen am 15. 08. 2012.x12

Käse, H. (1969): Ein Vorschlag für eine Methode zur Bestimmung und Vorhersage der Waldbrandgefährdung mit Hilfe komplexer Kennziffern. Akademie Verlag. Abhandlungen des Meteorologischen Dienstes der DDR, Akademie Verlag, Berlin.

Kahl, O., Dautel, H. (2008): Zur Biologie und Ökologie von Zecken und ihre Ausbreitung nach Norden, In: Lozán, José L.; Graßl, Hartmut; Jendritzky, Gernd; Karbe, Ludwig; Reise, Karsten (Hg.) (2008): Warnsignal Klima – Gesundheitsrisiken. Gefahren für Pflanzen, Tiere und Menschen, Hamburg: Wissenschaftliche Auswertungen, S. 215–218.

Kahle, H. P., Mutschler, A., Spiecker, H. (2007): Zuwachsreaktionen von Waldbäumen auf Trockenstress – Erste Ergebnisse retrospektiver Analysen in verschiedenen Höhenlagen des Südschwarzwaldes unter besonderer Berücksichtigung der Jahre 1947, 1976 und 2003. Bericht Sektion Ertragskunde im DVFF, 6–16.

Keßler, K. (2008): Klimaanlagen auf dem Vormarsch, in: uwf – Umwelt-WirtschaftsForum, Vol. 16, Issue 1, 13–15.

Klinenberg, E. (2002): Heat Wave. A social autopsy of disaster in Chicago. Chicago: The University of Chicago Press.

Klingler-Deiseroth, C. (2009): Klima, Kälte, Raumluft: Wachstum und Energiesparpotenzial, in: Energy 2.0, April 2009, S. 15.

Knierim, A., Toussaint, V., Müller, K., Wiggering, H., Bachinger, J., Kaden, S., Scherfke, W., Steinhardt, U., Aenis, T., Wechsung F. (2009): Innovationsnetzwerk Klimaanpassung Region Brandenburg Berlin – INKA BB. Rahmenplan gekürzte Version. Müncheberg, Leibniz-Zentrum für Agrarlandschaftsforschung. Online unter: www.inka-bb.de. Abgerufen am 18. 07. 2012.

Kolb, H. (2004): Migration. Einwanderungspolitik und demografische Entwicklung. In: Herausforderung demografischer Wandel, 1. Aufl., Hrsg. Bernhard Frevel, S. 42–56. Wiesbaden: VS Verlag.

Koppe, C., Jendritzky, G. und Pfaff, G. (2003): Die Auswirkungen der Hitzewelle 2003 auf die Gesundheit, in: DWD Klimastatusbericht 2003: S. 152–162.

Kratzer, A. (1937): Das Stadtklima. In: Die Wissenschaft, W. Westphal (Hrsg.), Band 90, F. Vieweg & Sohn, Braunschweig.

Kromp-Kolb, H. H. (2003): Auswirkungen von Klimaänderungen auf die Tierwelt – derzeitiger Wissensstand, fokussiert auf den Alpenraum und Österreich. Bundesministerium für Land-und Forstwirtschaft, Umwelt und Wasserwirtschft, Wien.

krone 21. 01. 2007: Abfahrt und Super G von Kitzbühel abgesagt, Online unter: http://www.krone.at/Sport/Abfahrt_und_Super_G_von_ Kitzbuehel_abgesagt-Nur_zwei_Slaloms-Story-6098. Abgerufen am 19. 07. 2012.

Krysanova V., Müller-Wohlfeil D.-I., Becker A. (1998): Development and test of a spatially distributed hydrological/water quality model for mesos-cale watersheds. Ecological Modelling 106(2–3), S. 261–289.

Kunz, M., Sander, J., Kottmeier, C. (2009): Recent trends of thunder-storm and hailstorm frequency and their relation to atmospheric characte-ristics in southwest Germany. International Journal of Climatology. 29, S. 2283–2297.

KWS Saat (2011): Zuckerrüben fit machen für den Klimawandel. Online unter: http://www.kws.de/aw/KWS/germany/Produkte/Zuckerruebe/Service/Archiv/Aktuelles/~dyhd/Zuckerrueben_fit_machen_fuer_den_Klimawand/. Abgerufen am 07.08.2012.

LABEL – LABe-Elbe Adaptation to Flood Risk (2012): Projekthomepage, Online unter: http://www.label-eu.eu/de.html. Abgerufen am 23.6.2012.

Lampert, T. und Ziese, T. (2005): Armut, soziale Ungleichheit und Gesundheit. Expertise des Robert Koch-Instituts zum 2. Armuts- und Reichtumsbericht der Bundesregierung. Berlin.

Lange, H. und Meier, L. [Hg.] (2009): The new middle classes. Globalizing Lifestyles. Consumerism and Environmental Concern. Dordrecht u.a.: Springer.

Lasch, P., Badeck, F.W., Suckow, F., Lindner, M., Mohr, P. (2005): Model-based analysis of management alternatives at stand and regional level in Brandenburg (Germany). Forest Ecology and Management 207(1–2), S. 59–74.

Lehners, C. (2011): Coastal protection in tourism communities – the case of Timmendorfer Strand. Coastal & Marine 20/3: 18–19.

Lever-Tracy, C. (2008): Global Warming and Sociology, in Current Sociology, Vol. 56(3): 445–466.

Lewontin, R. (2002): Die Dreifachhelix. Gen, Organismus und Umwelt. Berlin u.a.: Springer.

Lindner, M., Garcia-Gonzalo, J., Kolström, M., Green, T., Reguera, R., Maroschek, M., Seidle, R., Lexer, M., Netherer, S., Schopf, A., Kremer, A., Delzon, S., Barbati, A., Marchetti, M., Corona, P. (2008): Impacts of Climate Change on European Forests and Options for Adaptation. Report to the European Commission Directorate-General for Agriculture and Rensual Development. European Forest Institute (EFI), Joensuu.

Lobinger, G., Muck, M. (2007): Zunahme des Prachtkäferbefalls in Bayern. LWF Aktuell 58, S. 6–9.

Lozán, J. L., Graßl, H., Jendritzky, G., Karbe, L. und Reise, K. (Hg.) (2008): Warnsignal Klima – Gesundheitsrisiken. Gefahren für Pflanzen, Tiere und Menschen. Hamburg: Wissenschaftliche Auswertungen.

Lucas, R. (2011): Gefährdungen von Ökosystemen durch den Klimawandel – Analyserahmen, Konzeptentwicklung und erste Handlungsorientierungen für die regionale Wirtschaft. *dynaklim*-Publikation Nr. 15.

Ludwig, U. und Brautzsch, H.-U. (2002): Die Hochwasserkatastrophe und das Sozialprodukt in Deutschland. Wirtschaft im Wandel 12/2002, Online unter: http://www.iwh-halle.de/d/publik/wiwa/12-02-3.pdf. Abgerufen am 02. 07. 2012.

Märkische Oderzeitung, 11. 04. 2012: Vernässt statt versteppt. Online unter: http://www.moz.de/artikel-ansicht/dg/0/1/1016765. Abgerufen am 01. 07. 2012.

Mainzer, K. (2007): Der kreative Zufall. Wie das Neue in die Welt kommt. München: Beck.

Majunke, C., Matz, S., Müller, M. (2008): Sturmschäden in Deutschlands Wäldern von 1920 bis 2007. AFZ-Der Wald(7), S. 380–381.

Mauelshagen, F. (2011): Sharing the Risk of Hail. Insurance, Reinsurance and the Variability of Hailstorms in Switzerland, 1880–1932. Environment and History 17 (2011): 171–191.

McKibben, B. (2010): eaarth. Making a Life on a Tough Planet. New York: St. Martin's Griffin.

Meinshausen, M., Smith, S. J., Calvin, K. V., Daniel, J. S., Kainuma, M. L. T., Lamarque, J.-F., Matsumoto, K., Montzka, S. A., Raper, S. C. B., Riahi, K., Thomson, A. M., Velders G. J. M. and van Vuuren, D. (2011): »The RCP Greenhouse Gas Concentrations and their Extension from 1765 to 2300.« Climatic Change (Special Issue).

Merz, B. (2006): Hochwasserrisiken: Grenzen und Möglichkeiten der Risikoabschätzung. Scheizerbart. Stuttgart, S. 334 ff.

Meyer-Ohlendorf, N. und Blobel, D. (2008): Untersuchung der Beiträge von Umweltpolitik sowie ökologischer Modernisierung zur Verbesserung der Lebensqualität in Deutschland und Weiterentwicklung des Konzeptes der Ökologischen Gerechtigkeit: Hauptstudie. Module 1–3: Zusammenfassung und Schlussfolgerungen zur Stärkung von Synergien zwischen Umwelt- und Sozialpolitik. Berlin: Ecologic – Institut für Internationale und Europäische Umweltpolitik.

Mimura, N., Nurse, L., McLean, R. F., Agard, J., Briguglio, L., Lefale, P., Payet, R. and Sem, G. (2007): Small islands. Climate Change 2007: Impacts, Adaptation and Vulnerability. Contribution of Working Group II to the Fourth Assessment Report of the Intergovernmental Panel on Climate Change, M. L. Parry, O. F. Canziani, J. P. Palutikof, P. J. van der Linden and C. E. Hanson, Eds., Cambridge, UK: Cambridge University Press, S. 687–716.

Ministerium für ländliche Räume, Landesplanung, Landwirtschaft und Tourismus des Landes Schleswig-Holstein (MLR) (2001): Generalplan Küstenschutz. Integriertes Küstenschutzmanagement in Schleswig-Holstein 2001. Online unter: http://www.schleswig-holstein.de/Umwelt Landwirtschaft/DE/WasserMeer/09_KuestenschutzHaefen/PDF/ Kuestenschutz_Generalplan__blob=publicationFile.pdf. Abgerufen am 28. 06. 2012.

Möller, K. (2010): »Wem schadet der Eichenprozessionsspinner – Wer muss handeln?« Argumente für die aktuelle Waldschutzstrategie, Ministerium für Infrastruktur und Landwirtschaft. Eberswalder Winterkolloquium, Ministerium für Infrastruktur und Landwirtschaft, Eberswalde.

Möller, K. (2012): Zum Schadpotenzial des Eichenprozessionsspinners in den Wäldern Brandenburgs. Fachgespräch »Prozessionsspinner 2012 – Fakten, Folgen, Strategien«, Julius Kühn-Institut. Berlin-Dahlem.

Müller, J. (2002): Verdunstung der Baumvegetation und Tiefenversickerung in Kiefern-, Buchen- und Eichenökosystemen in Abhängigkeit von Boden- und Bestandesstruktur und von der Witterung. Ökologie und Vegetation der Wälder Nordostdeutschlands – Einfluß von Niederschlagsarmut und erhöhtem Stickstoffeintrag auf Kiefern-, Eichen- und Buchen-Wald und Forstökosysteme des nordostdeutschen Tieflandes. S. Anders, W. Beck, A. Bolte et al. Oberwinter, Verlag Dr. Kessel, S. 113–122.

Münchener Rück (2003): Pressemitteilung: Münchener-Rück-Analyse: Naturkatastrophen 2003. 29. 12. 2003, Online unter: http://www.munichre.com/de/media_relations/press_releases/2003/2003_12_29_press_release.aspx. Abgerufen am 28. 06. 2012.

MULV, 2009. Online unter: http://www.mugv.brandenburg.de/cms/detail.php/bb2.c.557073.de. Abgerufen am 29. 07. 2012.

Naturpark Spessart e. V. (2012): Baumriesen im Naturpark Spessart. Online unter: http://www.naturpark-spessart.de/docs/baumriesen.pdf. Abgerufen am 12. 08. 2012.

Naturschutzbund (NABU) (ohne Datum): Arten im Klimawandel. Der NABU stellt ausgewählte Gewinner und Verlierer des Klimawandels vor. Online unter: http://www.nabu.de/themen/klimawandel/grundlagen/08146.html. Abgerufen am 01. 07. 2012.

New York Times, 20. 06. 2012: Relief in Every Window, but Global Worry Too, Online unter: http://www.nytimes.com/2012/06/21/world/asia/global-demand-for-air-conditioning-forces-tough-environmental-choices.html?_r=1&ref=elisabethrosenthal. Abgerufen am 05. 07. 2012.

Oesterreich, D. (1996): Flucht in die Sicherheit. Zur Theorie des Autoritarismus und der autoritären Reaktion. Opladen: Leske und Budrich.

Orlowsky, B., Gerstengarbe, F.-W., Werner, P. C. (2008): A resampling scheme for regional climate simulations and its performance compared to a dynamical RCM. Theor. Appl. Climatol. 92, No. 3–4, S. 209–223.

Petrow, T., Zimmer, J. und Merz B. (2009): Changes in flood hazard in Germany through changing frequency and persistence of circulation patterns. Nat. Hazards Earth Syst. Sci. 9, S. 1409–1423.

Polley, H., Hennig, P., Schwitzgiebel, F. (2009a): Holzvorrat, Holzzuwachs, Holznutzung in Deutschland. AFZ-Der Wald (20), S. 1076–1078.

Polley, H., Hennig, P. und Kroiher, F. (2009b): Ergebnisse einer Kohlenstoffinventur auf Bundeswaldinventur-Basis. Baumarten, Altersstruktur und Totholz in Deutschland, in: Allgemeine Forst Zeitschrift für Waldwirtschaft und Umweltvorsorge, Heft 20, 19. Oktober 2009.

Pye, S., Skinner, I., Meyer-Ohlendorf, N., Lucas, K. und Salmons, R. (2008): Ad-dressing the social dimensions of environmental policy. A study on the linkages between environmental and social sustainability in Europe.

Rahmstorf, S. , Schellnhuber, H. J. (2006): Der Klimawandel. München, Verlag C. H. Beck.

Rappaport, R. (1978): Maladaptation in Social Systems. In: The Evolution of Social Systems: Proceedings of a Meeting of the Research Seminar in Achaeology and Related Subjects held at the Institute of Archaeology, London University. University of Pittsburgh Press: Pittsburgh.

Redman, C. L. (1999): Human Impact on Ancient Environments. Tucson: The University of Arizona Press.

Reusswig, F. (2008): Alles Große steht im Sturm – alles Kleine aber auch. Differentielle Vulnerabilität und gesellschaftliche Reaktionsmuster auf Klimaextreme in der weiteren Karibik. In: Die Natur der Gesellschaft. Verhandlungen des 33. Kongresses der Deutschen Gesellschaft in Kassel 2006, Hrsg. Karl-Siegbert Rehberg,Campus, S. 875–888.

Rhein Zeitung, 21. 11. 2011: Der Pegelstand des Rheins sinkt und sinkt, Online unter: http://www.rhein-zeitung.de/region/neuwied_artikel,-Der-Pegelstand-des-Rheins-sinkt-und-sinkt-_arid,339971.html. Abgerufen am 07. 07. 2012.

Rhein Zeitung, 31. 01. 2012: Evakuierung wegen Luftmine: Koblenz muss mehr als 1 Million Euro einplanen, Online unter: http://www.rhein-zeitung.de/regionales_artikel,-Evakuierung-Fuer-die-Stadt-koennte-es-teuer-werden-_arid,373189.html. Abgerufen am 07. 07. 2012.

Rose, S. (2000): Darwins gefährliche Erben. Biologie jenseits der egoisti-schen Gene. München: Beck.

Rosenberg, N. J., McKenney, M. S., Easterling, W. E. und Lemon, K. M. (1992): Validation of EPIC model simulations of crop responses to current climate and $CO_2$ conditions: comparisons with census, expert judgement and experimental plot data. Agric. Forest Meteor. 59(1–2): 35–51.

Sahakian, M. D. (2011): Understanding household energy consumption patterns: When »West Is Best« in Metro Manila, Energy Policy, Volume 39, Issue 2, February 2011, Pages 596–602.

Schmidt, U. E. (2002): Der Wald in Deutschland im 18. und 19. Jahrhundert. Das Problem der Ressourcenknappheit dargestellt am Beispiel der Waldressourcenknappheit in Deutschland im 18. und 19. Jahrhundert. Eine historisch-politische Analyse. Saarbrücken: Conte Verlag.

Science Education Resource Center at Carleton College (SERC) (2011): The Gulf of Mexico Dead Zone. Created by Monica Bruckner, Montana State University. Online unter: http://serc.carleton.edu/microbelife/topics/deadzone/index.html. Abgerufen am 10.4.2012.

SDW (2012): Was leistet der Wald für uns? Schutzgemeinschaft Deutscher Wald. Online unter: http://www.sdw.de/waldwissen/oekosystem-wald/waldleistungen/. Abgerufen am 17.08.2012.

Seidl, R., Schelhaas, M.-J., Lexer, M. J. (2011): Unraveling the drivers of intensifying forest disturbance regimes in Europe. Global Change Biology 17(9), S. 2842–2852.

Seppälä, R., Buck, A., Katila, P. (2009): Adaptation of Forests and People to Climate Change – A Global Assessment Report IUFRO. IUFRO World Series, IUFRO, Helsinki.

Shanahan, J. und Good, J. (2000): Heat and hot air: influence of local temperature on journalists' coverage of global warming. In: Public Understanding of Science, 9: 285–295.

Skidmore, M., Toya, H. (2002): Do natural disasters promote long-run growth?, Economic Inquiry, Vol. 40, No. 4, S. 664–687.

Slovic, P. (2000): Trust, Emotion, Sex, Politics and Science: Surveying the Risk-Assessment Battlefield. In: The Perception of Risk. London: Earthscan.

Spektrum.de (2006): Können Flüsse rückwärts fließen? Online unter: http://www.spektrum.de/alias/naklar/fluesse/849496. Abgerufen am 11.07.2012.

Spiegel online 17. 02. 2008: Sturmflut 1962: »Der Ausdruck Held ist abwegig!«. Online unter: http://einestages.spiegel.de/static/authoralbum background/320/_der_ausdruck_held_ist_abwegig.html. Abgerufen am 05. 07. 2012.

Spiegel online 10. 08. 2012: Deutschland: Hantavirus-Infektionen nehmen drastisch zu. Online unter: http://www.spiegel.de/gesundheit/diagnose/hantavirus-infektionen-steigen-in-deutschland-stark-an-a-848988.html. Abgerufen am 10. 08. 2012.

Springer Medizin (2011): Der Körper im Stress durch Feinstaub. Online unter: http://www.springermedizin.at/artikel/21880-der-koerper-im-stress-durch-feinstaub. Abgerufen am 20. 8. 2012.

Ssymank, A. (1994): Neue Anforderungen im europäischen Naturschutz: Das Schutzgebietssystem Natura 2000 und die FFH-Richtlinie der EU. Natur und Landschaft 69(9), S. 395–406.

Statistische Ämter des Bundes und der Länder (2011): Demografischer Wandel in Deutschland. Bevölkerungs- und Haushaltsentwicklung im Bund und in den Ländern.

Statistisches Bundesamt (2006): Armut und Lebensbedingungen. Ergebnisse aus LEBEN IN EUROPA für Deutschland 2005. Wiesbaden.

Statistisches Bundesamt (2009): Bevölkerung Deutschlands bis 2060. 12. koordinierte Bevölkerungsvorausberechnung. Wiesbaden: destatis.

Statistisches Bundesamt (2011a): Entwicklung der Privathaushalte nach Haushaltsgröße bis 2030, Online unter: https://www.destatis.de/DE/ZahlenFakten/GesellschaftStaat/Bevoelkerung/_Grafik/Voraus berechnungHaushaltsgroesse.gif. Abgerufen am 01. 07. 2012.

Statistisches Bundesamt (2011b): Wirtschaftsrechnungen, LEBEN IN EUROPA (EU-SILC) Einkommen und Lebensbedingungen in Deutschland und der Europäischen Union. Fachserie 15 Reihe 3. Wiesbaden.

Statistisches Bundesamt (2012a): Verkehrsleistung. Güterbeförderung, Online unter: https://www.destatis.de/DE/ZahlenFakten/Wirt schaftsbereiche/TransportVerkehr/Gueterverkehr/Tabellen/Gueter befoerderung.html. Abgerufen am 06. 07. 2012.

Statistisches Bundesamt (2012b): Armutsgefährdung und Einkommens-ungleichheit: Deutschland auch 2009 unter EU-Durchschnitt. Presse-mitteilung vom 27. März 2012 – 109/12. Wiesbaden.

Stelljes, N. (2012): Anpassungsmaßnahmen an der deutschen Ostseeküste. Auswertung einer qualitativen Befragung von Akteuren auf unterschied-lichen Verwaltungsebenen. RADOST-Berichtsreihe, Bericht Nr. 13.

Strobl, A. (2009): Feinstaubkonzentration in Abhängigkeit des Nieder-schlages an baustellenbeeinflussten Immissionsmessstellen. Innsbruck: Amt der Tiroler Landesregierung. Online unter: http://www.tirol.gv.at/ fileadmin/www.tirol.gv.at/themen/sicherheit/emissionen-sicherheits technik-anlagen/downloads/PM10_Reduktion_durch_Niederschlag.PDF. Abgerufen am 30. 08. 2012.

Süddeutsche.de, 12. 07. 2010: Hitzeschock im ICE Eisenbahnbundesamt ermittelt, Online unter: http://www.sueddeutsche.de/panorama/ nach-klimaanlagen-ausfall-hitzeschock-im-ice-1.973260. Abgerufen am 04. 07. 2012.

Sunstein, C. R. (2003): Terrorism and probability neclect. In: The Journal of Risk and Uncertainty, 26, 2/3: 121–136.

Tagesspiegel 04. 07. 2007: Waldbrand-Kameras werden zum Exportschlager. Online unter: http://www.tagesspiegel.de/berlin/brandenburg/ brandenburg-waldbrand-kameras-werden-zum-exportschlager/v_print/ 1059512.html. Abgerufen am 04. 08. 2012.

Tagesspiegel, 04. 08. 2009: Berlin spart Wasser – und stinkt. Online unter: http://www.tagesspiegel.de/berlin/geruchsbelaestigung-berlin-spart-wasser-und-stinkt/1572422.html. Abgerufen am 05. 07. 2012.

Tagesspiegel 16. 03. 2010: ADAC klagt weiter gegen Umweltzone. Online unter: http://www.tagesspiegel.de/berlin/verkehr/verkehr-adac-klagt-weiter-gegen-umweltzone/1719644.html. Abgerufen am 04. 08. 2012.

Thieken, A. H., Müller, M., Kreibich, H., Merz, B. (2005): Flood damage and influencing factors: New insights from the August 2002 flood in Germany. Water Resources Research 41.

Umweltbundesamt (UBA) (2003): Kurzbericht: Ozonsituation 2003 in der Bundesrepublik Deutschland, November 2003. Online unter: http://www.env-it.de/umweltbundesamt/luftdaten/download/public/docs/pollutants/O3/Jahr/Ozberi03.pdf. Abgerufen am 12.07.2012.

Umweltbundesamt (UBA) (2005a): Klimawandel in Deutschland. Vulnerabilität und Anpassungsstrategien klimasensitiver Systeme, Online unter: http://www.umweltdaten.de/publikationen/fpdf-l/2947.pdf. Abgerufen am 30.06.2012.

Umweltbundesamt (UBA) (2005b): Hintergrundinformation: Sommersmog, Online unter: http://www.umweltdaten.de/publikationen/fpdf-l/3562.pdf. Abgerufen am 02.07.2012.

Umweltbundesamt (UBA) (2008): Kurzinformation zum Thema »Umweltzonen« in Deutschland. Online unter: http://www.umweltbundesamt.de/umweltzonen/umweltzonen.pdf. Abgerufen am 22.08.2012.

Umweltbundesamt (UBA) (2009): Feinstaubbelastung in Deutschland. Dessau-Roßlau: Umweltbundesamt. Online unter: http://www.umwelt daten.de/publikationen/fpdf-l/3565.pdf. Abgerufen am 25.08.2012.

Umweltbundesamt (UBA) (2010a): Natürliche Kältemittel für PKW-Klimaanlagen. Ein Beitrag zum Klimaschutz. Online unter: http://www.umweltdaten.de/publikationen/fpdf-l/4055.pdf. Abgerufen am 02.07.2010.

Umweltbundesamt (UBA) (2010b): Rechtlicher Handlungsbedarf für die Anpassung an die Folgen des Klimawandels. Analyse, Weiter- und Neuentwicklung rechtlicher Instrumente. Berlin: Erich Schmidt Verlag.

Umweltbundesamt (UBA) (2010c): Klimawandel und Gesundheit. Welche Probleme verursachen Wärme liebende Schadorganismen? Abschlussbericht. Internationales UBA/BMU-Fachgespräch: 09. und 10. November 2009. Online unter: http://www.umweltdaten.de/publikationen/fpdf-l/3925.pdf. Abgerufen am 10.07.2012.

Umweltbundesamt (UBA) (2010d): Wirksamkeit von Moosmatten als Mittel zur Reduzierung von Feinstaub in der Außenluft noch nicht bewiesen, 21.05.2010, Online unter: http://www.umweltbundesamt.de/luft/schadstoffe/moosmatten.htm. Abgerufen am 12.08.2012.

Umweltbundesamt (UBA) (2011a): Themenblatt: Anpassung an den Klimawandel in Deutschland. Verkehr. Online unter: http://www.umweltdaten.de/klimaschutz/kompass_themenblatt_verkehr.pdf. Abgerufen am 25. 07. 2012.

Umweltbundesamt (UBA) (2011b): Themenblatt: Anpassung an den Klimawandel in Deutschland. Versicherungen. Online unter: http://www.umweltdaten.de/klimaschutz/kompass_themenblatt_versicherung.pdf. Abgerufen am 25. 07. 2012.

Umweltbundesamt (UBA) (2011c): Ozon und Sommersmog. Online unter: http://www.umweltbundesamt-daten-zur-umwelt.de/umweltdaten/public/theme.do?nodeIdent=3591. Abgerufen am 12. 07. 2012.

Umweltbundesamt (UBA) (2012a): Luftqualität 2011: Feinstaubepisoden prägten das Bild. Dessau-Roßlau: Umweltbundesamt. Online unter: http://www.umweltdaten.de/publikationen/fpdf-l/4211.pdf. Abgerufen am 11. 08. 2012.

Umweltbundesamt (UBA) (2012b): Presse-Information 006/2012 – Wie gut ist die Luft in Deutschland? Online unter: http://www.umweltbundesamt.de/uba-info-presse/2012/pd12–006_wie_gut_ist_die_luft_in_deutschland.htm. Abgerufen am 10. 08. 2012.

Umwelt und Mensch – Informationsdienst (UMID) (2011): Schwerpunktthema Umweltzonen. Ausgabe 4, Dezember 2011, Online unter: http://www.umweltbundesamt.de/umid/archiv/umid0411.pdf. Abgerufen am 09. 08. 2012.

UN (2007) 2006 Revision and World Urbanization Prospects: The 2007 Revision. Online unter: http://esa.un.org/unup/. Abgerufen am 20. 08. 2012.

Undine (2012): Das Weihnachtshochwasser des Rheins 1993. Online unter: http://undine.bafg.de/servlet/is/19295. Abgerufen am 14. 08. 2012.

Ungar, S. (2000): Knowledge, ignorance and the popular culture: climate change versus the ozone hole. In: Public Understanding of Science, 9: 297–312.

United Nations Environment Programme (UNEP) (2010): Assessing the Environmental Impacts of Consumption and Production: Priority Products and Materials. A Report of the Working Group on the Environmental Impacts of Products and Materials to the International Panel for Sustainable Resource Management. Hertwich, E., van der Voet, E., Suh, S., Tukker, A., Huijbregts, M., Kazmierczyk, P., Lenzen, M., McNeely, J., Moriguchi, Y.

Vliet, V., Michelle, T. H., Yearsley, J. R., Ludwig, F., Vögele, S., Lettenmaier, D. P. und Kabat, P. (2012): Vulnerability of US and European electricity supply to climate change, in Nature Climate Change, Online unter: http://www.nature.com/nclimate/journal/vaop/ncurrent/full/nclimate1546.html. Abgerufen am 10.07.2012.

Westdeutscher Rundfunk (WDR) (2010): Kyrill und der Klimawandel. Online unter: http://www1.wdr.de/themen/archiv/sp_kyrill/kyrill272.html. Abgerufen am 16.08.2012.

Willke, H. (1993): Systemtheorie. Eine Einführung in die Grundprobleme der Theorie sozialer Systeme. 4., überarbeitete Auflage. Stuttgart, Jena: 'Fischer.

Weltgesundheitsorganisation – WHO (2010): Wildfires and heat-wave in the Russian Federation – Publik health advice. Online unter: http://www.euro.who.int/__data/assets/pdf_file/0012/120090/190810_EN_Russia_wildfire_advisory.pdf. Abgerufen am 27.07.2012.

Wermelinger, B. (2004): Ecology and management of the spruce bark beetle Ips typographus – a review of recent research. Forest Ecology and Management 202(1–3),S. 67–82.

Wissenschaftlicher Beirat der Bundesregierung Globale Umweltveränderungen (WBGU) (2008): Welt im Wandel. Sicherheitsrisiko Klimawandel. Berlin/Heidelberg: Springer.

Wolf, J., Lorenzoni, I., Few, R., Abrahamson, V. und Raine, R. (2009): Conceptual and practical barriers to adaptation: vulnerability and responses to heat waves in the UK. In: W. Neil Adger, Irene Lorenzoni und Karen L. O'Brien: Adapting to Climate Change: Thresholds, Values, Governance. Cambridge: University Press, S. 181–196.

Wolff, B. (2002): Processing forest inventory data to establish a nationwide database for the estimation of the impacts of climate change on German forests and forstry. Forster. Cbl. 121, Suppl 1, S. 18–27.

World Wide Fund for Nature WWF (2007): Kosten des Klimawandels. Die Wirkung steigender Temperaturen auf Gesundheit und Leistungsfähigkeit. Aktualisierte Fassung 07/2007. Online unter: http://www.ifw-members.ifw-kiel.de/publications/2kosten-des-klimawandels-die-wirkung-steigender-temperaturen-auf-gesundheit-und-leistungsfahigkeit/Kosten%20des%20Klimawandels%20WWF%20IfW.pdf. Abgerufen am 15.06.2012.

World Wide Fund for Nature (WWF) (2010): Alarmzeichen Algenblüte in der Ostsee. WWF warnt: Riesige Blaualgenschicht raubt der Ostsee Sauerstoff. 21.07.2010. Online unter: http://www.wwf.de/alarmzeichen-algenbluete-in-der-ostsee/. Abgerufen am 3.7.2012.

Wuppertal Institut für Klima, Umwelt, Energie (2008): Anpassung an den Klimawandel – Risiken und Chancen für deutsche Unternehmen. Wuppertal Papers 171. Online unter: http://www.wupperinst.org/uploads/tx_wibeitrag/WP171.pdf. Abgerufen am 16.08.2012.

Wuppertal Institut (2010): Energiearmut. Wuppertal Papers Nr. 184. Online unter: http://www.wupperinst.org/uploads/tx_wibeitrag/WP184.pdf. Abgerufen am 10.07.2012.

ZEIT Online, 11.07.2010: Bahn entschuldigt sich für Hitzestau im ICE, Online unter: http://www.zeit.de/gesellschaft/2010-07/bahn-hitzeausfaelle-entschuldigung. Abgerufen am 04.07.2012.

ZEIT Online, 21.07.2010: 500 Euro Schmerzensgeld für Hitzeopfer, Online unter: http://www.zeit.de/reisen/2010-07/bahn-entschaedigung-hitzeopfer. Abgerufen am 04.07.2012.

ZEIT Online, 04.12.2011: Weltkriegsbombe in Koblenz entschärft, Online unter: http://www.zeit.de/gesellschaft/zeitgeschehen/2011-12/bombe-koblenz-entschaerfung. Abgerufen am 07.07.2012.

ZEIT Online, 20. 03. 2012: Deutschland muss mit mehr Extremwetter rechnen, Online unter: http://www.zeit.de / wissen / umwelt / 2012-03 / extremwetter-kongress. Abgerufen am 27. 07. 2012.

Zwölfer, W. (1935): Die Temperaturabhängigkeit der Entwicklung der Nonne (Lymantria monacha L) und ihre bevölkerungswissenschaftliche Auswertung. Zeitschrift für Angewandte Entomologie XXI(3), S. 333–384.

# Autorenverzeichnis

*Prof. Dr. Friedrich-Wilhelm Gerstengarbe*, Klimatologe, Leiter des Forschungsbereichs »Klimawirkung und Vulnerabilität« am Potsdam-Institut für Klimafolgenforschung e. V. (PIK)

*Dr. Pia Gottschalk*, Geoökologin, wissenschaftliche Mitarbeiterin am Potsdam-Institut für Klimafolgenforschung e. V. (PIK)

*Dr. Susanne Grossman-Clarke*, Physikerin, wissenschaftliche Mitarbeiterin am Potsdam-Institut für Klimafolgenforschung e. V. (PIK)

*Martin Gutsch*, Forstwissenschaftler, wissenschaftlicher Mitarbeiter am Potsdam-Institut für Klimafolgenforschung e. V. (PIK)

*Dr. Fred F. Hattermann*, Geoökologe, wissenschaftlicher Mitarbeiter am Potsdam-Institut für Klimafolgenforschung e. V. (PIK)

*Dr. Shaochun Huang*, Umweltwissenschaftlerin, wissenschaftliche Mitarbeiterin am Potsdam-Institut für Klimafolgenforschung e. V. (PIK)

*Dr. Hagen Koch*, Geologe, wissenschaftlicher Mitarbeiter am Potsdam-Institut für Klimafolgenforschung e. V. (PIK)

*Dr. Valentina Krysanova*, Mathematikerin, wissenschaftliche Mitarbeiterin am Potsdam-Institut für Klimafolgenforschung e. V. (PIK)

*Petra Lasch-Born*, Mathematikerin, wissenschaftliche Mitarbeiterin am Potsdam-Institut für Klimafolgenforschung e. V. (PIK)

*Dr. Andrea Lüttger*, Agraringenieurin, wissenschaftliche Mitarbeiterin am Potsdam-Institut für Klimafolgenforschung e. V. (PIK)

*Christopher Reyer*, Forstökologe, wissenschaftlicher Mitarbeiter am Potsdam-Institut für Klimafolgenforschung e. V. (PIK)

*Miriam Schad*, Soziologin, wissenschaftliche Mitarbeiterin am Kulturwissenschaftlichen Institut Essen (KWI)

*Sebastian Schubert*, Physiker, wissenschaftlicher Mitarbeiter am Potsdam-Institut für Klimafolgenforschung e. V. (PIK)

*Dr. Bernd Sommer*, Soziologe, wissenschaftlicher Mitarbeiter am Interdisziplinären Institut für Umwelt-, Sozial- und Humanwissenschaften der Universität Flensburg

*Dr. Felicitas Suckow*, Mathematikerin, wissenschaftliche Mitarbeiterin am Potsdam-Institut für Klimafolgenforschung e. V. (PIK)

*Dr. Frank Wechsung*, Agrarwissenschaftler, wissenschaftlicher Mitarbeiter am Potsdam-Institut für Klimafolgenforschung e. V. (PIK)

*Prof. Dr. Peter C. Werner*, Meteorologe, Potsdam-Institut für Klimafolgenforschung e. V. (PIK)

*Prof. Dr. Harald Welzer*, Sozialpsychologe und Soziologe, Direktor von Futurzwei – Stiftung Zukunftsfähigkeit und Professor für Transformationsdesign an der Universität Flensburg

*Sebastian Wessels*, Sozialwissenschaftler, wissenschaftlicher Mitarbeiter am Kulturwissenschaftlichen Institut Essen (KWI)